그냥 살자 좀!

당신이 옳다고
확신했던 것들은
다 틀렸다

그냥 살자 좀!

당신이 옳다고 확신했던 것들은 다 틀렸다

인생을 바꾸고 싶다면 불확실함을 즐겨라

이지오 지음

"퇴고"는 '후퇴'가 아니었다

확신할 수 있는 삶. 아마도 당신이 원하는 삶이란 이런 것일 거다.

진실은 이거다. 아프니까 청춘인 게 아니라, '청춘은 아프다'는 것. 그리고 그 아픔의 원인은 대개 불안이다. 미래를 확신할 수 없는 불안 말이다. 거창하게 미래까지 갈 것도 없다. 당장 내일을 확신할 수 없으니 오늘 마음 편히 살 수 없는 것이다.

성공을 원하는가? 만일 그렇다면 성공을 통해 무엇을 얻길 바라는가? 각자 대답은 다를 수 있겠지만 결국 그 근저에는 '확신'이 있다. '부' 라고 답한 사람은 매일 등 따시고 배부를 수 있다는 확신을 바란다. 명예라고 답한 사람은 내 삶이 제법 폼 난다는 확신을 원한다. 만일 원만한 인간관계라면 나는 외롭지 않다는 확신을 얻고 싶은 거다.

우리는 행복이 '확신할 수 있는 삶'이라고 믿는다. 그래서 행복하지 않을 때 확신하는 '척'이라도 한다. "나는 행복해질 수 있다고 확신한다." "나는 할 수 있다고 확신한다."

어디서 많이 들어본 것 같지 않은가? 그렇다. 소위 동기부여 전도사들은 우리한테 끊임없이 스스로 그렇게 외치라고 말한다. 청중은 일제히 말

잘 듣는 학생이 되어 시키는 대로 한다. "나는 확신한다!" 하지만 거기서 끝이다. 강연장을 나서는 순간 전과 똑같은 현실이 나를 기다리고 있다. 그리고 현실은 말한다. "달라진 건 아무것도 없어."

확신의 맹점은, 의심하지 않는다는 거다. 평소 100kg짜리 바벨로 벤치 프레스를 하던 사람은 50kg짜리를 들 때 내가 이걸 들 수 있을까 걱정하지 않는다. 그냥 든다. 확신하기 때문이다. 우린 이런 사람을 보고 '스웨거 넘친다'고 한다. 물론 이게 멋있을 때도 있다. 하지만 매번 그런 식이면 곤란하다. 그랬다간 〈탈무드〉에 나오는 뱀의 꼬리처럼 앞이 온통 불바다여도 무조건 직진할 수도 있다.

만델라는 2013년 95세의 나이로 세상을 떠났지만 사람들은 훨씬 더 전에 그가 죽었다고 착각했다. 아니 확신하고 있었다. 이러한 착각의 원인으로 다양한 이론이 제기되었는데, 개인적으로 난 마틴 루터 킹 목사와 말콤 엑스가 한몫을 했다고 생각한다. 만델라와 비슷한 시기에 인종 차별과 맞서 싸운 이 두 흑인 지도자는 만델라가 40대 때 반역죄로 수감된 후 6년 안에 모두 암살로 생을 마감했기 때문이다. 물론 미국과 남아공 국민은 이런 착각을 거의 하지 않았겠지만, 워낙 마틴과 만델라가 흑인 인권운동가로서의 명성이 높다 보니 전 세계적으로는 혼동되기 쉽지 않았을까.

나만의 '만델라 효과' 경험담을 들어볼 텐가?

이 책을 쓴 지난 3년간 나의 가장 큰 관심사는 단연 '원고原稿'였다. 퇴사 후 호기롭게 책 쓰기에 도전했지만 생애 첫 도전이라 두려웠다. 책이 나오려면 우선 원고가 있어야 하고, 원고가 나오려면 '초고'가 있어야 한다. 초고. 말만 들어도 무서웠다. '최초最初', '초보初步', '초급初級'… 항상 저 놈의

'초初'가 문제다. '처음'을 뜻하는 이 글자는 '아무것도 하지 않음'에서 '시작'으로의 대격변, 혹은 초보자의 서투름을 떠올리기에 그 자체로서 긴장감을 불러일으켰다. 그래서 난 좀처럼 초고에 손을 못 댔다. 다음과 같은 사실을 알게 되기 전까진 말이다.

'초고草稿'의 '초'는 '처음 초初'가 아니었다! '풀grass 초草'였다. 근데 풀과 원고가 무슨 상관이지? 알고 보니 '초草'라는 글자에는 '엉성하다'는 뜻도 함께 있었다. 초고는 '대서사시의 서막을 올리는 원고'가 아닌, '엉성한 원고'였다!

갑자기 마음이 가벼워졌다. 막 써도 될 것 같았다. 내가 지금 쓰려는 게 '엉성한 글'이라고 생각하니 말이다. 그때부터 난 자료 수집 명목으로 딴짓거리만 하던 시간을 대폭 줄여나갈 수 있었다. 이것이 집필 기간 중 내가 경험한 '첫 번째' 만델라 효과였다.

두 번째는 더 소름이다.

초고는 '엉성한 글'이라 했다. 그런 초고를 출판사에 보냈다간 '엉성하다'는 말만 돌아올 게 뻔했다. 그래서 필요한 게 '퇴고'다. 처음으로 돌아가 다시 찬찬히 읽어보며 엉성한 글을 원고답게 고치는 게 퇴고의 목적이다. 퇴고는 사랑 고백과 같다. 끊임없이 '고 백go back'해서 실패의 원인을 찾아야 한다.

'Go back'은 '후퇴'다. 말이 된다. '뒤로 돌아가' 다시 쓰는 행위와 '물러날' 퇴退 자는 잘 어울린다. 투고投稿는 출판사에 원고 '던지기', 탈고脫稿는 원고 쓰기로부터 '탈출하기.' 전부 그럴듯하다.

그래서 난 뒤로 돌아가고, 다시 돌아갔다. 패닉 노래 가사처럼 '다시 처음부터 다시 처음, 처음부터 다시, 처음부터 다시' 썼다. 근데 언제까지 이래야 되지? '퇴고'의 실체를 알아보기로 했다. 초고가 '처음'이 아닌 '엉성한' 원고인 것처럼 이 단어에도 어떤 비밀이 숨겨져 있지 않을까?

결과는 충격적이었다. 퇴고의 '퇴'는 '후퇴'도 아니었거니와, '고'마저도 '원고'가 아니었다. '밀다' 퇴推에 '두드릴' 고敲였다. "What the⋯?"

'퇴고'는 고사성어였다. '계륵鷄肋'처럼 유래를 알지 못하면 해석이 불가능하단 뜻이다.

중국 시 문학이 꽃을 피우던 당나라 시기, 가도란 시인에게 어느 날 멋진 시 한 수가 떠올랐다. 그런데 마지막 구절을 '문을 밀었다'고 해야 할지, '두드렸다'로 해야 할지 고민이었다. '퇴推? 고敲? 어느 게 더 나을까?' 그때 마침 한유라는 유명 시인이 길을 지나갔다. 가도는 그에게 조언을 구했다. '두드릴 고敲'가 훨 낫다는 답이 돌아왔다.

이것이 퇴고의 유래였다. 퇴고의 의의는 '돌아감'에 있는 게 아니라, '선택'에 있었다. 당대 유명 시인의 말이니 '고'가 더 나은 선택이었음에는 의심의 여지가 없다. 하지만 그렇다고 해서 '퇴'가 무조건 허접한 선택이었을까? 쓸 만하니까 가도도 고민했겠지.

퇴고의 뜻을 알고 나니 무한 후퇴만이 능사가 아니란 생각이 들었다. 선택에는 선택'권'이 따른다. 내게는 특정 단어나 표현을 선택할 권리도, 다른 걸 선택할 권리도, 아무런 선택도 안 할 권리 역시 있었다. 물론 그중엔 원고 계약에 더 유리한 선택이 있을 것이다. 하지만 무엇보다 이건 '내 글'이었다. 내 글에 대한 권리를 내가 행사해야지 누가 한단 말인가?

나는 확신에 대한 글을 쓰면서도 벌써 두 번이나 만델라 효과, 즉 '확신의 덫'에 걸려 허우적댔다. 초고와 퇴고의 의미에 대한 확신을 좀 더 빨리 의심해 보았다면 집필 과정이 훨씬 더 수월하지 않았을까.

'확신'은 '성장하지 않음'과 같다

인간은 내가 틀렸을지도 모른다고 의심할 때 성장한다. 내가 틀렸다는 건 당장은 불편한 생각이다. 그래서 대부분 이를 외면한다. 매번 이렇게 외면하다 보면 남에게 해를 끼치면서도 그 사실을 알지 못한다. 하지만 그보다 더 심각한 문제는, 스스로를 해치면서도 모른다는 거다.

미래에 대한 확신은 사람들을 정신이상자로 만들었다. 그들은 그걸 사랑 고백 전 퍼마신 술처럼 이용했다. 성공 확률이 거의 없는 게 진실인데, 뇌에다 장난질을 쳐서 그 가능성을 혼자 멋대로 높여버린 것이다. 기대가 크면 실망도 큰 법. 삶은 언제나 인간의 터무니없는 확신을 박살내 왔다.

작가이자 강연자 김수영은 학창시절 길거리를 배회했다. 가출한 또래들과 어울리며 폭주족 생활을 했다. 패싸움에 휘말려 칼에 찔린 적도 있다. 그러던 어느 날 우연히 들은 노래 가사에 정신이 번쩍 들어 집으로 돌아왔다. 그리고 미친 듯이 공부했다. 결국 명문대에 합격했다. 실업계 고등학생 최초로 〈도전! 골든벨〉 우승까지 거머쥐었다. 우승 상금으로 대학 입학금을 지원받았고, 졸업 후에는 세계적 투자은행에 입사했다. 이제 삶은 그녀 편에 서 있는 것처럼 보였다. 자기가 어릴 적 불행했던 이유는 열심히 살지 않았기 때문이고, 열심히 사니까 삶은 합당한 보상을 해 준다는 확신을 갖게 되었다. 확신이 굳어질수록 그녀는 더 많이, 더 열심히 일했다.

그러던 어느 날, 그 확신이 한순간 깨져버리는 일이 발생했다. 몸이 좋지 않아 병원에 갔는데 그녀의 몸에서 암세포가 발견된 것이다. 다행히 초기였다. 수술 경과는 좋았다. 암이 그녀의 몸을 무너뜨리진 못했다. 그러나 한 가진 확실히 무너뜨렸다. 그녀의 확신 말이다. 그녀는 열심히 살면 삶도 나를 친절하게 대할 거라고 확신했지만 현실은 달랐다. 삶은 언제든 내 턱밑에 칼날을 들이댈 준비를 하고 있었다.

그때부터 그녀는 행복한 미래에 대한 확신을 버렸다. 행복을 미래라는 어음 대신 현재라는 현금으로 거래하기로 했다. 전부터 막연히 꿈꾸었던 일들에 실제 도전해 보았다. 결과는 중요치 않았다. 암세포가 그녀에게서 앗아갈 뻔했던 것은 성공이 아닌 도전의 기회였기 때문이다. 도전할 수 있다는 것 자체가 축복이었고 행복이었다. 그녀는 버킷리스트에 70여 개의 항목을 채운 뒤 80여 개 국가를 돌아다니며 그 꿈을 모두 이루어냈다.

확신은 삶에 대한 모욕이다. 포레스트 검프는 삶이 초콜릿 상자와 같다고 말할 것이고, 한국 어린이는 송편과 같다고 할 것이다. 둘 다 뭐가 나올지 알 수 없다. 그게 인생이다. "그럴 줄 알았어." 라고 말하는 순간 삶은 전혀 예상치 못한 걸 불쑥 내민다. 개중에는 옥수역 귀신처럼 까무러칠 만한 것도 있고, 김수영 작가의 예처럼 삶을 송두리째 바꿀 만한 사건도 있다.

지금까지와 다른 삶을 원하는가? 그럼 미래에 대한 아무 근거도 없는 확신 대신 지난 과거 속에서 내 삶의 근간을 이루었던 확신들을 찾아내라. 그리고 그들은 얼마든지 틀릴 수 있는 확신이었다는 걸 깨닫자. 그러면 자연스럽게 다음과 같은 질문에 도달할 것이다. '내일도 오늘처럼 사는 게 맞는 걸까? 맞다면, 그 확신은 어디서부터 왔는가? 내 안에서 나온 건가 아니면 나도 모르는 사이 외부로부터 흘러들어온 것인가.'

삶은 끊임없이 우리에게 확신할 수 있는 건 아무것도 없다고 말하고 있다. 그러나 평생 지니고 살아온 확신을 의심하는 건 졸업 논문을 처음부터 다시 써야 할지도 모른다는 것과 같다. 그래서 쭉 쓰던 대로 계속 써 나간다. 논문이 온통 표절 문구와 비문과 개똥철학으로 가득하다는 현실은 외면한 채 말이다.

영화 〈매트릭스〉에는 빨간약과 파란약이 나온다. 빨간 약을 먹으면 '현실 속' 디스토피아로 가고, 파란 약을 먹으면 '꿈속' 유토피아로 가게 된다. 하지만 여기서 빨간약은 단순히 '꿈속'에서 '현실'로 옮겨가는 걸 뜻하지 않는다. 현실에 도착하여 여기가 '진짜 세계' 라는 확신에 빠지는 순간 또 다른 매트릭스에 갇히고 만다. 꿈속이든 현실이든, 지금 내가 확신하는 진짜 세계가 언제든 가짜일 수 있다고 의심하는 것 자체가 진정한 탈출이다.

장자莊子가 깨친 사람이었던 이유는, '내가 나비 꿈을 꾸는지 나비가 내 꿈을 꾸는지' 답하려 하지 않았기 때문이다. 답을 내놓는 순간 두 개의 문 중 하나가 닫혀버린다. 동시에 옵션이란 게 사라진다. 옵션은 다른 말로 '가능성'인데, 양자물리학은 이 두 가지 가능성이 동시에 살아 있는 상태를 가장 자연스런 우주적 상태로 보고 있다.

불교 잠언 중 '부처를 만나면 부처를 죽여라.' 라는 말이 있다. 여기서 부처는 의심할 수 없는 절대 진리를 뜻한다. 아무리 예수와 버금가는, 인류사 전체에 한 번 나올까 말까한 지혜로운 분의 말씀이라 해도 그게 진리로 굳어지는 순간 '진리가 아닐 수도 있는' 가능성이 사라져 버린다. 그 순간 부처는 꼰대가 되어 버린다. 부처 본인도 그걸 알았기에 다음과 같이 말했다. "일체 유위법은 꿈 같고, 허깨비 같고, 물거품 같고, 그림자 같으며, 이슬 같고, 번개와 같다." 유위법이란, 인간의 오감으로 감지되는 삼라만상을 뜻하며, 거기엔 부처의 진리도 포함된다. 참된 불교 수행자는 절대자의 진리를 구하지 않는다. 절대 진리를 구하는 게 덧없는 행위임을 깨달은 자가 부처이다. 손오공이 부처님께 선물 받은 최고의 경전에 아무것도 쓰여 있지 않은 이유도 바로 그 때문이다.

고대 피론주의자들은 "이거다." "아니, 저거다." 라고 싸우는 확신주의자들 사이에서 "이거일 수도 있고 저거일 수도 있지 않은가?" 라는 모호한 태도를 취했다. 확신을 구하던 사람들은 그들을 비겁하다고 맹비난 했지만, 그들이 서로 싸우면서 화병이 나는 동안 피론주의자들은 '아타락시아'라 불리는 행복을 향유했다.

앞으로 나는 이 책에서 우리가 당연하다는 듯 삶의 지표로 삼는 5가지 확신에 대해 이야기할 것이다. 그리고 나의 한결 같은 입장은 그것들을 '갖다 버리라'는 것이다. 좀 더 정확하게는, "그 확신에 대해 확신하는 태도를 버리라"이다.

하지만 내가 만일 그 확신이 나쁜 거고 그 가치를 폐기해야 한다고 주장한다면, 그것 또한 하나의 확신이 되고 만다. 그건 마치 "이 세상에는 진실을 말하는 자가 아무도 없다"는 명제와 같다. 아무도 진실을 말하지 않는데 어떻게 내 말이 진실이 될 수 있겠는가?

5가지 확신은 그 자체로 나쁜 것도 아니고 해로운 것도 아니다. 다만 그 확신들에 얽매일 때 '확신할 수 있는 삶이 행복한 삶'이라는 그릇된 믿음을 갖게 된다는 걸 알리고자 한다. 그리고 그 그릇된 믿음이 당신을 행복과 멀어지게 한다는 사실도 알려주고 싶다.

물론 난 모두가 행복을 추구해야 한다고 확신하지도 않는다. 불행을 선택하는 것도 당신 자유다. 지금 이 순간까지 내가 발견한 진정한 행복은, 행복이든 불행이든 내가 스스로 선택할 수 있는 자유가 있는 상태이다. 행복만을 선택해야 한다고 확신하는 것 또한 또 다른 독단이다.

차례

4장 열심히 살아야 한다는 확신

5장 나를 사랑해야 한다는 확신

0장

0순위로 버려야할 확신
희망

왜 0장이 필요한가?

'0'은 '무無'와 다르다. '무'는 말 그대로 아무것도 아니다. 반면 '0'은 '그 무언가'이다.

수학 책을 한번 보자. 책속에 등장하는 타원형 동그라미 '0'은 '아무 의미 없는' 기호가 아니다. 그것은 연산에 변화를 준다. 어떤 수든 X(곱하기) 0을 해버리면 답은 0이 된다. 그러나 영어 단어 'young'이나 영화 〈령〉은 수학책에서 아무런 의미도 없다.

누군가에게 바닥에 떨어진 흰 종이는 단지 폐지일 뿐이지만 그림 그리기를 좋아하는 어린이에겐 '가능성'이다. 아이는 당장 거기에 뭔가를 그려 넣어 종이에 '변화'를 주고자 하는 의지로 가득하다. 이것이 '0'이 하는 일이다.

0은 그 자체로서 변화의 시작이다. 그것은 1과 2로 변할 수 있는 가능성을 끌어당긴다. 흥미로운 유튜브 영상을 발견했는데, 댓글 숫자가 0이면 갑자기 댓글을 달고 싶어진다. "아싸, 1빠!"라고. 발자국 하나 없는 눈밭을 보면 내가 1번째 발자국을 남기고 싶어진다. 어느 데

이팅 TV 프로그램에서 한 여자 출연자에 대한 남자들의 첫 반응은 미적지근했다. 하지만 그녀가 모태솔로임을 밝히자 일제히 벌떼처럼 달려들었다. 그녀의 1번째 남자가 되고 싶었던 것이다.

아무것도 그리지 않은 백지가 '무'라면, 수묵화의 여백은 '0'이다. 하세가와 도하쿠의 〈송림도〉는 가로길이가 8미터에 육박하는데도 제대로 그려져 있는 건 소나무 두 그루밖에 없다. 자세히 들여다 봐야 그 외 몇 그루가 더 있다는 걸 간신히 알아볼 수 있다. 나머지는 백지다. 실로 가성비 떨어지는 작품이 아닐 수 없다.

그러나 이 그림의 텅 빈 공간은 '무의미'가 아니다. 그것은 새로운 무언가가 생겨날 수 있는 '가능성'의 공간이다. 인간은 그 안에서 강물과 안개, 뛰노는 순록을 본다.

황무지와 추수를 마친 논은 다르다. 전자에는 가능성이란 게 없다. 반면 후자는 인간을 먹여 살릴 새로운 양식이 잉태될 자연의 자궁이다.

나는 당신이 이 장을 축구선수가 피치 밖에서 하는 워밍업으로 여겨주길 바란다.

워밍업을 제대로 마친 선수가 경기에도 투입될 수 있다. 물론 워밍업을 했다고 다 들어갈 수 있는 건 아니다. 그러나 안 하면 가능성이 아예 사라진다. 일단 투입 가능성이 살아 있어야 출전시간을 1분, 5분 늘려나갈 가능성도 열리지 않겠는가? 당신도 우선 이 장을 소화할 수 있어야 1장부터 5장까지의 내용도 소화할 수 있을 것이다. 소화할 수 있다는 건, 당신이 먹은 밥을 에너지원으로 활용하듯이 당신의 삶에 유리하게 적용할 수 있다는 뜻이다.

희망은 무거운 추와 같다

당장 갖다 버려야 하는 확신 그 첫 번째는 '희망을 가져야 한다는 확신'이다. 이 확신을 극복하지 못한 채 다른 장을 읽는 건 무의미하다. 왜냐하면 희망을 갖는다는 것 자체가 확신을 바란다는 뜻이기 때문이다. 만일 당신이 '희망'을 갖고 다음 장으로 넘어가면, 뒤에 나올 내용은 모두 뜬구름 잡는 소리가 된다.

당신은 이 책에서 "모두 잘 될 거야." 같은 위로를 받진 못 할 것이다. 하지만 '진짜 삶'을 살아야 하는 청춘에게 가장 필요한 건 '진실'이다. 그런데도 여전히 그들에게 책임도 못 질 희망만 주려는 자들이 있다. '희망팔이꾼'들 말이다.

희망을 은행 열매에 비유해 보자. 희망팔이꾼은 은행의 효능만 장황하게 늘어놓는다. 이건 대단히 무책임한 행동인데, 은행 열매는 혈관에 여러모로 좋은 작용을 하지만 독성도 함께 갖고 있기 때문이다. 무턱대고 집어먹었다간 구토를 유발하거나 심하면 마비 증세까지 올 수도 있다. 아예 먹지 않은 것만 못하다. 마찬가지로, 희망 또한 애초에 갖지 않는 게 훨씬 나은 경우가 많다.

'판도라의 상자' 이야기를 알 것이다. 호기심 많은 판도라는 헤르메스가 건넨 상자를 대뜸 열어보았다. 그러자 상자에서 온갖 '괴로움'이 빠져나왔다. 그리고 그것이 인간 세상을 덮쳤다. 'X 됐음'을 감지한 판도라. 얼른 뚜껑을 덮었지만 제일 밑바닥에 있던 '희망'은 미처 빠져나오지 못했다.

우리는 흔히 말한다. 사람은 희망만 있어도 산다고. 에밀리 디킨슨은 희망을 '폭풍에 겁먹은 자를 위로하는 노래'라 했고, 단테는 '희망을 버린 자'만이 지옥에 들어갈 수 있다고 했다. 그런데 판도라 이야기는 인간이 갖지 못한 딱 한 가지가 '희망'이라 말 하고 있다. 이걸 어떻게 해석해야 할까? 세상은 지옥인 걸까?

'희망'과 '예상'은 다르다. '이번 사고로 인해 수많은 인명피해가 예상된다'와 '희망한다'는 완전히 다른 이야기다. '희망'은 낙관론이다. 인명피해를 희망한다는 건 다른 사람이 죽는 걸 보는 게 '낙樂'이란 뜻이 된다. 그걸 '원한다'는 거다. 반면 '예상'은 낙관도, 비관도 아니다. 단지 '앞을 내다봄'이다. 그때 '내다보이는' 건 내가 원하는 것일 수도 있고 아닐 수도 있다. 이것은 '희망'만큼 달콤하진 않아도 훨씬 더 '진실'에 가깝다. 몸이 아플 때 꿀물을 먹으면 잠깐 기분은 좋을지 몰라도 병이 낫진 않는다. 원하든 원치 않든 쓰디쓴 약을 먹어야 낫는다. 이것이 '진실'이다.

우리는 판도라 이야기에서 '희망'이 마지막까지 상자 안에 남아 있었다는 점에 주목해야 한다. 괴로움이 상자를 빠져나오는 동안 희망은 여전히 바닥에 있었다. '무겁기' 때문이다. '원하는' 마음은 '무거운' 마음이다. 판도라 신화는 인간의 괴로움 중 가장 무거운 게 '희망'임을 암시한다. 동시에 해결책도 제시한다.

판도라는 상자 뚜껑을 얼른 닫아버림으로써 괴로움과 희망을 분리시켰다. 상자 속 괴로움은 '신 중의 신' 제우스가 만든 것이다. 우리는 신의 선물을 거부할 수 없다. 무조건 받아야 한다. 내가 한국 남자, 우리 부모님 자식으로 태어난 것처럼 말이다. 신의 선물이 '좋다 나쁘다.' '원한다 원치 않는다' 따위의 인간의 판단으로 오염되지 않는 이상 그것은 원래의 신성神性을 유지한다.

신은 인간보다 높은 곳에 존재하기에 신성을 띠는 존재로서 위로 오르려는 성질이 있다.

하지만 중력의 노예인 인간은 '무거운' 존재이기 때문에 '좋다', '원한다' 같은 무거운 마음을 만들어낸다. 무거운 마음이 희망과 섞이면 곧바로 짐짝이 되어버린다. 극작가 오스카 와일드도 바로 이 점을 지적했다. 그는 인간의 불행이 딱 두 가지뿐이라고 했다.

'원하는 걸 얻지 못하는 것과 그걸 얻는 것.'

원하는 걸 얻지 못할 때 인간은 계속 원하기 때문에 마음이 괴롭다. 그런데 그걸 얻고 나면 더 괴롭다! 더욱 강렬히 원하게 되기 때문이다.

희망을 갖지 않을 때 괴로움은 자유의 날개를 얻는다. 날개를 가진 것은 언제든 우리 곁을 떠날 수 있다. 하지만 희망과 섞이는 순간 그 것의 날개는 부러지고 우리 삶 위로 떨어진다. 이때 희망을 버리는 게 열쇠다. 그러면 지옥은 '지옥이 아닌' 게 된다. 천국이 된다는 말도 아니다. 그냥 '세상'이 된다는 거다. 세상과 지옥, 당신은 어느 걸 택할 것인가?

그런데 희망팔이꾼들은 '희망 갖지 않음'을 '절망'과 동일시 하고, 절망은 삶에 대한 태만이라며 힐책한다. 이는 명백한 오류이다. 희망을 갖지 않는 것과 절망을 갖는 건 엄연히 다른 문제다. 희망을 갖지 않는 건, 희망에게 내가 원하는 걸 달라고 떼쓰지 않는 것이다. 이러한 태도는, 무조건 나쁜 건 줄로만 알았던 절망도 객관적으로 바라볼 수 있게 한다. 그러면 그게 무조건 내 삶을 망칠 거라는 확신에서 자유로워질 수 있다. 지금은 누구보다 행복하게 사는 사람들도 한때 절망을 직면하고 그걸 지혜롭게 이용했다. 당연히 그들도 처음에는 원해서 절망을 택한 게 아니었다. 다만, 그걸 마치 반가운 손님처럼 맞이했을 때 훨씬 더 좋은 결과로 이어졌을 뿐이다.

희망적인 삶. 그걸 원하는 마음을 추호도 폄하할 생각은 없다. 나도 생애 첫 책을 쓰면서 내 책이 출간될 수 있다는 희망을 품었다. 하지만 원고는 매번 거절당했고 희망은 빗나갔다. 괴로웠다. 그래도 계속 글을 수정하고, 갈아엎고, 다시 썼다. 작가가 되고 싶다는 나의 희망을 세상이 충족시켜야 할 의무가 없다는 걸 알았기 때문이다.

희망은 내가 '원하는 것'이지, '마땅히 누릴 권리'가 아니다. 후자를 택하는 건 삶에 대한 스토킹이다. 삶은 내가 원하는 걸 들어줄 자유도, 거절할 자유도 있다. 이걸 받아들이지 못하면, 스토킹 범죄의 최후가 으레 그렇듯이, 나와 삶의 관계도 끝장이다.

1장

삶에 확신이 필요하다는
확신

더도 덜도 말고 오늘만 같아라

모두가 부자가 되는 꿈을 꾼다.

큰돈을 벌고 싶다면 월급쟁이가 되는 건 좋은 생각이 아닐 것이다. 록펠러 전기를 읽거나 워렌 버핏을 롤 모델 삼아 주식투자를 해보는 게 낫다. 주급 5억이 넘는 축구 선수나 외화를 쓸어 담는 K팝 스타가 되어 보는 것도 좋다. 심지어 카지노를 들락거리거나 닥치는 대로 로또를 긁는 편이 큰돈이란 목적에는 훨씬 더 부합한다.

그런데도 월등히 많은 사람들이 월급쟁이를 택한다. 왜 그럴까? 최영 장군 말씀 받들어 황금 보기를 돌 같이 하려고? 아니다. 그들은 확신하고 싶은 것이다. 무엇을? 내일도 오늘만큼만 무탈한 하루가 될 거라는 걸.

특별할 필요까진 없다. 길을 걷다가 5만 원짜리를 줍거나 안유진 닮은 여자에게 번호를 따일 필요도 없다. 그냥 오늘 아침에 사 마신 스타벅스 라떼를 내일 출근길에도 살 수 있고, 오늘 하루 종일 앉아 있던 사무실에서 내일도 일할 수 있고, 그래서 내달 25일에도 이번

달과 같은 금액이 통장에 찍히기만 하면 된다. 그러면 적어도 불행하진 않을 것 같다. 이것이 '가영이 퇴사 짤'을 입에 달고 살면서도 오늘 한 번 더 사원증을 목에 거는 이유다.

하지만 삶은 호락호락하지 않다. 예기치 못한 악재가 '잭 인 더 박스'처럼 튀어나온다. 각종 사고와 재난, 질병, 실직, 실연, 이혼, 낙방, 낙제, 낙마 등 마음에 작은 스크래치를 내는 상처부터 생계를 위협하는 심각한 위험까지 언제 어디서 갑자기 모습을 드러낼지 알 수 없는 게 인생이다. 누구도 내일을 보장해 주지 않는다. 투팍이 옳았다. '삶은 변하기 마련이고 그게 인생이다.'

걱정하니까 인간이다

"인간은 자유롭게 태어났지만 도처에서 쇠사슬에 묶여 있다." 루소의 〈사회계약론〉은 이렇게 시작한다. 그럼 사방에서 인간을 옥죄는 이 쇠사슬의 정체는 무엇일까? 바로 '걱정'이다.

사실 '걱정'과 '인간'의 질긴 인연은 인류의 기원까지 거슬러 올라간다. 그리스로마신화에 따르면 최초의 인간을 창조한 건 쿠라 Cura라는 여신이다. '쿠라'는 라틴어로 '걱정Care', '염려Concern', '불안Anxiety' 따위를 의미한다.

그녀는 어느 날 강둑의 점토를 긁어모아 자신을 닮은 인형 하나를 만들었다. '신이 자신의 형상을 따 인간을 만들었다(창세기 5장 1절)'는 성경 구절과도 흡사하다.

쿠라는 인형이 맘에 들었다. 그래서 그에게 생명을 불어넣고 싶어졌다. 마침 제우스가 강가를 지나갔다. 쿠라는 그를 불러 세워 자기가 만든 점토 인형에 '숨' 좀 불어넣어 달라고 부탁했다. 제우스의 기식氣息은 모든 생명의 원천이었다. 제우스는 그녀의 부탁을 들어주었다. 진시황릉의 병마용 같던 인형은 그렇게 최초의 인간이 되었다.

쿠라는 인간에게 자신의 이름을 붙이기로 했다. 그러자 제우스가 불처럼 화를 냈다. 인형에게 생명을 불어넣은 건 나인데 왜 네 이름을 갖다 붙이냐는 것이었다. 쿠라는 어이가 없었다. 애초에 내 머릿속에서 나온 디자인으로 내가 직접 만들었는데 왜 네가 저작권을 요구하냐며 윽박질렀다. 그때, 대지의 여신 가이아가 끼어들었다. 그녀는 인간의 몸(점토)이 자신(대지)에게서 나왔으니 저작권도 당연히 자신에게 있다고 주장했다.

"이 뭔 개소리야?" 쿠라와 제우스가 마주보고 소리쳤다.

결국 지혜로운 농업의 신 사투르누스가 나섰다.

그의 판결은 이러했다. "제우스, 당신은 인간에게 영혼을 불어넣었으니 그가 죽은 다음 영혼을 가지시오. 가이아, 인간의 몸은 당신에게서 나왔으니 당신은 몸을 가지시오. 마지막으로 쿠라, 그대는 인간을 창조한 장본인이니 그가 살아 있는 동안 그는 오롯이 당신 것이오."

"아싸! 그럼 내 이름을 붙여도 되는 거죠?" 쿠라가 기뻐하며 말했다.

"그럼 또 싸우겠지. 그러지 말고 '호모homo'라 하시오."

(셋이 동시에) "호모?"

"그렇소. 쿠라가 인형을 만드는 데 사용한 재료가 부엽토humus잖소."

이때부터 '호모'는 라틴어로 '인간'이란 뜻이 되었다. '호모 사피

엔스'가 대표적 예다.

요약하면, 인간은 '걱정'이란 여신이 만든 존재이며, 숨이 붙어 있는 한 평생 그녀의 소유다. 한마디로, '걱정하니까 인간이다.' 이른바 '호모 앵자이어티Homo anxiety'다.

위험을 외면하는 법을 배우다

인간은 걱정하기 위해 태어난 존재이다. 사실 걱정을 안 하면 우리 하루도 목숨을 보전하기 힘들다. 차들이 씽씽 달리는 도로에 냅다 뛰어들지 않고 보행신호를 기다리는 이유는 내 몸을 걱정하기 때문이다. 예정화 닮은 여자가 바에 혼자 앉아 있어도 섣불리 다가가지 않는 이유는 마동석 같은 남친이 나타날 걸 걱정하기 때문이다.

사랑의 정의를 내려달라는 질문에 김구라는 이렇게 답했다. "제가 늘 자식 걱정을 하는 걸 보면 사랑은 걱정이 아닐까요?" 이처럼 걱정은 나를 보호하고 다른 사람을 사랑하는 데 필수적이다.

문제는 걱정엔 끝이 없다는 것이다. 한 번 걱정의 눈으로 바라보기 시작한 세상은 정글과 다름없다. 우리 어머닌 걱정이 많아서 내가 어릴 적 놀이터에서 미끄럼틀을 못 타게 했다. 닭이 먼저인지 달걀이 먼저인지는 모르겠지만, 아무튼 난 그렇게 겁 많은 소년으로 자랐다.

어느 날 TV를 보는데 LA에 사는 아저씨들이 사람들에게 총을 빵

빵 쏘고 상점을 마구 약탈했다. 작년(당시 기준)에 개봉한 〈터미네이터 2〉 얘기가 아니었다. 실제 상황이었다. 심지어 그들이 공격하는 대상은 한국인이었다. 내가 TV 앞에서 덜덜 떨며 말했다. "엄마 저거 진짜야? 저 아저씨들이 우리 집에도 와서 총 쏘고 불 지르면 어떡해?" 그러자 어머닌 우리나라엔 총을 가지고 들어올 수 없어서 괜찮다고 했다. 하지만 그 후로 며칠간 집에 도둑이 드는 꿈을 꾸었다.

이듬해, 목포에서 비행기가 한 대 추락했다. 지방에 살던 우리 가족은 명절마다 할머니 할아버지를 뵈러 비행기를 탔는데, 저렇게 산 위로 처박힐 수 있다는 생각은 한 번도 해본 적이 없었다. 휴지조각이 된 비행기 안에서 사람들이 머리끝까지 담요를 덮고 실려 나왔다. 헬기에서 내려온 로프를 간신히 붙잡고 올라가는 아줌마도 보였다. 그건 하늘에서 동아줄이 내려오는 전래 동화가 아니었다. 현실이었다. 다음 해에는 멀쩡하던 한강 다리가 잘라져 그 위에 있던 버스와 자동차들이 한꺼번에 추락했다. 그리고 그 다음 해에는 백화점 하나가 무너져 내렸다.

어릴 땐 아무리 무서워도 어른들이 괜찮다고 하면 이내 마음이 놓였다. 그런데 이젠 그 어른들이 무서워 하고 있었다. 나보다 훨씬 강한 존재라고 믿었던 그들이 불안에 떨자 나의 두려움은 배가되었다. 그러나 이 두려움이야말로 세상을 있는 그대로 보게 되었다는 증거이기도 했다.

어른들은 아이들에게 위험을 아주 한정적으로만 가르친다. 가스레인지 불과 건널목에서 오는 차, 길에서 말 거는 낯선 사람만 조심하면 된다고 말이다. 하나같이 어른들은 별로 두려워하지 않는 것들이다. 그러던 어느 날 아이가 "암이란 병에 걸리면 죽는대요. 나나 엄마 아빠가 갑자기 암에 걸리면 어떡해요?"라고 물으면, "그런 말 하면 못 써!"라고 호되게 꾸짖는다. 그들도 그걸 두려워하기 때문이다.

아이 입장에서 부모님이 혼낸다는 건 그게 잘못이란 뜻이다. 암에 걸려 죽는 걸 걱정하면 혼난다. 그럼 그것도 잘못이 된다. 그렇게 우린 위험을 지각하는 걸 '잘못'으로 여기고 사력을 다해 '외면하는' 법을 배운다. 그리고 그 외면의 방편으론 뭐니 뭐니 해도 '확신'이 최고다.

자유를 기리기 위해 자유를 잃다

가끔 옥상에서 떨어진 화분에 행인이 머릴 맞아 죽었다거나 고가 도로에서 추락한 차가 밑에서 주행 중이던 다른 차를 덮쳤다는 뉴스를 듣게 된다.

원래 한 치 앞을 내다볼 수 없는 게 삶이다. 그러니 누군가 만성 걱정 환자가 되었다는 건 전혀 이상한 일이 아니다. 가끔 천하태평인 것처럼 보이는 사람도 걱정을 완전히 극복했다기보단 일시적으로 걱정을 잊게 해 줄 만한 것에 빠져 있을 확률이 높다. 연애든, 술이든, 몰입도 높은 OTT 드라마든.

하지만 '확신'만큼 사랑 받는 '걱정 진통제'도 없다. 우리는 걱정을 잠재우기 위해 확신이란 경주마에 올라 타 박차를 가한다. 그러나 진통제로 병을 영구히 물리칠 수 없듯이 확신의 약발은 말이 전력 질주할 수 있는 시간만큼이나 짧다. 볼링공이 스트라이크 포켓을 정확히 때렸다고 확신하는 순간 현실은 "신에겐 아직 한 개의 핀이 남아 있다"고 선언한다.

몇 번 이런 식으로 확신에 데인 사람은 태세를 완전히 전환한다. 이젠 뭔가 신나는 일이 벌어지려고만 해도 얼른 최악의 시나리오를 쓰기 시작한다. 그러면 웬만한 실망 앞에서도 의연할 수 있을 것 같기 때문이다. 어떻게든 확신이란 가치를 고수하기 위해 불행이라도 확신하려 드는 것이다. 갈증나니 뭐라도 마셔야 한다는 강박 때문에 바닷물을 퍼먹는 꼴이다.

폴 오스터의 〈거대한 괴물〉이란 소설은 삭스라는 한 미국 작가에 대한 이야기다. 그는 어릴 적 생애 처음으로 자유의 여신상을 보러 가기로 한 날 어머니와 실갱이를 벌이는데, 어머니가 삭스에게 아동 정장을 입히려 했기 때문이다. 삭스는 제정신이라면 이딴 옷을 입고 올 내 또래 남자애는 없을 거라 확신했다.

하지만 어머니는 강경했다. 그녀는 '자유'는 이 나라가 가장 신성시하는 가치이기에 그것의 상징물을 보러 갈 땐 적절한 예를 갖춰야 한다고 확신했다. 어린 삭스는 결국 어머니 뜻에 따를 수밖에 없었다. 그리고 세월이 흘러 나이든 삭스는 어머니에게 이렇게 말했다.

"당시 상황은 앞뒤가 맞지 않았어요. 나는 자유라는 개념에 경의를 표하러 가면서 입고 싶은 옷을 입을 자유를 박탈당했으니까요."

우리가 확신에 기반한 삶을 사는 모습도 삭스가 자유를 빼앗겨가며 그것에 경의를 표하던 방식과 유사하다. 우리는 애초에 걱정과 불안에서 해방되고 싶어서, 행복해지고 싶어서 확신하는 삶을 선택했다. 그러나 우린 삶에서 확신할 수 있는 건 단 하나도 없다는 걸 알고 있다. 그런데도 '확신하는 삶'을 살려는 건 마치 시한폭탄을 안고서 "난 이 폭탄이 내 편이라 믿는다"고 말하는 것과 같다. 이게 지옥이 아니라면 무엇인가? 지옥은 로댕 박물관에만 있는 게 아니다.

지옥에서 탈출할 방법은 단 두 가지 뿐이다. 뇌엽 절제술 lobotomy 을 받아 인지 능력을 완전히 상실하거나 아니면 폭탄을 바다에 던져버리든가.

당신은 어느 쪽을 택할 것인가? 전자라면 당장 이 책을 덮고 전처럼 '확신을 갖고 사는 법'에 대한 강연을 들으러 가면 된다. 후자라면 계속 이 책을 읽어도 좋다. 손가락을 목구멍 깊숙이 집어넣을 용기만 가지고 따라오면 된다. 평생 당신이 먹은 '몸에 좋은(좋다고 강요받은) 것'들을 싹 다 게워내야 한다. 그것엔 만만찮은 고통이 따를 수 있지만, 묵힌 똥일수록 내보내는 쾌감도 큰 법이다.

불행하게 오래 사는 법, "걱정"

삶이 순탄하게 굴러갈 때 우리 마음은 잘 정돈된 방과 같다. 그러나 '위험'이란 이웃이 층간소음을 내기 시작하면, 어디선가 '걱정'이란 놈이 튀어나온다. 그는 잔뜩 짜증이 난 상태로 우리 마음속 방안에 멋대로 침입한다. 그리고 온갖 행패를 부리기 시작한다. 책장을 넘어뜨리고, 서랍과 장롱 속 '골칫거리'들을 죄다 꺼내 어질러놓는다. '방 청소를 해볼까?' 좋은 생각이다. 그러나 바닥에 널린 골칫거리들을 보자 어디선가 날카로운 목소리가 들려온다. "그런 걸 보면 못 써!"

암에 걸릴까봐 두렵다는 아이를 어른들이 혼내는 이유는 자기도 그걸 바라볼 용기가 없기 때문이다. 아이가 천둥소리에 놀랄 때는 귀엽다며 깔깔거린다. 그러나 암이나 죽음에 대해선 입도 벙긋 못하게 한다. 〈해리 포터〉에서 볼드모트를 '그 자, You-Know-Who'라고 부르는 것과 같다. 그 이름을 입에 올리는 순간 그것과 나 사이에 어떠한 인연이 생길 것 같은 막연한 불안감 때문이다. '말이 씨가 된다'고도 하지 않는가.

입 밖에 내지 않는다는 건 '도망친다'는 뜻이다. 그걸 그대로 답습한 우리도 골칫거리를 보면 우선 도망칠 궁리부터 한다. 실제 방이면 도망치는 게 가능하다. 방문을 열고 나오면 그만이니까. 그러나 우리는 마음이란 방에서 결코 빠져나올 수 없다. 마음이 없으면 나도 없기 때문이다.

이제 남은 도망치기 방법은 딱 하나 뿐. 어질러진 방바닥을 이불로 덮어버리는 것이다. 이 이불은 5개의 천 조각을 패치워크patchwork로 기운 '확신'이다. 앞으로 난 이 확신의 이불을 구성하는 5개의 천 조각에 대해 이야기할 것이다. 그것은 다음과 같다.

1. 삶에 확신이 필요하다는 확신

2. 자기계발을 해야 한다는 확신

3. 착하게 살아야 한다는 확신

4. 열심히 살아야 한다는 확신

5. 나를 사랑해야 한다는 확신

대부분의 사람들은 위와 같은 5가지 확신을 갖고 거의 평생 산다. 그러나 이건 스스로 결정한 게 아니다. 소위 인생 선배란 자들이 '올바른 삶'이랍시고 주입시킨 것들이다. 도대체 이걸 왜 따르는 걸까?

웨인 다이어의 『행복한 이기주의자』를 읽다가 '머스터베이션musterbation'이란 단어를 알게 되었다. 심리학자 앨버트 엘리스가 '해야 한다must'와 '자위masterbation'를 섞어 만든 신조어란다. 한마디로, '스스로에게 어떤 의무를 부과해 자기 위안을 삼는다'는 거다.

누군가가 묻는다.

"당신은 행복한 삶과 올바른 삶, 둘 중 어떤 삶을 원하는가?"

많은 사람들이 보는 앞이라면 당신은 후자라고 답할 것이다. 그러나 완전 제삼자 입장에서 자신의 마음을 들여다보면 당신이 거짓말을 했다는 걸 알 수 있다. 당신은 친한 친구의 결혼식에 참석하는 게 올바르다고 믿지만, 황금 같은 주말 늦잠을 자고 싶은 마음에 슬쩍 빠진다. 부모님께 예를 갖추는 게 올바르다고 알고 있지만, 당장 빡치면 언성부터 올라간다.

이쯤 되면 인정하자. 우리 모두가 '올바름'보다는 '행복'을 추구한다. 당신이 지금 불행한 이유는 행복 추구라는 원초적 본능을 부정하고 올바르게 살려고 애쓰기 때문이다. 위 5가지 확신을 맹신하면서 말이다.

이제는 그 올바른 삶의 실체를 바로 알아야 한다. 지금 당신의 삶이 그것이다. 당신이 지금 행복하다면 그 올바른 삶의 실체가 행복이란 소리다. 그러나 만일 불행하다면 그 실체는 불행이다.

자, 지금 당신을 누구도 지켜보고 있지 않다. 스스로에게 다시 한번 묻자. "어떠한 삶을 살고 싶은가?" 만일 행복한 삶이란 답이 나왔다면 지금껏 당신이 살아온 올바른 삶을 당장 그만두어라. 그러기 위해선 저 5가지 확신을 삶에서 싹 다 몰아내야 한다.

불행하게 오래 살기 vs 행복하게 조금 덜 살기

당신의 행복을 위해 아무것도 해 줄 수 없는 확신들을 끌어안고 할 수 있는 일이라곤 싸구려 자기암시뿐이다.

'나는 괜찮다.' 천만에. 전혀 괜찮지 않다. 당신은 지금 무섭고 불안하다.

'이 또한 지나가리라.' 저기요? 청소를 안 하면서 방이 절로 깨끗해지길 기대하다니?

'시간이 약이다.' 미안하지만 그 시간은 불행이 물러가기에 충분한 만큼 더 큰 불행이 찾아오기에도 충분한 시간이다.

확신의 이불 밑에 깔린 골칫거리는 '생각'을 자양분 삼아 '두려움'의 싹을 틔우고 잭의 콩나무처럼 쑥쑥 자란다. 생각이 부리는 두 가지 요술 때문이다.

첫 번째, 생각은 '보이지 않는' 걸 두려운 존재로 만든다. 귀신이 무서운 건 보이지 않기 때문이다. 어렸을 때 본 〈가제트 형사〉의 클로우 박사가 다른 빌런들보다 더 무서웠던 이유도 그가 보이지 않기 때문이었다.

우린 누군가를 처음 만났을 때 흔히 악수를 한다. 기원전 5세기경 악수가 생겨난 이유는 '보이지 않는' 내 손을 상대에게 보여주기 위함이었다. 내 손이 보이지 않을 때 상대는 곧바로 '무기를 든 내 손'을 상상하고 두려움을 느꼈기 때문이다. 미국 경찰이 수상한 사람에게 양손부터 보여 달라는 이유 또한 같다. 중세에 와서는 '보이지 않는' 상대의 소매 속까지도 의심했다. 그래서 악수를 하며 팔을 탈탈 털었던 게 오늘날의 '털기 식 악수handshake'가 되었다.

지금 확신의 이불로 덮여 있는 골칫거리도 눈에 보이지 않기 때문에 더 두려운 존재가 되었다. 언제든 나를 공격하는 무기가 될 수 있기 때문이다. 이게 다 '생각'이 하는 짓거리다.

생각이 하는 일 두 번째, 생각은 두려움을 더 크고 대단한 존재로 만든다. '걱정'을 하기 위해서다. 말했다시피 인간은 걱정의 여신으로부터 태어났다. 그러나 처음 만들어진 인간은 생각을 할 줄 몰랐다. 쿠라는 그러한 인간을 걱정했다. 왜냐면 쿠라는 인간이 살아 있는 동안만 그것을 소유할 수 있는데, 생각 없는 인간은 금방 죽었기 때문이다. 그들은 생각 없이 사자에게 덤벼들고 절벽에서 뛰어 내렸다. 그때 쿠라의 고민을 덜어준 게 프로메테우스이다. 프로메테우스는 인간에게 불을 가져다 주어 그들이 오래 살 수 있도록 도왔다. 누군가에겐 이게 나쁜 소식이었다. 제우스 말이다.

제우스는 인간이 죽고 나야 비로소 그의 영혼을 소유할 수 있기 때문에 결코 그들이 오래 살길 바라지 않았다. 때문에 제우스는 프로메테우스가 죽도록 미웠다. 그래서 그를 바위산에 묶고 매일 까마귀한테 간을 쪼아 먹히도록 벌을 내렸다.

한 가지 의문이 생긴다. 프로메테우스의 불은 어떻게 인간을 오래 살도록 했을까? 개인적으로 나는 그 불의 정체가 '생각'이라고 생각한다. 실제로 우린 번뜩이는 아이디어를 머리에 반짝 불이 들어오는 전구에 비유한다. 생각은 크고 물컹물컹한 호두가 들어 있는 컴컴한 동굴 속에 전구 불을 밝힌다. 이때 뇌세포에선 실제 전기신호가 발생한다. 생각과 생각이 부딪쳐 부싯돌 불이 팍팍 튀기는 것이다. 그런데 한 번 불이 붙은 생각은 마른 낙엽을 태우듯이 순식간에 번진다. 낙엽의 잎맥을 닮은 신경세포의 가지돌기를 통해 화마는 재빠르게 덩치를 키워 나간다.

생각이 인간을 오래 살게 만드는 것도 이 때문이다. 걱정이 생기면 머릿속은 생각의 불바다가 되어 버린다. 이때 인간은 극도로 몸을 사린다. 왜냐면 생각의 제1 목적이 '나를 안전하게 오래 살도록 하는 것'이기 때문이다.

쿠라가 가장 원하는 건 인간이 오래 사는 것이었다. 다만 그녀는 인간이 '오래' 살기 만을 바랄 뿐, 행복하든지 말든지에는 관심이 없다. 결론적으로, 걱정은 우리가 생존할 수 있게 돕지만, 그 목적을 달성하기 위해 우리의 불행을 기꺼이 감수한다.

그러니 당신은 선택해야 한다. '걱정하며 불행한 삶을 최대한 오래 끌 것인가, 아니면 조금 덜 살아도 행복한 삶을 살 것인가.' 이 책은 후자를 선택한 독자를 위해 쓰였다는 걸 미리 밝혀 둔다. 계속 읽을지 말지는 당신의 선택이다.

내려 놓아라, 살고 싶다면

이제 우리는 평생 지녀온 5가지 확신이 결코 우리를 행복하게 해주지 못 한다는 걸 배웠다. 가끔 일상의 소소한 문제로부터 도망치는 데는 효과적일지 모른다. 그러나 정작 삶의 가장 큰 문제 앞에선 속수무책이다. 오히려 그걸 확신으로 굳혀 스스로 얽매이다 보면 불행에 빠지는 경우가 다반사다.

이제 당신은 물을 것이다. "그럼 어떻게 살아야 삶의 골칫거리와 위험으로부터 해방될 수 있을까?" 나에게 그에 대한 답은 없다. 왜냐고? 나는 신이 아니기 때문이다. 세상에 없는 걸 창조해 낼 수 없다. 이 세상에 삶의 위험을 없앨 수 있는 방법은 존재하지 않는다. 만일 그런 게 있다고 말 하는 사람을 보면 그들을 이렇게 불러라. '사이비'라고.

사람들이 종교단체에 가입하거나 소위 멘토란 자들을 찾아다니는 데에는 다음과 같은 염원이 깔려 있다. '삶의 위험으로부터 해방되고 싶다.'

이러한 심리를 이용해 거짓 강론을 펼치며 이득을 보려는 자를 우리는 사이비라고 부른다. 예컨대 이런 식이다. '우리가 믿는 신을 당신도 믿기만 한다면', '내가 이룬 성공을 당신도 이루기만 하면', '내가 아는 걸 당신도 알기만 한다면' 당신 인생의 모든 골칫거리가 사라질 것이다.

　결론부터 말하자면, 모두 새빨간 거짓말이다. 모두가 골칫거리를 떠안고 산다. 모두가 삶의 위험에 노출되어 있다. 세상에서 가장 돈이 많은 사람도 내일 당장 바나나를 밟고 죽을 수 있다. 세상에서 가장 마음이 편한 사람도 내일 시한부 판정을 받을 수 있다.

　조 바이든 미국 대통령은 1972년 미국 역사상 6번째로 어린 상원의원이 되었다. 당시 29세의 이 젊은이는 세상을 다 가진 기분이 들었을 것이다. 그러나 그는 같은 해 교통사고로 아내와 딸을 잃고 두 아들은 중상을 입었다.

　'날으는 작은 새'로 불린 배구선수 조혜정은 1976년 몬트리올에서 한국 최초의 올림픽 구기 종목 메달을 따냈다. 그러나 1976년은 그녀의 어머니가 돌아가신 해이기도 하다. 그녀는 그해를 '가장 큰 걸 얻고 가장 큰 걸 잃은 해'로 기억했다.

　삶은 메피스토펠레스와 '위험'이라는 조건을 걸고 맺은 계약이다. 당신은 어머니의 뱃속에서부터 '언제든 위험에 노출될 수 있다'는 리스크 항목에 동의 서약했다. 서약한 기억이 없다 해도 할 수 없다. 당신이 태어났다는 게 서약을 했다는 증거니까. 골프를 치겠다는 건 언제든 공이 벙커나 해저드에 처박히는 걸 감수하겠다는 뜻이다. 이상형과 연애를 하겠다는 건 그 전에 수많은 거절을 받아들이겠다는 선언과 같다.

　나도 한때 연애가 너무 어려워 멍청한 픽업 아티스트들의 책을 뒤적였다. 그중 가장 '덜 멍청했던' 책이 기억난다. 내가 덜 멍청했다고 말 하는 건, 그게 그나마 '덜 사이비 같았기 때문'이다. 왜냐면 다른 책들은 하나같이 이런 거짓말을 해댔기 때문이다. '이 책이 시키는 대로만 하면 클로이 모레츠도 당신을 거절할 수 없을 것이다.'

　그러나 조금 덜 멍청했던 그 책은 다음과 같이 말했다.

　'유혹의 길은 수치심이라는 위험을 끌어안는 여정이다.' 그리고 이렇게도 말했다. '최고의 유혹자는 누구에게도 차이지 않는 사람이 아니라 누구에게든 차일 준비가 되어 있는 사람'이라고. 실제로 이 바닥(?)에 처음 뛰어드는 사람은 깜짝 놀라게 될 거라고도 했다. 생각했던 것보다 훨씬 더 많은 퇴짜와 거절이 기다리고 있을 테니까.

　퇴짜와 거절을 피할 방법은 없다. 그건 오직 사이비 데이트 코치들의 광고문에만 존재한다. 그래서 그 책은 다음과 같은 걸 제안한다. 버거킹에서 잡채밥 주문하기, 흰 속옷 위에 블랙 스키니진을 입고 남대문 열고 다니기, 할머니 방에서 빤짝이가 뿌려진 카디건과 진주목걸이를 훔쳐 착용한 뒤 클럽에 가기 등등.

　어차피 수치심이라는 위험을 피할 수 없다면 익숙해지라는 것이다. 물론 나는 이런 방법을 절대 추천하지 않는다. 당신에겐 개인 목적을 달성하기 위해 버거킹 점원의 코르티솔 수치를 높이거나 행인의 눈을 썩게 만들 권리가 없다.

그러나 유혹자의 삶을 살려면 거절을 애착인형처럼 여겨야 한다는 논리는 맘에 든다. 우리도 삶을 살기 위해선 늘 위험(의 가능성)을 끌어안고 살아야 한다.

지금 당신 앞에는 아무리 발버둥쳐도 벗어날 수 없는 엄중한 현실이 버티고 있다. 나는 이것을 '물리적 장애물'과 '심리적 장애물' 두 가지로 나눈다.

물리적 장애물이란, '선천적' 성별이나 국적, 가족, 신체적 장애 혹은 키나 눈동자 색깔처럼 도저히 바꿀 수 없는 외모적 특징 등을 말한다. 이중 몇 가지는 의학과 서류 작업의 힘을 빌려 어쩌면 바꿀 수도 있다. 그러나 '태어났을 때' 그러한 특징을 갖고 있었다는 역사까지 바꿀 수는 없다. 물리적 장애물은 그 역사까지도 포함하는 것이다.

반면 심리적 장애물이란, 이론적으론 바꾸는 게 가능해도 당신의 마음속에서 이미 물리적 장애물처럼 굳어진 경우를 뜻한다.

예를 들어 당신의 우울증은, 누군가가 볼 땐 충분히 고칠 수 있는 병이지만 당신에겐 무슨 수를 써도 극복할 수 없는 운명처럼 느껴질 수 있다. 혹은 당신 곁을 평생 따라다니는 가난도 다른 사람이 볼 땐 얼마든지 극복할 수 있는 것처럼 보이지만, 당신은 '집안 대대로 내려오는 저주' 혹은 '타고난 팔자'로 여길 수도 있다.

'물리적 장애물'로부터 벗어날 수 있는 방법은 어디에도 없다. 그러나 '심리적 장애물'이 삶을 완전히 망가뜨리는 건 피할 수 있다. 어질러진 방을 청소함으로써 말이다.

생각해 보라. 우리는 청소할 때 방에 있는 물건을 전부 없애버리지 않는다. 그건 이사지 청소가 아니다. 청소란, 아주 약간의 먼지와 머리카락만 쓸어버리고 나머지 대부분은 단지 흐트러진 걸 재배치하는 것에 불과하다. 방바닥에 김치통이 '놓여' 있는 것과 '엎어져' 있는 건 천지차이다.

그래서 나는 제안한다. 내가 만든 게 아닌 골칫거리(물리적 장애물)는 거기 그대로 두고, 내가 덮은 확신의 이불(심리적 장애물)만 걷어내자. 그러면 놀랍게도 방은 알아서 청소를 하기 시작한다.

사실 방은 언제나 스스로 청소를 해 왔다. 종이에 베인 손가락 상처가 나도 모르는 사이 아문 것처럼 말이다.

방안을 통째로 비우려 하지 말고 청소나 잘 하자. 쓸데없이 위험을 크게 만들지 말고 피할 수 없는 위험만 받아들이자. 불필요한 걱정을 하지 말고 필요한 만큼만 걱정하자. 걱정을 심장박동처럼 내가 살아 있다는 증거로 여기자. 왜냐면 살아 있는 동안 우리 삶을 관장하는 쿠라 여신은 '걱정의 신'이기 때문이다.

살려면 걱정거리가 있어야 한다. 걱정을 하려면 골칫거리가 있어야 한다. 골칫거리가 사라지는 날은 우리가 쿠라와 결별하는 날이다. 그리고 그날이 바로 우리 제삿날이다. 노자도 이와 비슷한 말을 했다.

내게 걱정이 있는 까닭은
내가 몸을 가지고 있기 때문이니

몸이 없다면 무슨 걱정을 하겠는가.

- 〈도덕경〉 13장 중

쉽게 말해 걱정에서 완전 해방되고 싶으면 죽으란 뜻이다. 하지만 난 여기서 '삶을 사는 법'에 대해 말하고 있다. 최선의 삶은, 나를 행복하게 해 주지도 못 하는 온갖 확신에 얽매여 스스로를 고문하는 게 아니라, 최선을 다해 버릴 수 있는 건 버리고, 버릴 수 없는 건 그냥 놔두는 것이다. 이건 마치 스콜세지 감독이 영화 연출에 임하는 자세와 같다.

이번 영화가 내 인생 마지막 영화라 생각하고 목숨 바쳐 촬영한 뒤 나머지 내가 어쩔 수 없는 부분, 예를 들어 관객이나 평론가의 반응 따위에 대해선 조금도 신경 쓰지 않는 것이다. 그러면 삶은 가끔씩 영화 〈테닛〉처럼 방바닥에 쏟아진 김치가 원래대로 통 속에 들어가는 기적을 보여주기도 한다.

보들레르의 『파리의 우울』 중 [이방인]이란 시에서 어느 의문의 존재가 이방인에게 묻는다. "너는 무엇을 사랑하느냐?" 주관식을 싫어하는 이방인을 배려해 질문자는 몇 가지 보기를 준다. 가족, 친구, 조국, 미인, 돈. 하지만 이방인은 그들 모두를 증오한다고 답한다. 그러면서 자기가 유일하게 사랑하는 존재는 '구름'이라고 말한다. 그냥 구름도 아니고 '저기 저 떠내려가는 구름'을.

질문자가 제시한 보기는 하나같이 우리가 쉽게 확신하는 것들이다. '나는 우리 부모님 자식이다', '우린 친구다', '나는 한국인이다',

'저 여잔 내 여자다', '내 재산은 100억이다' 등등.

시인이 그것을 증오한다고 말한 이유는 그것이 삶의 본질과 다르기 때문이다. 삶은 시시각각 모습을 바꾸고 확신할 수 있는 거라곤 아무것도 없는데, 인간은 확신에 집착하면서 산다.

말하자면 시인은 그들 자체를 혐오하는 게 아니라, 그들에게 [내 가족] [내 친구] [내 돈] 따위의 꼬리표를 붙이고 '너는 이것이다.'라고 확신하는 행위를 혐오하는 것이다.

하지만 구름은 어떤가? 구름은 한마디로 정의 내려지기를 거부하는 존재다. 하늘에 존재하는 것 같으면서도 손에 잡히지 않는다. 거기에 있는 것 같지만 잠시 한눈을 팔면 전혀 다른 모양으로 다른 곳에 가 있다. 그래서 구름은 아무런 확신도 주지 않는다. 떠내려가는 구름은 가볍다. 바람구두를 신고 방랑하는 나그네와 같다.

이 책은 당신이 삶에서 없애버리고 싶은 것들을 없애주지 못할 것이다. 다만 무거운 걸 가볍게 만들어줄 수는 있다. 우선 당신을 짓누르는 무게 중 상당량이 당신 스스로 짊어진 추, 즉 '심리적 장애물'이라는 사실을 알려줄 것이다. 지금껏 그 추를 내려놓지 못한 이유는 그걸 내려놓아선 안 된다고 배웠기 때문이란 것도 알려줄 것이다. 그리고 난 계속해서 강조할 것이다. 그걸 내려놓아도 된다고. 아니, 내려놓아야만 한다고. 살고 싶다면.

확신은 진실에 기반 하는가

당신 손에 들린 휴대폰이란 물건이 있을 것이다. 이것을 한번 보자. 그건 분명 거기에 존재한다. 휴대폰을 쥐고 있는 손으로 동시에 스타벅스 컵을 잡을 수 없고, 손가락으로 화면을 톡톡 건드리면 퇴근길 무료함을 달래줄 영상이 재생될 것이다. 전화벨이 울려서 받으면 수화기 너머로 연인의 다정한 목소리가 들릴 것이다. 이 모두가 휴대폰이 존재한다는 증거이다.

알다시피 휴대폰은 전자기기이다. 빵집이나 가구점에서 스마트폰을 팔지 않는 것만 봐도 알 수 있다. 개인적으로 난 지금의 내 지식 수준이 또래 평균을 심각하게 밑돈다곤 생각지 않는다. 그러나 5, 6년 전만 해도 확실히 난 무식했다. 이렇게 밑밥을 까는 이유는, 그때까지만 해도 나는 내 몸에 전자가 있다는 사실을 몰랐기 때문이다. 막연하게 전자는 전기가 연결돼야 만들어지는 건 줄 알았다. 전자제품이라 불리는 것들은 죄다 전기 코드를 연결해 쓰는 것처럼 보였으니까.

나는 평소 내 몸의 최소 단위를 세포로 인식하며 살아 왔다. 분자와 원자의 존재는 알고 있었다. 그리고 세포가 분자와 원자로 나뉜다는 것 역시 알고 있었다. 다만 그걸 크게 신경 쓰지 않아도 삶에 없다 보니 자연스레 잊고 살았던 것이다. 검정 티셔츠 위에 떨어진 비듬을 보거나 얼굴에 각질이 일어날 때만 간신히 세포를 인식할 뿐이었다.

그런데 그걸 아는가? 휴대폰은 전자를 이용한 첨단공학의 산물일 뿐 아니라 전자 그 자체이기도 하다. 비단 '전자제품스러운' 액정 화면뿐만이 아니다. 외장과 내부 기계장치, 심지어 휴대폰 케이스까지도 모두 전자로 이루어져 있다. 리처드 파인만이 '나는 원자로 이루어진 우주이자 우주를 이루는 원자'라고 했듯이 만유는 원자로 되어 있다.

그런데 그 원자 안에 상상할 수 없을 정도로 더 작은 전자가 돌아다니고 있다. 과학자들은 흔히 전자가 크기가 없다고 말한다. 솔직히 난 그게 무슨 뜻인지 잘 모르겠다. 그러나 원자는 비었다 해도 좋을 정도로 전자가 작다는 사실만은 분명하다.

여기서 문제는, 전자가 작은 데서 그치는 게 아니라는 거다. 그게 존재하기는 하는지조차도 모르겠단다. (궁예 톤으로) "누구인가? 누가 이런 말을 했어?" 멀쩡한 과학자들이. 물리학 박사 학위를 가진 교수들이 그랬다.

이상하다. 전자가 존재하지 않을 수도 있다면 전자기기는 어떻게 존재한단 말인가? 빵가루가 존재하니까 파운드케이크도 있는 거 아닌가? 사실 저 말이 이상하게 들리는 건 '전자'가 아닌 '존재'라는 단어 때문이다. '존재한다는 게 무슨 뜻인가'가 문제가 되고 있다는 말이다.

최근에 나온 마음치유, 소원 이루기, 명상법, 불교수행 등에 관한 책들에는 '양자역학'이라는 단어가 자주 등장한다. 이들은 분명 양자역학이 골 때리는 학문이라고 하면서 '이중 슬릿 실험'이라는 걸 소개할 것이다. 여기서 내가 그걸 다시 설명하여 독자의 피로를 가중시킬 필요는 없어 보인다. 게다가 유튜브에 가면 CG를 적절히 활용한 영상들이 많다. 길게도 필요 없다. 5분에서 10분 정도 되는 영상 한두 개만 봐도(단, 신뢰할 만한 채널에서) 다음과 같은 사실을 알게 된다. '전자는 덩어리면서 진동이기도 하다.' 말인즉슨, 전자는 내가 지금 소유하고 있는 느끼한 딸기 셰이크이기도 하고, 소유의 〈Shake It〉 무대를 볼 때 느끼는 떨림이기도 하다.

딸기셰이크는 분명히 존재한다. 먹을 수 있고, 많이 먹으면 배도 부르다. 배가 부르다는 건 뱃속으로 '존재하는' 게 들어갔단 소리다. 그러나 소유를 볼 때의 떨림은 애매하다.

떨림은 우리가 흔히 말하는 실체가 아니다. 오히려 '느낌'에 가깝다. 느낌이 실체라면 식당에서 라면이 불어터져서 나왔을 때 당신은 분노라는 녀석을 '볼 수 있어야' 한다. 영어에선 '화가 났다'는 걸 '빨강을 보았다(to see red)'라고 표현하기도 하지만, 그건 어디까지나 은유일 뿐, 만일 진짜 빨강을 봤다면 너무 화가 나서 정신이 이상해졌기 때문이다.

여기서 짚고 넘어가야 할 사실 하나. 우리 몸도 원자로 이루어져 있다! 그럼 우리 몸을 구성하는 가장 작은 요소도 전자란 소리다. 내 몸은 WWE 케이지 꼭대기에서 마구 뛰어내리던 믹 폴리의 몸처럼 단단하기도, 〈드래곤볼〉에서 잔상권을 쓰는 손오공처럼 신기루 같기도 하다는 뜻이다.

하지만 우린 거의 1년 내내 우리 몸을 수많은 레고 조각들이 결합된 단단한 조립품 정도로 인식하며 살고 있다.

'나'라는 물체, '나'라는 진동

확신은 언제나 진실과 거리두기를 한다. 확신과 진실을 연결시키
는 건 오직 인간뿐이다. 우리는 당연하다는 확신이 들면 거기에 '진
실'이라는 품질보증 도장을 찍고 더 이상 그에 대해 묻지 않으려 한
다. 양자물리학자 김상욱 교수는 '과학의 역사는 당연하다고 생각하
는 걸 의심하는 데에서 시작했다'고 했다. 그의 말대로라면 우리가
확신이라 부르는 걸 전혀 의심하지 않고 사는 건 대단히 비과학적인
삶이다.

사람들은 내일 아침에도 오늘 아침과 똑같은 태양이 동쪽에서 떠
오를 거라 확신한다. 정말 그런가? 아마도 그럴 것이다. 굉장히 높
은 확률로. 그러나 100%는 아니다. 이건 세상에서 가장 똑똑한 사람
에게 물어 보아도 마찬가지다. 설령 그가 100% 확신한다 해도 그게
그것을 진실로 만들어주지 않는다. (가령 밤새 외계인이 태양을 박살내 놓
을 수도 있다.) 가만히 보라. 보통 "난 그걸 100% 확신한다"고 말하는
사람은, 정작 자신의 주장이 오류라고 판명나면 아무런 책임도 지지

않는다. 기껏해야 "내가 신은 아니지 않나?" 라고 방귀 뀐 놈처럼 성 낼 것이다.

나는 코로나 감염이 처음 확산될 때만 해도 (국방력과 경제력 기준 으로) 세계 최강국 미국이 가장 큰 피해 국가가 될 거라곤 상상도 못 했다. 현재(2022년 7월)까지 미국에서 나온 코로나 확진자 수는 9,300만 명이 넘고, 이는 2위 국가인 인도(4,400만)의 두 배가 넘는 수 치이다. 누적 사망자 수 또한 105만 명으로 미국이 압도적이다. 2위 브라질의 1.5배, 3위 인도의 두 배가 넘는다. 특히 세계에서 가장 유 명한 도시 뉴욕은 미국 안에서도 가장 피해가 컸던 지역 중 하나이 다. 뉴욕의 허파로 불리던 센트럴 파크 속 야전병원에는 산소 호흡 기를 달고 숨을 헐떡이는 사람들로 가득했다.

코로나의 국가별 인구수 대비 확진율에도 한 가지 특이한 점이 있었다. 흔히 '살기 좋은 나라', '예쁜 나라', '복지국가'로 알려진 덴 마크, 프랑스, 네덜란드, 스위스 등이 최상위권에 자리 잡고 있었다. 국제 정세에 밝은 전문가들은 이러한 결과를 예측했을지도 모른다. 각 국가마다 의료보험 체계나 정부의 위기 대처 능력, 국민의 공공 의식 수준 등 대외적으론 잘 드러나지 않는 불안 요소도 있을 테니 까. 하지만 나를 포함해 수많은 사람들은 이 같은 결과에 놀랐다.

그리고 전혀 예상치 못한 단어들 뒤에 물음표가 붙기 시작했다. '자유', '인권', '민주주의'. 이들은 하나같이 '선진국'이라 불리는 나 라 뒤에 자동으로 따라붙는 말이다. 이 중 하나라도 빈약할 경우 선 진국 반열에 들기 힘들 것이다. 그러나 외신 뉴스는 연일 선진국 국민들이 국가의 거리두기 방침에 불만을 품고 마스크 착용도 거부한 채 광장에 모여 시위를 벌이거나 해변, 술집 등에서 파티를 벌이는 현장을 보도했다. 거기에 모인 사람들은 이렇게 말했다. "내게는 국가의 엉터리 정책을 거부할 권리와 나의 행복을 추구할 권리가 있습니다. 정부는 국민에게 무조건 따르라고 강요할 수 없습니다. 그건 민주주의가 아니기 때문이죠."

지금껏 우린 자유와 민주주의, 개인주의, 사생활 불가침을 완벽한 가치로서 확신해 왔는지도 모른다. 물론 역사를 통해 증명된, 인류가 현재까지 발견한 '최선의' 가치일 수는 있다. 그러나 최선이 '무결점'이란 뜻은 아니다. 아무리 완벽해 보이는 사람에게도 단점이 있듯이 최선의 주의ism와 철학이란 검에도 반대쪽 날이 있게 마련이다. 그리고 그 반대쪽 날에도 그 반대의 날이 있을 수 있다.

20세기 독일의 나치즘과 일본 제국주의는 인류를 멸망 직전까지 몰아갔다. 이들이 밀어붙이던 철학을 뭉뚱그려 파시즘이라 일컫는데, 그것은 종종 전체주의와 동의어로 여겨진다. 오늘날 어떤 나라도 대놓고 전체주의를 표방하지 않는다. 하지만 앞서 예를 든 일부 선진국 국민들이 자기뿐 아니라 다른 수많은 사람들의 목숨까지 담보로 하여 '내 자유'만 외치던 걸 보면, 과연 개인의 자유가 매번 옳은지, 그리고 전체주의는 매번 틀리는지 고개가 갸우뚱해질 때가 있다.

팬데믹은 우리로부터 많은 걸 앗아가고 한 가지 질문을 던졌다.

'우리의 확신은 늘 옳은가?'

확신이 배반당할 때

타이타닉호 침몰의 비극은 이미 110년이나 지난 일이다. 이 사고로 2,435명의 탑승객 중 1,514명이 목숨을 잃었다. 약 62%의 사망률이다.

나는 어릴 때 이 사건을 다룬 영화를 보면서 '저렇게 큰 배가 천천히 침몰하는데 왜 아무도 구하러 안 오지?' 라는 의문이 들었다. 그러다가 '하긴 85년 전 일이니까.' 하고 혼자 생각을 정리했다.

타이타닉이 가라앉고 102년 후, 우리나라에서도 커다란 배 한 척이 침몰했다. 세월호 탑승자 476명 중 299명이 사망했다. 공교롭게도 타이타닉호의 사망률과 같다. 그리고 세월호 또한 작은 배가 아니었기에 완전 침몰하는 데까진 수 시간이 걸렸다. 그러나 300여 명이 목숨을 잃을 때까지 아무도 구조하러 오지 않았다. 한 세기의 시간차가 있음에도 두 사건은 여러 면에서 빼다 박았다.

102년 간격의 판박이 역사는 미국에서도 일어났다. 흔히 인류 최대의 질병 재난을 페스트로 기억하지만, 실은 스페인 독감만큼 높은 사망률을 보이고 많은 인명을 앗아간 질병도 없었다. 1918년 첫 감염 사례가 보고된 이후 2년 동안 전 세계 사망자 수는 최대 추정 치 5천만 명에 달했다. 이는 지금(상술한 날짜와 같음)까지 집계된 코 로나 사망자 수 640만 명의 5~8배에 해당하는 수치다.

'스페인 독감'을 구글에 검색하면 미국 캔자스 주의 한 야전 병원 에 누워 있는 군인들 사진을 볼 수 있을 것이다. 장정들이 눕기엔 턱 없이 부실해 보이는 침대들이 침상 하나 간격으로 다닥다닥 붙어 있 다. 이 사진은 1918년에 촬영되었다.

정확히 102년 후, 2020년 캘리포니아 산 마테오 카운티는 코로나 바이러스가 확산되자 주 방위군이 투입되어 지은 임시 병동 사진을 공개했다. 앞서 1918년에 촬영된 사진과 무엇이 달라졌을까? 엄청 나게 달라졌다. 사진이 컬러다! 그리고 이러한 문명의 발전을 비웃 기라도 하듯 그 외 모든 것은 소름 돋게 똑같았다. 똑같이 앙상하고 볼품없는 침대들이 예전과 똑같은 간격으로 배치돼 있었다.

지난 백 년간 의학은 눈부신 발전을 이룩해 왔다. 한때 인류를 공 포에 몰아넣던 에이즈나 콜레라는 더 이상 심각한 위협이 되지 못한 다. (물론 적절한 치료와 예방이 원활하지 못한 일부 지역은 예외로 한다.) 뉴스에 선 3세대 항암제의 실용화가 임박했다고 하면서 암 정복 시대의 도 래를 예고하고 있다. 그런데 2020년 산 마테오 임시 병동에 누운 환 자들은 과연 상상이나 했을까? 자기가 102년 전 사람들과 똑같은 침대에서 똑같은 모습으로 누워 있게 될 줄을. 그들에게 지금 '확신' 이란 단어는 어떤 의미를 가질까?

진실을 따르는 데는 노력이 든다

고소당할 각오로 세 명의 톱스타에 관한 충격적 비화를 들려주겠다.

1. 2004년 8월 15일 새벽, SBS는 아테네 올림픽 남자축구 대한민국 대 멕시코전 중계 준비에 한창이었다. 경기에 앞서 예능 형식을 띤 프리뷰 쇼가 생방송으로 진행되었다. 거기엔 베이비복스 멤버 윤은혜도 출연했다. 그리고 그녀가 내뱉은 한마디는 시청자들을 경악케 했다. "그리스는 왜 새벽에 축구를 하죠?"

2. 〈마지막 승부〉와 〈M〉으로 슈퍼스타에 등극한 배우 심은하가 한 라디오 생방송에 출연했다. 팬이라고 밝힌 청취자와 전화연결을 했다. 팬이 먼저 말했다. "언니 정말 좋아해요." 심은하는 "감사하다"고 답했다. 그러자 곧바로 청취자 입에서 문제의 발언이 터져 나왔다. "그런데 제 친구 왜 때렸어요?"

이뿐만이 아니다. 심은하는 한여름에 진행된 야외 생방송 도중 관객을 향해 이렇게 소리쳤다. "여러분, X나 덥죠?"

3. 어느 연예인이 라디오 방송에 출연하여 대뜸 가수 비에게 전화를 걸었다. 신호가 울리고 비가 전화를 받았다. 미처 생방송임을 알지 못했던 비는 충격적 TMI를 발설하고 말았다. "형 그거 알아? 나 어제 이효리 XX어."

위 세 가지 이야기에는 세 가지 공통점이 있다. 첫째는, 사회적 파장이 대단히 컸다는 점. 둘째는, 하나같이 새빨간 거짓말이라는 거다. 마지막으로 셋째는, 아직도 많은 사람들이 사실로 믿고 있다는 것이다.

Z세대에게 이 이야기는 삼촌과 이모로부터 전해들은 도시 전설에 불과하다. 한 번도 증거 자료를 본 적이 없기 때문이다. 게다가 한창 소문이 퍼져나갈 당시 그들은 너무 어렸거나 아직 태어나지도 않았다.

나는 후자에는 해당하지 않는다. 그러나 전자에는 나도 해당한다. 나 또한 한 번도 증거를 본 적이 없다. 그건 나 말고 다른 80년대와 70년대생들도 마찬가지일 것이다. 눈을 씻고 찾아봐도 저게 역사적 사실이라는 증거는 어디에도 없다. 그런데도 많은 사람들이 아직도 진실로 믿고 있다.

그게 누구든 간에 최초의 유포자는 작전에 성공한 게 틀림없다.

'팩트가 아닌 감정으로 조지기' 말이다. 이때 이용된 감정은 '즐거움'이다. 혹은 '짜릿함'일 수도 있겠다.

뜬금없지만 여기서 잠깐 '의식'과 '무의식'이란 단어를 짚고 넘어가자. 안다. 이 두 단어는 딱딱한 철학책이나 심리서적의 단골손님이다. 프로이트나 칼 융 어쩌고 하면서 바다에 둥둥 떠 있는 빙하 그림 따위를 보여줄 것이다. 나는 심리학과 관련해서 그 어떤 학위나 자격증도 없다. 그러니 난해한 학술용어를 남발하는 대신 내 식대로 설명해 보겠다.

우선 의식과 무의식은 의사와 심리학자가 사용할 때 그 의미가 조금씩 달라진다. 당신은 지금 의식이 있기 때문에 이 글을 읽고 그에 대해 생각할 수 있다. 이것이 '의사'가 말하는 의식이다. 반면 지하철 맞은 편 자리에 앉은 두 여성 중 하나와 눈이 마주쳤는데, 그녀가 갑자기 옆 사람에게 입을 가리고 무슨 말을 하면 당신은 그들을 의식하게 된다. 이건 '심리학자'가 말하는 의식이다.

그런데 만일 지금 당신이 곯아떨어진 상태라면? 그때는 앞에 누가 앉아 있건 말건 상관없을 것이다. 무의식 상태에 있기 때문이다. 그런 일이 없길 바라지만 잠든 게 아니라 졸도했다면 더 깊은 무의식 상태에 있을 것이다. 그땐 앞사람을 의식하지 못 하는 정도가 아니라 종착역에서도 내리지 못 할 확률이 높다. 고맙게도 누군가 당신을 흔들어 깨우지만 반응이 없다. 물을 한 바가지 뿌려봐도 소용없다. 의사들은 이걸 코마^{coma}라 부른다. 이른바 '의학적' 무의식이다.

그럼 '심리적' 무의식은 무엇인가? 아까 당신이 보는 앞에서 입을 가리고 얘기하던 두 여성이 동시에 폭소를 터뜨렸다고 해보자. 그리고 그들은 당신을 다시 한 번 힐끗 쳐다본다. 또 다시 마주보고 낄낄 웃는다! 당신은 엄청난 불쾌감을 느낄 것이다.

몇 시간 후 당신은 두 친구를 만나 저녁 식사를 한다. 식사 도중 한 친구가 옆에 있는 친구에게 귓속말을 건넨다. 당신은 버럭 화를 낸다. "사람 앞에 두고 귓속말 하지 마!" 친구들은 당황한다. 그리고 옆 친구 이에 고춧가루가 낀 걸 알려준 거라고 해명한다. 갑자기 미안해진다. 평소 같으면 신경도 안 썼을 일에 왜 그렇게 과민반응을 했는지 나도 모르겠다.

사실 아까 지하철에서 있었던 일을 당신은 이미 잊었다고 생각했다. 그러나 그때 느낀 불쾌감은 당신의 '무의식' 안에서 계속 힘을 키워 왔다. 그러던 중 비슷한 상황이 눈앞에서 재연되자 폭발해버린 것이다. 이것이 '심리적' 무의식이다. 내가 이 책에서 가리키는 '의식'과 '무의식'은 주로 이러한 '심리적' 차원을 뜻한다.

다시 도시전설 이야기로 돌아가 보자. 허무맹랑한 가짜뉴스의 주인공이 된 세 사람의 공통점은 당시 톱스타였다는 사실이다. 그리고 소문이 발생한 시점도 각각 그들의 인기가 정점에 달했을 때이다.

안 그래도 잘난 사람이 잘 나가기까지 할 때 그에 관한 안 좋은 소문이 퍼지면 우리는 가장 먼저 즐거움을 느낀다. 이른바 '샤덴프로이데Schadenfreude'다. (인간은 고약한 존재이다.) 그리고 우린 즐거운 소식을 접할 때 그게 사실이기를 바란다.

의식 차원에선 '내가 사실이길 바라는 것'과 '사실'은 다르다는 걸

안다. 그리고 '사실이길 바라는' 걸 그대로 믿는 건 합리적 선택이
아니라는 것 또한 안다. 하지만 무의식이 문제다.

　무의식은 '사실'보단 '감정'의 편에 선다. 후라이드 치킨 대신 닭
가슴 샐러드를 선택하는 데에는 의식이 요구된다. '다이어트 중 치
킨을 먹는 건 멍청한 짓이다'란 생각은 의식 차원에서 이루어지
고, 그 생각을 행동으로 옮기려면 '노력'이 요구된다. 이걸 열역학
제2법칙으로 설명하면, 이 '노력'은 엔트로피를 감소시키는 외부의
'힘'이다. 예컨대 여자 친구가 자주 놀러오는 남자의 자취방은 깨끗
하다. 청결 상태를 자주 '의식'하기 때문이다. 그래서 '힘'을 들여 틈
틈이 청소를 한다.
　반면, 여자 방문객이라곤 한 번씩 비데 관리를 해 주러 오는 아
주머니밖에 없는 남자의 방은 너저분하다. 방 상태를 '의식'하지도,
'힘' 들여 청소하지도 않기 때문이다.
　내가 일상에서 엔트로피 법칙을 가장 실감할 때는 주머니에서 이
어폰을 꺼내는 순간이다. (참고로 나는 아직 유선 이어폰을 사용한다.) 아무
런 '의식 없이' 주머니에 넣은 이어폰을 다시 꺼내면 줄은 마구 꼬여
있다. 그런데 이 꼬인 상태가 골 때린다. 마치 고르디아스의 매듭처
럼 어느 천재가 일부러 불가능한 매듭을 지어놓은 것 같다. 주머니
속에 천재가 드나드는 '9와 4분의 3 승강장'이라도 있는 걸까? 분명
넣을 때 아무런 '힘'도 들이지 않았는데, 이걸 풀려면 엄청난 '노력'
이 든다. (실제로 난 언젠가 트레이닝 바지를 벗으려는데 바지 끈을 풀려고 노력

하면 할수록 더 단단히 꼬여버려 칼로 끈을 잘라버린 적이 있다. 성격 파탄자 같지만 어쩔 수 없다. 가끔 우리 성격은 파탄 날 때가 있다.)

아무튼 이처럼 엔트로피를 감소시키는 힘, 즉 '노력 값'이 충분할 때 비로소 내가 다이어트 중이라는 걸 '의식'하고 치킨에 대한 욕망을 잠재울 수 있다. 하지만 우린 보통 이러한 노력에 충분한 에너지를 쏟지 않는다. 왜 그럴까? 첫째는 귀찮기 때문이고, 둘째는 안 그래도 삶이 빡세 다른 데 신경 쓸 여력이 없기 때문이다.

의식을 발휘할 여력이 없을 땐 으레 쾌락적 '감정'을 좇게 마련이다. 대표적인 쾌락적 감정이 '즐거움'이다. 그래서 훨씬 더 많은 사람들이 '옳은' 닭 가슴살 먹기 대신 '즐거운' 치킨 먹기를 선택하는 것이다. 감정은 무의식적으로 내게 '찾아오는' 반면에, 노력은 의식적으로 내가 '찾아가는' 것이다. 이것은 마치 '내리는' 비를 그냥 맞는 것과 인공 비를 개발해 '내리도록' 만드는 것과 같은 차이다. 어느 쪽이 더 쉬운가?

감정만 좇는 건 '더 쉬운' 쪽인 심리적 무의식 상태로 산다는 뜻이다. 즉 '귀찮은 생각'을 하는 게 아니라, '좋은 기분'에 올라탄다는 거다. 이는 한나 아렌트가 악의 근원으로 꼽은 인간의 행동 양태이기도 하다. 일단 '내 차'를 직접 모는 대신 '남이 운전하는 차'를 얻어 타기로 마음먹었다면, 기왕이면 내가 얻어 탄 차가 가장 빠르고 튼튼하기를 바란다. 다른 건 필요 없다. 이 차가 훔친 차인지, 불법 개조한 차인지는 안중에도 없다. 설령 이 미친 운전자가 행인과 다른 차를 마구 치고 지나가도 크게 문제될 건 없다. 내 유일한 관심사는 오직 '나의 안전'이니까.

과거 파시스트들은 이러한 인간 심리를 파고들어 세력을 확장했는데, 파시즘의 상징인 일명 '속간束桿(fasces)'을 보면 쉽게 이해할 수 있다. 속간은 빼빼로처럼 생긴 나무 막대기 여러 개를 끈을 이용해 한 묶음으로 묶어놓은 형태다. 이것은 결속 혹은 연합의 중요성을 뜻한다. 무기력한 개인도 결집하면 큰 힘을 얻는다는 차원에서 '백지장도 맞들면 낫다'는 철학과 견줄 만하다.

근데 왜 이게 도대체 나치즘 같은 위험한 사상과 연결된 걸까? 자세히 보면, 막대기 묶음 끝에 도끼날이 하나 달려 있다는 걸 알 수 있다. 막대기 하나 하나가 당신과 나를 포함해 이 세상 '모든 개인'을 상징한다면 도끼날은 아무런 쓸모가 없을 것이다. 내리칠 게 하나도 없으니 말이다.

그렇다. 속간에 속하는 막대기(개인)는 모두가 아닌 '선택받은 자'들이다. 속간은 원래 고대 로마 공화정의 상징이었으며, 특히 도끼로 죄인을 벌하는 법정 관리의 권위에 대한 은유이다. 속간은 그 자체로서 '타인' 특히, '벌을 주고 제거해야 할 대상'으로서의 타인을 상정한다. 즉 파시즘은 소외된 개인의 분노를 자극하여 그 사람으로 하여금 주체성을 연합체에 양도하는 대신 '힘'을 얻게 하여 그 힘을 다른 누군가를 향해 마구 휘두르는 쾌감을 선사한다. 그것이 파시즘이 호소력을 얻는 방식이다.

두들겨 맞는 데 이골이 난 한 인간이 남을 두들겨 팰 수 있는 힘을 얻게 되면, 그때부턴 폭력의 대상을 부도덕한 사람보다 약자로 설정하는 게 훨씬 더 쉽다. 그 행위의 목적은 정의가 아니라 무력을 통한 자기 가치의 증명이고 '쾌감'이니까 말이다. 이러한 사람들을 종종 '의학적' 무의식 상태에 있는 '좀비'나 '몽유병자'라 부르는데, 록 그룹 크랜베리스가 〈Zombie〉라는 곡을 통해 살육의 쾌감에 빠진 인간을 비판한 게 그 대표적 예이다.

확신은 의심을 차단한다

한동안 어느 시인이 주최하는 글쓰기 강좌를 다닌 적이 있다. 그의 이름을 존_※이라 하자. 존은 성공한 시인이었다. 나는 그의 글을 정말로 좋아했다. 속세의 사사로운 감정을 초월한 듯한 시구_{詩句} 하나 하나가 내 마음도 호수로 만들어 버렸다.

그러던 어느 날, '내가 좋아하는 글귀'라는 주제로 발표를 마친 나에게 존이 물었다. "그 시인이 쓴 글귀가 그렇게 좋았나요? 왜요?"

뜻밖의 질문에 나는 적잖이 당황했다. "부모님에 대한 사랑을… 감동적으로 표현한 것 같아서요."

그러자 존이 말했다. "그렇군요. 근데 제가 들은 바로는… 글쎄요, 그 분은 효자와는 거리가 좀 있어 보이던데."

당시 그 '불효자' 시인의 에세이집은 시내 대형서점마다 베스트셀러 1, 2위를 차지하고 있었다. 그게 존의 질투심을 유발한 걸까, 아니면 그 시인이 정말로 위선자였던 걸까. 어느 쪽이든 존은 굳이 내게 그런 말을 할 필요가 있었을까?

어느 회사에 다닐 때였다. 옆 부서에서 일하던 한 젊은 여성은 유능한 웹 디자이너였다. 그녀의 이름을 재인으로 하겠다. 재인은 실력도 인정받았을 뿐 아니라 사무실에서 보기 드문 미모를 자랑하는 미혼 여성이었다. 당연히 인기도 많았다. 남자 사원들은 너도나도 그녀와 점심 약속을 잡으려고 혈안이었다.

어느 날, 재인의 부서에 한 여자 신입사원이 들어왔다. 그녀는 재인보다 나이가 훨씬 어리고, 키도 크고, 얼굴은 걸 그룹 센터라 해도 손색없었다. 판세는 바뀌었다. 재인 곁을 맴돌던 남자 사원들은 일제히 신입 주변으로 몰려들기 시작했다. 나중에 들은 이야기론, 회식 중 누군가 신입에게 "○○씨는 사무실에만 있기엔 너무 아까운데? 혹시 아이돌이나 배우 해볼 생각 없어요?"라고 했다고 한다. 이 말을 들은 재인이 발끈했다. "아니, 그럼 저 같은 사람은 못생겼으니 사무실에나 짱 박혀 있으란 말인가요?" 농담이었겠지만 가시 돋친 말이었다.

결국 일이 터졌다. 어느 날부턴가 두 사람 모두 사무실에서 보이지 않았다. 이 모든 스토리를 내가 처음 전해들은 것도 바로 이날이었다. 신입사원은 퇴사했다. 사유는 직장 내 괴롭힘이었다. 가해자로 재인이 지목되었다. 그녀는 신입의 치마 길이부터 말투까지 사사건건 트집을 잡았다고 한다. 금요일 퇴근시간 직전 일명 '(업무)던지기'도 빈번하게 일어났다. 다른 석근자가 그녀에게 그만 가보라고 해도 그녀는 웃으며 괜찮다고 했다. 잠시 후 그녀가 화장실에서 목 놓아 울고 있는 모습이 목격되었다.

모두가 경쟁심을 느낀다. 그리고 경쟁심이란 이마 뒤에는 반드시 질투라는 뒤통수가 달려 있게 마련이다. 질투의 특징은 내게 아무런 문제가 없을 때도, 심지어 평균 이상일 때도 나를 바닥으로 끄집어 내린다는 것이다. 앞서 존과 재인의 예처럼 말이다.

경쟁심이라는 현미경을 통해서 보면 이 세상에는 오직 나와 그 경쟁자만 살고 있다. 당연히 둘을 비교하기 시작한다. 내가 집착하는 가치 기준을 들이댔을 때 그 사람이 나보다 우월할 경우 나는 열등한 존재가 되어 버린다. 그리고 확신한다. 나는 '열등한 자'라는 걸.

확신은 이처럼 '작은 세상'에서 활개를 친다. 확신은 '확장'과 '성장'의 반대말이다. 그것은 멀리 내다보고 폭넓은 시야를 가진 사람과는 어울리지 않는 가치다. 나 또한 잘나가는 사람을 보면 때때로 부정적 감정이 올라온다. 나도 마땅히 누릴 자격이 있는 부와 명예를 그 사람 혼자 독차지하는 것처럼 보이기 때문이다.

당신은 나처럼 안 그럴지도 모른다. 그건 당신이 대인배여서일 수도 있지만, 어쩌면 자기 안의 본성을 있는 그대로 들여다본 적이 없기 때문일 수도 있다. 또한 그걸 글로 적거나 말로 옮겨본 적이 없기 때문일지도 모른다. 우린 심지어 일기장에도 거짓말을 한다. 일기를 쓸 때도 끊임없이 나를 변호하기 때문이다. 내 마음을 있는 그대로 바라볼 때 쏟아져 나오는 건 죄다 자격지심, 시기, 질투, 열등감, 자기혐오, 겁먹음, 쫄음 따위다. 이들은 내 안의 사악한 마음보다도 훨씬 더 마주하기 싫은 것들이다.

그러나 나는 알고 있다. 잘나가는 사람에 대한 경쟁심과 질투가

'나' 라는 사람을 온전히 설명하지 못 한다는 걸. 그건 단지 내 안의 본성이 '하는 짓'이란 걸 말이다.

나는 '그 짓'과 '나'를 동일시하지 않는다. 나의 일부일 순 있으나 전부는 아니다. 속에서 잠깐 올라왔다가 사그라드는 마음 하나하나를 나의 전부라고 확신할 경우 나는 이미 폭력배며 살인자고 사기꾼이다.

이처럼 비이성적 확신에 빨려 들어가는 대신 그걸 있는 그대로 바라볼 수만 있다면 명료한 의식 안에서 그걸 경계하고, 거부하고, 통제할 수 있다. '나의 본성'과 '나'를 혼동하면 의식의 브레이크는 작동하지 않는다. 이 짓을 지지리도 반복한 인물이 바로 백설 공주다. 그녀는 본성에만 휩쓸리다가 몇 번이나 죽을 고비를 넘겼고, 그때마다 일곱 난쟁이가 개고생을 했다. 그런데도 또 다시 사과를 덥석 물었다! 내가 일곱 난쟁이 중 하나였고, 그게 독 사과가 아니라 설사 정도만 유발하는 거였다면 속으로 고소해 했을 것이다.

'자세히 보아야' 예쁘긴 않아도 있는 그대로의 내 마음이 보인다. 그게 뭔지 제대로 알아야 통제든 뭐든 할 게 아닌가? 그럼 내 안의 본성을 마주하고 나서 그에 휩쓸리지 않으려면 어떻게 해야 할까? 앞서 소개한 세 개의 가짜 뉴스를 대하는 태도로 예를 들어보겠다.

우선, 눈을 씻고 찾아봐도 증거 하나 없는 이야기를 무조건 믿는 건 비이성적 태도라는 걸 '알고 인정하기'. 다음은, 내 마음 깊은 곳에는 질투라는 본성이 있다는 걸 '알고 인정하기'. 마지막으로, 내겐 질투하는 대상의 불행을 바라는 마음이 조금이라도 있다는 걸 '알고 인정하기'.

이 세 가지를 알고 인정하고 나면 나는 그 가짜뉴스를 전과 다른 태도로 대할 수 있다. 즉, '확신(맹신)'도 아니고 '반대 확신(무조건 부정)'도 아닌, '의심' 말이다. '의심'이라고 하면 당장 부정적 이미지가 떠오를 것이다. 누군가는 그걸 사회악으로까지 규정한다. 세상이 요 모양 요 꼴이 된 건 다 의심 때문이라고 말이다.

이는 우리 사고에 '의심하지 말아야 한다'는 확신이 깔려 있기 때문이다. 하지만 여기서 내가 말하는 의심은 의처증이나 과대망상이 아니다. 그것은 '질문하기'와 같은 뜻이다. 의심의 반대말은 확신이며, 확신은 '질문하지 않기'와 동의어이다. 당신은 아침에 일어나서 〈너의 이름은〉 주인공처럼 내 몸을 확인하지 않는다. 내가 지금 남자인지 여자인지 확신하기 때문이다.

'의심의 철학(회의주의)' 전문가 황설중 교수는 의심이란, 확신할 만한 지혜가 없어서 갈팡질팡하는 게 아니라, '풍부한 지식을 여러 지식론에 자유자재로 응용할 수 있는 능력'이라고 했다. '풍부한 지식'에는 무수한 실패와 반성, 그에 따른 깨달음도 포함된다. 확신이 불안 때문에 선택한 자발적 속박이라면, 의심은 자유로운 창조 행위라 할 수 있겠다. 경험과 식견을 창조적 사고에 활용하지 않는 건 도로 위 안전주행이 아니라 역주행이다.

청춘일수록 확신에 끌린다

옛날 중국에 덕을 많이 쌓기로 유명한 집안이 있었다. 어느 날, 그 집에서 기르는 검은 소가 흰 송아지를 낳았다. 그 집 아들은 현자를 찾아가 이게 무슨 의미인지 물었다. 현자는 대답했다. "길조이니 그 걸 하늘에 바쳐 제사를 지내시오."

1년이 지났다. 그 집 아버지가 갑자기 장님이 되었다. 곧이어 그 집 검은 소가 또다시 흰 송아지를 낳았다. 아버지는 아들을 시켜 현자를 다시 찾아가도록 했다. "또요? 그 자는 전에 길조라고 했으나 아버지는 시력을 잃었습니다. 무엇 하러 그 사이비 작자를 또 찾아가라 하십니까?" 그러나 아버지는 단호했다. 아들은 하는 수 없이 그 현자를 다시 찾았다. 그가 말했다. "이것 또한 길조로구나. 같은 방식으로 제사를 지내시오." 이를 전해들은 아버지는 또 다시 현자가 시키는 대로 하라고 했다. 아들은 분통이 터졌다.

다시 1년이 지났다. 이번엔 아들의 눈마저 멀어버렸다. 곧이어 국가에도 불행이 닥쳤다. 이웃나라가 쳐들어와 부자父子가 살고 있는 성까지 포위당한 것이다. 전쟁은 길어지고 포위된 사람들끼리 자식을 바꾸어 잡아먹는다는 괴담까지 들려왔다. 성인 남자는 대부분 전사했다. 그러나 이 부자만큼은 시각장애로 징집 대상에서 제외되었고 목숨을 부지할 수 있었다. 드디어 전쟁이 끝났다. 얼마 안 가 두 사람의 시력은 정상으로 돌아왔다.

나는 20년 전쯤에 처음 이 이야기를 들었다. 학교의 울타리를 벗어나 성인으로서의 삶이 이제 막 펼쳐지려고 할 때 들은 이 이야기는 내게 큰 용기를 주었다. 고난과 역경이 닥쳐도 이야기 속 아버지가 현자를 믿듯이 삶의 순리를 믿고 따르면 사필귀정할 것이라 확신했다. 이게 바로 '삶은 이렇다', '이렇게 살라'고 떠들어대길 좋아하는 자들이 청년들을 상대로 확신을 강조하는 이유다. 젊거나 어릴수록 의심보단 확신에 더 끌린다. 왜냐면 의심은 '허무'와 묶이는 반면, 확신은 '이상'과 묶이기 때문이다. 청춘은 확실히 이상과 더 잘 어울린다.

젊은 고막을 유혹하는 자들은 가장 먼저 그들에게 '네버랜드'를 제시한다. 네버랜드는 내가 꿈꾸는 모든 것이 현실이 되고 성공과 행복이 보장되는 나라이다.

그들은 말한다. "당신의 젊음은 그 무엇으로도 환산할 수 없는 신비로운 힘이니 마법을 부리는 것쯤은 일도 아니다." 이를 들은 청년들의 가슴은 웅장해진다. 자기가 손흥민보다도 유명한 사람이 될 것같다. 강연은 이어진다. "당신에겐 찬란한 미래가 기다리고 있다. 젊음이라는 잠재력으로 못할 것이 없다. 다만 잠재력을 발휘하려면 그 힘을 지혜롭게 쓸 줄 알아야 한다. 그 방법을 내가 지금부터 알려주겠다."

돈을 이용해 사기를 치려는 자가 애타게 찾는 사람은 누굴까? 돈 많은 사람이다. 연민을 이용해 사기를 치려는 자가 찾는 건? 연민이 넘치는 사람이다. 그러니 낙관론을 이용해 사기를 치려는 자가 삶을 낙관적으로 보는 사람을 찾아다니는 건 당연한 이치다.

삶에 치인 시간이 많을수록 이상을 추구하기보단 폭망하는 꼴만 면하고자 한다. 세상살이란 게 어차피 내 맘 내 뜻대로 되지 않는다는 걸 이미 체득했기 때문이다.

하지만 나이 어린 사람들은 평균 기대 수명까지 남은 시간이 많은 만큼 기회도 널려 있고 가능성도 무궁무진하다고 확신한다. 이때 자산가가 금전 사기꾼을 끌어당기듯이 청춘은 희망팔이꾼을 끌어당긴다. '당신은 뭐든지 할 수 있고 행복은 코앞에 있다'는 말에 절로 고개가 끄덕여진다.

그로부터 10년 후. 어느덧 중년을 바라보는 청년은 깨닫는다. 네버랜드는 없다는 걸. '네버랜드Neverland'라는 말 자체가 '어디에도 없다'란 뜻이다. 설령 비슷한 게 있다 해도 거기엔 늘 후크 선장과 같은 빌런들이 득시글댄다. 나이를 먹지 않는 것도 환상적이기만 한 건 아니다. 그건 동안을 유지하는 것과는 다른 이야기다. 이 꼴로는 웬디와 연애는커녕 평생 소꿉놀이만 해야 할 판이다.

어릴 적 학교 주변에 꼭 이런 아저씨들이 있었다. 하교하는 초등학생들에게 무언가를 보여준다. 워키토키다. 워키토키는 특히, 사내 아이들에겐 네버랜드만큼이나 환상적인 것이었다. 〈다이 하드〉의 브루스 윌리스나 로보캅처럼 경찰과 무선으로 교신하며 악당을 무찌르는 영웅이 되기를 모두가 꿈꾸었다.

아저씨는 자기를 따라와서 20분만 이야기를 들으면 워키토키를 갖게 될 거라고 했다. 우리는 당연히 따라갔다. 약속한 시간의 두 배가 지났다. 그는 내내 20권짜리 백과사전 세트를 광고했다. 드디어 워키토키를 받을 시간이 되었다.

그러나 그는 그전에 한 가지 숙제가 있다고 했다. 집에 가서 어머니께 방금 들은 내용을 그대로 전하라는 것이다. 아저씨를 따라갔다는 말만 빼고. 그 백과사전을 보니 공부가 절로 하고 싶어진다는 말도 덧붙이라고 했다. 그리고 어머니를 모시고 오면 그때 워키토키를 받게 될 거라고 했다. 나와 친구들은 각자 어머니를 모시고 10분 뒤에 여기서 다시 만나자고 했다. 그러나 아무도 약속을 지키지 못했다. 다음 날 몇 명은 아버지에게 맞았다고 했다.

아직도 '검은 소와 흰 송아지' 이야기가 '모두 잘될 거니까 걱정 마.'라는 이야기라고 생각하는가? 그렇다면 당신은 지금 워키토키 아저씨를 따라갈 확률이 높다. 문제는 당신은 초등학생이 아니라는 거다. 네버랜드가 아닌 '진짜 세상'을 살아본 성인이다. 그렇다면 지금 불행으로 보이는 것도 나중엔 복이 될 수 있다는 걸 알 것이다. 동시에 지금 행운처럼 보이는 것도 나중엔 독이 될 수 있다는 것도 잘 알 것이다.

하지만 당신은 후자를 손바닥으로 가리려 한다. 그리고 안 보이는 걸 사라졌다고 믿으려 한다. 이건 마치 〈쥬라기 월드〉에서 공룡에게 쫓기던 소녀가 침대 속으로 뛰어 들어가 이불을 뒤집어쓰는 것과 같은 행위다. 학창시절 우리 반에도 책상 위에 교과서를 세워두면 선생님이 자기를 볼 수 없다고 생각한 녀석이 있었다. 몸무게가 90킬로그램이 넘으면서 말이다. 그들은 대체 왜 이러는 걸까? 늘 그렇게 살아왔기 때문이다.

우린 평생 손바닥으로 불편한 하늘을 가리고 뜬구름만 좇았다. 어른들은 말했다. '좋은 대학에 가면 행복해질 것이다.' 어른들은 말했다. '좋은 회사에 가면 행복해질 것이다.' 어른들은 말했다. '좋은 사람과 결혼하면 행복해질 것이다.'

그들이 그렇게 말한 이유는 자기들이 정의내린 '이상적 삶'과 그걸 얻기 위한 자기만의 '방식'을 다음 세대에게도 확신시키기 위해서다. 발레리나가 꿈이었지만 이루지 못한 어머니는 딸에게 최고의 발레리나가 되는 것만이 이상적 삶이라고 가르친다. 그리고 행복으로 가는 유일한 길은 발레 연습이라고 말한다. 가슴 아픈 사실은, 많은 경우 그들이 자식을 진심으로 사랑하기 때문에 당신이 믿는 최고의 삶을 자식에게 주고 싶은 마음에서 그랬다는 거다.

물론 그럼에도 우리에겐 여전히 거부할 수 있는 자유가 있었다. 어딘가에 있을지도 모를 어디에도 없는 세상에 대한 그들의 이야기를 믿지 않을 수도 있었다. 하지만 그땐 너무 어렸다. 지금은 다르지 않은가? 이제는 성숙이란 것도 조금 해야 하지 않겠는가?

널빤지를 지고 다니는 자

‘검은 소’ 이야기는 값싼 희망팔이를 하는 게 아니다. 진실을 말하고 있는 것이다. 어떤 진실인가? 아주 불편한 진실이다. ‘아무것도 확신할 수 없다’는 것. 그런 면에선 소크라테스가 옳았다.

“나는 아무것도 모른다는 걸 안다.”

이 말은 그 자체로 모순이다. 아무것도 모르는 사람이 어떻게 자기가 모른다는 걸 알겠는가? 소크라테스는 바보인가? 모르긴 몰라도 나보단 똑똑했을 것이다. 그런데 나도 이게 모순이란 걸 안다. 그러니 그가 멍청해서 모순에 빠진 건 아닌 것 같다.

역설의 특징은 찜찜하다는 거다. 등장인물 중 누구도 범인이 될 수 있고 아무도 범인이 아닐 수도 있는 범죄영화처럼 말이다. 소크라테스는 모호함에 대한 자신의 말 자체를 모호하게 만들어 놓았다. 그 모호함 자체가 삶이란 걸 알았기 때문이다.

이를 좀 더 쉽게 설명한 자가 바로 석가모니 부처다. 그는 제자들에게 말했다. "나는 법문을 통해 그대들이 고통의 강을 건너도록 돕는다. 내 말을 뗏목으로 삼아 강을 건너라. 건너고 나면 뗏목은 버려라. 그것은 뭍에선 아무 쓸모가 없다."

부처는 시인했다. 자기 말도 진리라고 확신할 수 없다는 것을. 그가 제자들에게 경계하도록 한 건 돈과 여자, 기독교가 아니었다. '확신'이었다. 그리고 확신을 경계해야 한다고 확신하는 것도 경계하라고 했다. 부처가 최종적으로 깨달은 고통의 원인은 선도 아니고 악도 아니었다. 삶도, 죽음도 아니었다. 그것은 확신이었다. 생로병사가 저주라는 확신도 고통을 야기하고, 축복이라는 확신도 고통을 야기한다.

불교에선 확신하는 사람을 커다란 널빤지를 한쪽 어깨에 짊어지고 다니는 사람에 비유한다. 만일 오른쪽 어깨에 지면 이 사람은 자기 오른쪽에서 벌어지는 일을 알지 못한다. 왼쪽에 지면 왼쪽 세상을 보지 못한다.

그는 널빤지 하나를 짊어지고 강을 건너고자 한다. 깊어봐야 무릎 정도 올 것 같아서 바지를 걷고 물속에 들어간다. 그런데 막상 들어가 보니 물이 턱 밑까지 차오른다. 가쁘게 숨을 몰아쉬다가 꾀를 낸다. 널빤지 위에 엎드려 손으로 노를 젓기로 한다. 하지만 물살은 생각보다 훨씬 더 세다. 널빤지는 계속해서 뒤집어지고 생사를 넘나드는 위기 상황이 이어진다. 이게 바로 우리의 모습이다. 널빤지를 끌어안고 생고생을 사서 한다.

사실 그가 물에 들어가기 전 어깨에 짊어지고 있던 널빤지 너머에는 다리가 하나 놓여 있었다. 하지만 널빤지 때문에 보지 못했다. 강물과 사투를 벌이게 되자 그제서야 저 멀리서 유유히 다리를 건너는 사람들이 보인다.

그는 얼른 고개를 돌려버린다. 출발점으로 돌아가 다리를 건널 생각은 추호도 없다. 그러면 여태까지 한 고생이 아무짝에도 쓸모없는 게 되어버리기 때문이다. 그간의 노력을 보상받기 위해서라도 어떻게든 널빤지를 안고 헤엄쳐 가야 한다.

흔히들 말한다. "한 우물만 파야 성공한다." 맞는 말이다. 어느 한 분야에서 최소한 전문가 소리를 들으려면 '한눈팔지 말고' 올곧이 그 분야를 파고들어야 한다. 하지만 한눈팔지 않는다는 게 그것만 아는 바보가 되란 뜻은 아니다.

나는 힙합 마니아다. 고등학생 때 홍대 앞 어느 레코드 가게 사장님이 추천해준 투팍의 〈Greatest Hits〉와 에미넴의 〈The Marshall Mathers LP〉를 듣고 힙합에 푹 빠져버렸다. 그땐 듣고 싶은 음악이 있으면 CD를 사야 했다. 난 대학에 가서도 식비를 아껴서 CD를 사 모았다. 그렇게 모은 CD가 책상 서랍을 한가득 채웠다.

어느 날 아는 형이 물었다.

"넌 맨날 뭘 그렇게 듣니?"

"힙합이요."

"힙합? 맨날 뻑fXXk 뻑 거리는 거? 지오야, 그런 천박한 거 말고 남미 음악 한 번 들어봐. 〈부에나 비스타 소셜 클럽〉 알지? 그 영화

OST 꼭 들어봐. 그게 예술이야. 힙합은, 거기서 얻을 게 뭐가 있지? 양아치들의 헛소리일 뿐인데."

난 그가 시키는 대로 〈부에나 비스타 소셜 클럽〉을 들어보았다. 좋았다. 덕분에 난 보사노바 등 남미 음악의 팬이 되었다. 지금도 많이 듣는다. 하지만 여전히 힙합도 좋아한다. 둘을 동시에 좋아해선 안 되는 이유라도 있는가?

어느 하나를 알아갈 때 우리는 나머지를 알 기회를 놓친다. 로버트 프로스트의 〈가지 않은 길〉은 이에 대한 시다. 시의 화자는 인생을 제대로 산 듯 하다. 왜냐하면 '내가 간 길' 옆에 늘 '가지 않은 길'이 남는다는 걸 눈치 챘기 때문이다. 그것은 화자가 삶을 '호기심'으로 대했다는 뜻이다.

그는 자신이 간 길도 처음에 호기심 때문에 갔을 것이다. 그 호기심은 끈질긴 생명력을 갖고 자신이 가지 않은 길에 대한 관심으로까지 확장해 나갔다. 그는 내가 선택한 길만이 정답이라는 독단에서 벗어나 무한한 가능성이 존재하는 세상을 받아들였다. 칸쵸 상자에 그려진 미로를 따라가는 대신 백지 위에 나만의 그림을 그리는 삶을 살았다.

애초에 정답이 나와 있는 미로 찾기는 오스카 와일드의 표현을 빌리자면 '삶을 사는' 게 아닌 그저 '생존하기'에 불과하다. 미로 찾기 중인 사람은 『어린 왕자』의 화자처럼 '이렇게 생긴 양' 혹은 '저렇게 생긴 양'을 그린다. 그러나 삶을 호기심으로 대하는 사람은 어린 왕자처럼 상자 안에 숨어 있는 '어떻게도 생길 수 있는' 양을 본다.

천재 소녀 장한나를 가르친 첼로의 거장 로스트로포비치는 그녀
가 어릴 때 다음과 같은 조언을 해 주었다. '일주일 중 3일은 연주 안
하기, 음악 안 하는 친구들과 놀기.' 그는 장한나가 연주 기계가 되
길 원치 않았다. 대신 세상에 대한 호기심을 잃지 않고 폭 넓은 사고
를 개발하는 음악가로서 성장하길 바랐다.

장한나는 대학에서 음악 대신 철학을 전공했다. 그리고 25세부턴
활 대신 지휘봉을 잡았다. 그녀는 지휘자가 되기로 한 선택에 대해
이렇게 말했다.

"저는 현미경을 통해 좁은 세계에 '들어가는' 대신 망원경으로 큰
세계로 '나가보고' 싶었습니다."

완전히 논리적인 확신이란 없다

평소 걱정이 많은 어머니 덕에 난 비교적 무탈한 어린 시절을 보냈다. 딱 한 번, 유치원에서 수영장으로 소풍을 갔다가 죽을 뻔했던 적만 빼고.

지금 생각하면 이 수영장 설계가 참 고약하다. 보통 수영장 바닥은 완만한 비탈면이다. 그런데 내가 간 수영장 바닥은 계단식이었다. 말하자면 수심 100cm에서 120cm로 갑자기 떨어진다. 수심 경계에는 레인 로프가 처져 있었다. (일반 수영장과 다르게 횡橫으로 설치되어 있었다.) 우린 가장 얕은 곳에서 놀았다. 난 가장자리를 맴돌며 레인 로프만 만지작댔다. 물 가운데서 괴성을 지르는 애들과는 섞이기 싫었다. 난 수영은 커녕 헤엄도 제대로 할 줄 몰랐다.

그런데 그때 갑자기 온몸이 물속으로 쑥 빨려 들어갔다. 발버둥쳤다. 발밑에는 아무것도 닿지 않았다. 까치발도 소용없었다. 계속 발버둥쳤다. 아무것도 발에 닿지 않았다. 그래도 계속 발버둥쳤다. 여전히 발밑엔 아무것도 없었다. 엄마 생각이 났고 엄마를 다신 볼 수 없을지도 모른다는 게 너무 무서웠다. 그러면서도 계속 발버둥 쳤다. "닿았다!" 나는 물 밖으로 머리를 쑤욱 내밀었다.

사건의 전말은 이러했다. 나는 물속 가장자리에서 발을 헛디뎌 계단 아래로 떨어졌다. 그곳 수심은 이미 내 키를 넘어서고 말았다. 미친 듯이 발버둥을 치다가 운 좋게도 원래 있었던 곳 바닥을 짚은 것이다. 물 밖으로 머릴 빼냈을 때 가장 먼저 보인 건 선생님이었다. 선생님은 나를 잠깐 쳐다보더니 싱긋 미소를 짓고 다시 아이들과 물을 튀기며 놀았다.

거짓말쟁이의 대명사가 된 뮌히하우젠 남작은 한번은 이런 허풍을 떨었다. 자기가 말을 타고 숲속을 가는데 늪에 빠졌다는 것이다. 진창이나 다름없는 늪 속으로 서서히 빨려 들어갔고, 남작은 소리쳐 도움을 요청했지만 주변엔 아무도 없었다. 그는 결국 스스로 빠져나오기로 했다. 자기 머리카락을 잡고 들어올려 자신과 말을 모두 꺼내는 방법으로 말이다. 그는 그렇게 혼자 힘으로 늪에서 나올 수 있었다고 한다.

그러나 우린 그가 허풍선이라는 걸 알고 있다. 그가 살려면 스스로 인형 뽑기 집게가 될 게 아니라 튼튼한 바닥을 짚어야 했다. 내가 수영장에서 딛고 올라선 것과 같은 바닥 말이다.

뮌히하우젠 이야기는 근거가 박약한 논리를 펼칠수록 더 깊은 늪으로 빠지는 현상을 설명할 때 자주 인용된다. 어떤 주장 하나를 확신으로 만들기 위해선 탄탄한 근거가 필요한데, 그 근거가 타당하다고 확신하려면 또다시 그 근거의 근거가 필요하다. 이런 식으로 계속 그 앞의 근거를 찾다 보면 결국 최초의 근거는 '무無'에서 나올 수밖에 없다. 무에서 나온 근거가 유효한 경우는 성경의 "빛이 있으라"밖에 없다.

결론은, 그 어떤 확신도 탄탄한 근거를 가질 수 없다는 것이다. 그러니 남들이 확신한다는 이유만으로 근거 없는 확신만을 좇다가 늪에 빠지는 건 멍청한 짓이며 비논리적이기까지 하다.

인생은 원래 부조리하다. 그게 정상이다. 어떻게 살건 가지 않은 길을 남기는 게 인생이다. 어떤 인생이건 관짝으로 들어가는 수많은 방법 중 하나일 뿐이다. 확신은 확신할 수 없는 망망대해에 한 방울 떨어진 잉크방울이다.

"나이를 먹고 한 가지 깨달은 사실은, 오답은 나쁜 게 아니라는 거다. 그건 시험 칠 때나 나쁜 거다. 인생에서 오답은 뭔가를 배울 수 있는 기회이다."
-리처드 파인만

확신의 노예가 된 인간

지구상에서 확신을 추구하는 건 인간밖에 없다. 그럼 애초에 확신을 누가 만든 건지는 명백하다. 인간이다. 그렇다면 확신도 인간만큼 불완전하고 오류투성이일 게 뻔하다. 그런데도 왜 그걸 완전무결한 존재처럼 떠받드는 걸까?

태풍이나 지진은 신이 만들었기 때문에 싫어도 받아들여야 한다. 그러나 확신은 인간이 만들었기에 인간을 위하지 못하고 폐만 끼친다면 당장 수정하거나 폐기해야 마땅하다. 피조물은 창조주의 하인이지 주인이 아니다. 그러나 지금은 주객이 전도되었다.

한두 잔의 술은 기쁨에 찬 인간을 약간 더 기쁘게 만들고, 슬픔에 찬 인간을 약간 더 위로해 준다. 그런데 술로 자기 스스로를 해치는 자가 있다. 고주망태다. 고주망태는 '술을 먹는 인간'이 아닌 '술에 먹힌 인간'이다. 술이 주인이고 인간이 하인이 된 케이스다.

헬스장에 가면 '무게'에 미친 자들이 있다. 제대로 들지도 못 하는 역기랑 씨름하다가 허리나 팔꿈치, 손목을 다쳐 몇 달 혹은 몇 년씩

운동을 쉬는 사람, 즉 쇳덩이에게 주인 자리를 내준 어리석은 쇠질 꾼들 말이다.

확신도 마찬가지다. 어떤 사람은 확신이라는 가치를 신처럼 추앙하고 그게 자신을 해치는지도 모르며 살고 있다. 그러다가 실제 죽은 사람도 있다.

옛날 중국 노나라에 미생尾生이란 청년이 살았다. 그는 춘추시대 마지막 로맨티스트로서, 하루는 연인과 데이트 약속을 하고 다리 밑에서 기다리고 있었다. 그런데 약속 시간이 지나도 그녀는 나타나지 않았다. 휴대폰도, 삐삐도 없던 시절이다. 어쩌겠는가? 그냥 기다려야지.

그런데 갑자기 비가 내리기 시작했다. 다행히 다리 밑이라 머리는 젖지 않았다. 문제는 개울물이 불어나고 있었다는 거다. 발목까지 오던 수심이 어느덧 성인 무릎 높이를 넘어서고 있었다.

자, 이쯤 되면 당신은 어쩌겠는가? 마냥 여친을 기다릴 텐가? 사귄 지 아직 한 달이 되지 않았다면 그럴 수도 있다. 하지만 일단 내 목숨은 챙기고 봐야 하지 않나? 그런데 이 로맨티스트 양반은 끝까지 자리를 뜨지 않았다. 그는 익사했다! 여자는? 당연히 오지 않았다. 비가 너무 많이 왔기 때문이다. (아마도 집에서 차를 마시며 창밖에서 뛰노는 개구리 구경을 하고 있었을 것이다.)

3천 년 전에는 이런 자들도 있었다. 고죽국이란 나라로 가보자. 고죽국은 은나라의 제후국이었다. 고죽국의 왕에겐 세 아들이 있었다.

첫째는 백이, 둘째 아빙, 셋째는 숙제다. 그런데 이 양반은 자신의 최애라는 이유로 막내아들에게 왕위를 물려주기로 했다. 보통 이런 경우 왕실엔 피바람이 분다. 그러나 이 가족만큼은 달랐다. 왕이 죽자 장자 백이는 진짜로 막내에게 왕위를 양보했다.

"난 효자다. 고로 생전 아버지 뜻을 따르겠다. 막내 네가 왕이 되어라."

숙제는 손사래를 쳤다. "행님, 행님이 추구하는 최고 가치가 '효'라면 나는 '의리'요. 내 어찌 행님이 이리도 두 눈 시퍼렇게 뜨고 있는데 왕좌에 오르겠소? 의리가 있지."

이 둘은 아마도 고타마 붓다와 함께 인류 역사에서 아무런 외압 없이 왕위를 고사한 몇 안 되는 인물일 거다. 문제는 신하와 백성들이 T.O.가 난 왕 자리를 누군가 빨리 메우길 기다리고 있었다는 것이다. 그래서 결국 둘은 외국으로 도망쳤다. 덕분에 둘째 아빙이 이득을 봤다.

서쪽 나라로 도망친 백이와 숙제. 마찬가지로 은나라의 속국인 이 나라에서도 왕이 승하하는 일이 벌어졌다. 왕위를 이어받은 아들은 선왕의 장례를 치르기도 전에 은나라를 치겠다고 결심했다. 그런데 이때 하늘이 내린 효자 백이가 한마디 한다.

"아버지 장례도 제대로 치르지 않고 전쟁을 하겠다고? 허, 세상 그런 불효가 어딨소?"

곧이어 의리남 숙제가 나타났다. "그대의 나라 또한 은나라의 신하 국가 아니요? 그런데 그들을 치다니? 이렇게 으리으리한 궁에 살면 뭐하나? 이리도 의리가 없는데."

아무리 왕족 출신이라지만 백이, 숙제는 불법 이민자에 불과했다. 그런데 선을 넘고 말았다. 왕은 그들을 당장 죽이려 했다. 하지만 옆에 있던 대신의 만류로 두 형제는 간신히 목숨을 건졌다. 그리고 얼마 후 정말로 은나라는 정복당했다. 그 위에 주나라가 세워졌다. 백이, 숙제는 절망했다. "말세로다. 제 아비 상도 제대로 치르지 않은 인간이 쿠데타에 성공하다니.""그러게 말이오. 그것도 지금껏 보살펴준 주인 나라를 치다니." 둘은 주나라의 국민이 되는 걸 거부했다. 대신 산에 들어갔다.

어느 날 한 아낙이 산속을 걷다가 백이, 숙제와 마주쳤다.

"영감님들은 뉘시오?" 문명의 자취를 찾아볼 수 없는 두 노인이 의심쩍어 물었다.

"우리는 자연인이다."

"왜 이리도 험한 데 사시오? 집은 어쩌고?"

"없다. 우린 주나라의 더러운 땅에 집을 짓고 살 맘이 없다."

"밥은 자셨소?"

"장난하나? 주나라 같은 더러운 땅에서 나는 곡식을 입에 넣다니."

"그럼 시방 지금 입 속에 뭘 그렇게 우물거리고 계신지?"

"이거? 고사리다." (우물우물)

"고사리? 그게 밥이요?"

"그렇다. 우린 자연인이다." (우물우물)

"근데 영감님들은 여기가 무슨 산인지나 아시오?"

"수양산 아니더냐?"

"맞소. 그런데 수양산도 주나라 땅이란 걸 아시오? 주나라 땅에서 나는 건 더러워서 안 먹겠다더니? 고사린 직수입이요?"

두 노인은 얼굴이 화끈거렸다.

이때가 그들이 살 수 있는 마지막 기회였다. 마주보고 씨익 웃으며 "그래. 대세는 거를 수 없는 거니까." 하고 고사리를 계속 먹으면 되었다. 심지어 왕은 이 둘이 주나라 국민이 되겠다고 선언하면 이웃나라 왕족으로서 예우해 주겠다고까지 했다. 그러나 그들은 마지막까지 고집을 피웠다! 고사리마저 뱉어내고 결국 산에서 굶어 죽었다. 흥부 같은 상거지마저 "형님, 저 보고 저런 자가 되란 말씀입니까?"라고 할 정도로 비참한 자의 표본이 되었다.

사랑? 좋다. 범람한 강에 떠내려가는 연인을 구하려다가 빠져 죽었다고? 훌륭하다. 사랑이다. 사랑이다. 지워 봐도 사랑이다. 그러나 미생이란 자가 한 짓은 무엇인가? 약속 시간도 안 지키는 연인을 기다리다가 불어나는 강물에 쓸려가 죽는 게 사랑인가? 효도와 의리는 어떤가? 좋다. 부모에 대한 의리든 나라에 대한 의리든 다 좋다. 그러나 돌아가신 아버지 제사를 지내느라, 이미 망해버린 나라에 의리를 지키느라 굶어 죽는 건 누구를 위한 선택일까? 게다가 은나라가 망할 당시 그 나라 왕은 히틀러와 자웅을 겨룰 만한 인간 말종 주왕이었다.

그는 백성 대신 달기라는 여자를 사랑했다. 그녀가 "저 사람 심장이 어케 생겼는지 궁금해용"이라고 하면 그는 당장 그 자의 심장을 꺼내왔다. 백이, 숙제는 이딴 왕에 대한 의리를 내세우다가 굶어 죽은 것이다.

그런데 또 이들을 칭찬하는 이들이 있다. "미생의 절절한 사랑과 백이, 숙제의 굳건한 절개 앞에 고개가 절로 숙여지는구나." 하면서 맹자 왈 공자 왈 하는 인간들 말이다. 이런 자는 평소 자기 목숨은 구걸하면서 다른 사람 목숨은 파리 목숨으로 알고, 마음에서 우러나오는 진심보단 허례허식에 목숨 건다. 바로 이런 자들 때문에 조선 최악의 잔혹사 '열녀문'이 생겨났다.

영화 〈브래스드 오프〉는 영국 정부 정책으로 일자리를 잃게 된 광부들이 브라스 밴드 대회에 나가 우승한다는 이야기다. 밴드 리더는 이렇게 우승 소감을 전했다.

"지금 이 우승 트로피는 제게 아무런 의미도 없습니다. 한때는 음악이 제게 가장 중요한 것이었습니다. 하지만 이젠 아닙니다. 아무리 훌륭한 음악이라도 인간보다 중요할 수는 없습니다."

인간이 만든 음악이 그렇듯이 확신도 인간보다 중요할 수 없는 것이다. 그런데도 우린 좀처럼 확신의 울타리를 넘지 못하고 있다. 확신이 우리를 안심시키기 때문이다. 인생이라는 불안한 문제에 답을 줄 거라고 기대하기 때문이다.

'베이키모'는 100년 전 캐나다 등지에서 운용한 화물선 이름인데, 어느 날 풍랑을 만난 선장과 선원은 배를 그대로 바다에 버리고 떠났다. 그 후로 수십 년간 빈 깡통처럼 바다 위를 둥둥 떠다니다가 사라졌다.

모두가 그런다는 이유만으로 나를 힘들게 하고 심지어 나를 죽일 수도 있는 가치를 무조건 떠받들며 살겠다는 건, 내 안의 동력을 잃고 평생 베이키모 같은 유령선처럼 표류하겠다는 말과 같다.

2장

자기계발을 해야 한다는
확신

말과 행동이 다른 인간

　예전에 한 데이팅 TV 프로그램에서 아직 얼굴이 공개되지 않은 남자 출연자들을 미리 두 그룹으로 분류한 뒤 여자 출연자들에게 선호하는 쪽을 선택하라고 했다. A그룹은 '책을 좋아하는 남자', B그룹은 '운동을 좋아하는 남자'였다.

　여자들은 어느 쪽을 택했을까? A그룹이 압도적으로 많았다! "여자는 공부 잘 하는 남자를 좋아한다"는 어릴 적 어머니 말씀이 사실이었나 보다.

　하지만 정작 B그룹 남자들이 등목을 시작하자 여자들에게서 일제히 함성이 터져 나왔다. 사실상 게임은 거기서 끝이 났다.

　인간은 자신의 말과 다르게 행동한다. 그럴 수밖에 없다. 우리는 왜 말을 하는가? 의사를 전달하기 위해서다. '전달'이란 것부터가 '타인'을 상정한다.

　홀로 변기에 앉아 있을 때 우린 말을 하는가? 그럴 수도 있다. 하지만 그때도 나를 타자화 하거나 타인을 상상 속에 염두에 두고 '대화'한다.

반면 행동은 혼자 있을 때나 다른 사람과 함께 있을 때 모두 한다. 그중 진실된 행동은 주로 혼자 있을 때 나온다. 소개팅에서 이상형을 만났는데, 그녀가 내게 가장 좋아하는 음식과 영화를 묻는다면 나는 탈리아텔레 알 펑기와 〈멀홀랜드 드라이브〉라고 답할 것이다. 그리고 자취방에 돌아오면 스팸을 때려 넣은 라면을 먹으면서 〈지랄발광 17세〉를 볼 것이다.

"진실은 주로 눈에 보이지 귀로 들리지 않는다."

발타자르 그라시안의 말이다. 이에 동의하지 않는다면 정반대의 주장을 펼친 사람을 찾아보면 된다.

"위대한 연설가만이 위대한 운동을 일으킬 수 있다."

아돌프 히틀러의 자서전 『나의 투쟁』에 나오는 말이다. 알다시피 그는 20세기 초중반 전 세계를 공포의 도가니로 몰아넣고 한 민족을 역사에서 삭제하려 했던 인물이다. 그리고 그의 '입'은 평생 그의 가장 강력한 무기였다. 그 위력이 어찌나 센지 영화 〈콘택트〉에선 그의 연설 방송 신호를 외계인까지 받았을 정도다.

히틀러의 수사는 나치 선전의 근간이었다. 무고한 사람들을 돼지 우리만도 못한 곳에 가두고 몽땅 불태워 죽인 짓을 신께 올리는 제사를 뜻하는 '홀로코스트'라 명명했다. 그러면서 신은 나치 편이라는 엉터리 믿음을 만들어 냈다. 독일인 폭도가 유태인 회당과 상점들을 박살내고 수많은 인명을 앗아간 사건을 '수정水晶의 밤'이라 불렀다. 바닥에 나뒹구는 깨진 유리조각들에서 반짝반짝 빛나는 승리의 보물을 발견했다는 것이다. '유태인 놈들을 싹 다 죽일까 말까?'를 '유태인 논제(the Jewish question)'라 불렀고, '죽이자' 라는 결론을 '최종 해결책(the Final Solution)'이라 했다. 말만 들으면 무슨 70년대 쥐잡기 운동 같다.

여기까지 듣고 히틀러가 진실된 자라고 느끼지 않는다면 다시 한 번 그라시안의 말을 주목해보자.

왜 진실은 말이 아닌 행동에 담길까?

자기계발의 진짜 의미

2020년 새해를 몇 시간 앞둔 바티칸 성 베드로 광장에는 수많은 인파가 몰려들었다. 가톨릭 신도들이 프란치스코 교황을 알현하기 위해서였다. 교황은 평소처럼 인자한 모습으로 한 사람 한 사람 손을 잡아 주었다. 그러다가 사건이 터졌다. 한 아시아계 여성이 인사를 마치고 돌아서려는 교황의 손을 뒤에서 잡아 확 당긴 것이다. 놀란 교황은 자신의 손을 잡고 있는 여성의 손등을 다른 쪽 손바닥으로 두 차례 내리쳐 겨우 떼어냈다. 그리고 잠시 여성을 노려본 뒤 다시 돌아섰다.

생중계 화면에 고스란히 담긴 이 장면은 삽시간에 전 세계로 퍼져나갔다. '교황도 사람이다', '인간의 본능에 따른 자연스런 반응이었다'는 의견도 많았지만, '반가움을 표현한 여성 신도에게 너무했다', '남에게 설교는 잘 해도 자기수양은 부족한 것 같다'는 비판여론도 만만치 않았다.

미국의 유명 TV 프로듀서인 숀다 라임스는 "한 인물의 본모습을 파악하려면 그가 위기 상황에 어떻게 대처하는지 보면 된다"고 했다. 픽션 속 캐릭터든 실제 인물이든 말이다. 그녀는 왜 '위기'를 말했을까? 위기야말로 인간의 무의식적 행동이 드러나는 순간이기 때문이다. 무의식적 행동은 가공되지 않은 인간의 내면을 보여준다. 그래서 프로파일러나 FBI처럼 고도로 훈련된 심리 전문가들은 용의자의 무의식적 행동만 봐도 범인인지 아닌지를 거의 다 안다. (〈공공의 적〉 이성재가 어머니의 죽음에 오열하면서 다리를 떠는 걸 보고 설경구는 그가 범인임을 확신했던 것처럼.)

그럼 교황의 행동 중 어디서부터 어디까지가 무의식적이었을까? 우린 여기서 교황에게 일어난 일련의 사건을 두 부분으로 나눌 수 있다. '위기의 순간'과 '그 이후'로 말이다.

위기의 순간에 인간에게서 '터져 나오는' 자기보호 반응은 필수불가결하다. 그게 없으면 우린 제명에 못 산다. 그건 마치 운전 중 돌발 상황에 핸들을 확 틀어버리는 것과 같다. 그때 운전자에게 주위 사람의 안전은 고려사항이 못 된다. 그렇다고 그를 이기적이라 비난할 수도 없다. 핸들을 꺾은 건 운전자가 아닌 신의 의도였기 때문이다. 우리가 태어난 순간 이미 '살려는' 의지가 DNA에 입력돼 있다.

여성 신도가 갑자기 교황의 손을 낚아챈 순간도 그러했을 것이다. 당시 교황은 자신에게 무슨 일이 생겼는지 전혀 알지 못했다. 갑자기 뒤에서 누군가가 잡아채는 느낌은 고령의 교황에겐 생명의 위협처럼 다가왔을 것이다. 가톨릭에 반감을 가진 테러범의 소행일지도 모른다. 때문에 그의 순간적 분노까지 뭐라 할 순 없다. 그건 교황의 몸이 자기보호 본능에 충실하게 반응한 결과일 뿐이니까. 여기까지가 '위기의 순간'이다.

문제는 '그 이후'다. 교황은 이미 상황을 파악했다. 자기를 잡아당긴 건 테러범이 아닌 평범한 여성 신도라는 걸 알았다. 위기의 순간은 지나갔다. 이제부터 벌어지는 일은 철저히 교황의 선택에 달려 있었다. 하지만 그는 '놀람'을 '분노'로 전환했다. 그리고 그 분노를 '폭력'으로 전환했다. '전환했다'는 표현이 조금 가혹하게 들릴지도 모른다. '전환되는 걸 허용했다'가 더 맞는 표현일 것이다. 무슨 말인가 하면, 당시 '분노'와 '폭력'으로의 전환이 거의 자동적으로 이루어졌을 거라는 거다.

그녀는 자신을 놀라게 했고 팔을 아프게 했다. 이때 인간에겐 '무의식적으로' 복수심이 생겨난다. 무의식적이란 건 '쉽다'는 뜻이다. 방에서 책을 읽는데 거실에서 "손흥민, 골~~~!!"이라는 TV 소리가 들리면 계속 책을 읽는 것보다 거실로 뛰쳐나가는 게 훨씬 더 쉽다. 겉으론 이게 더 적극적 행동처럼 보이지만, 내면의 차원에선 더없이 소극적 행동이다. 무의식적 반응에 아무런 '저항'도 하지 않았기 때문이다.

비판적인 사람들은 이날 교황이 '과잉 대응'을 했다고 했지만, 실은 '부족한 대응'이 문제였다. 의식을 발휘해 순간적 분노와 그에 따른 복수심에 저항하는 노력이 부족했기 때문이다.

일부는 그가 여성 신도의 손을 내리친 것까지 '무의식적 반응'으로 봐야 한다고 주장했다. 하지만 그가 돌아봤을 때 거기 서 있는 사람이 만일 시진핑 주석이나 바이든 대통령이었다면 어땠을까? 자신의 어머니였다면? 그래도 그는 상대의 손을 내리쳤을까? 그에겐 분명 선택의 여지가 있었다.

교황은 다음 날 공식 사과문을 발표하고 해당 여성을 직접 만나 용서를 구했다. 이건 아무나 할 수 있는 일이 아니다. 모두가 우러러보는 인물이 공식석상에서 '인내심을 잃었다'고 시인하는 데에는 대단한 용기가 필요했을 것이다.

그리고 한때 나이트클럽 바운서로 일했던 교황이 추기경을 거쳐 교황 자리에까지 오를 때까진 분명 치열한 자기 성찰의 과정이 있었을 것이다. 그런데도 내가 여기서 교황의 어쩌면 다소 불명예스런 사건을 꺼낸 건, '사람이 변한다'는 게 얼마나 어려운 일인가를 알리기 위해서다.

무의식에 지배당하지 않고 의식을 발휘해 그 관성을 끊어내는 건 대단히 어려운 일이다. 그러나 그 어려운 걸 해낼 때 '사람이 변한다.' 더 많이 공부하고, 더 많은 업적을 쌓는다 해서 사람이 변하는 게 아니다. 예수가 자신을 처형하라고 외치는 사람들을 보면서 "아버지, 저들을 용서하소서. 그들은 자기가 무슨 일을 하는지조차 모릅니다."라고 한 건 인간이 무의식 앞에서 얼마나 나약한 존재인가를 이해했기 때문이다.

『신곡』에서 단테는 지옥에서 한 쌍의 남녀를 만난다. 그들의 이름은 파올로와 프란체스카. 둘은 형수와 시동생 관계이다. 두 사람은 눈이 맞았다. 결국 둘의 관계가 파올로의 형에게 탄로났고, 두 사람은 동시에 죽임을 당했다. 그들이 지옥에 떨어진 건 '사랑에 빠져서'가 아니다. '충동에 빠져서'이다. 적극적으로 저항하는 대신 소극적으로 쾌락을 좇았기 때문이다. 그래서 그 둘은 '충동의 회오리바람'에 갇혀 영원히 뺑글뺑글 도는 벌을 받았다. 영원히 돌아가는 초대형 세탁기 안에서 산다고 보면 된다.

단테의 〈지옥〉은 우리가 죽고 나서의 이야기가 아니다. 그것은 지금 우리의 현실이다. 인간이 야기하는 대부분의 문제는 이성의 힘을 발휘하지 못 하고 충동에 휩쓸린 결과물이다.

'위기의 순간'을 제외한 무의식의 순간에 저항할 수 있게 되었다는 건, '내가 무슨 일을 하는지 아는' 사람이 되었다는 뜻이다. 이것이 '자기계발'이다. 자기계발은 '내 안에서' 일어나는 변화이지, '밖에서부터' 무언가 추가되는 게 아니다.

후자는 학습이다. 토익 900점을 받은 건 학습의 결과이다. 하지만 "Hi" 밖에 못 하던 사람이 다른 문화권 사람들과 적극적으로 소통하고 싶어 하는 사람이 되는 건 자기계발이다. 여자를 홀리는 멘트를 숙지하는 건 학습이지만, 진정한 사랑의 의미를 탐구하는 사람이 되는 건 자기계발이다.

그렇지만 우린 대개 전자의 경우를 자기계발로 부르고 있다. 물론 둘 다 필요하다. 다만 전자는 '내가' 변하지 않고, 후자는 '내가' 변한다는 차이가 있다.

진정한 자기계발은 '내가' 변하는 것이다. 이것을 아는 게 첫 번째다.

노숙魯肅이 오랜만에 여몽呂蒙을 만나 눈을 비빈 뒤 다시 그를 살펴본 것은, 일자무식이었던 그가 지식을 '쌓았기' 때문이 아니다. 그가 배움을 사랑하는 사람으로 '변했기' 때문이었다.

변화는 왜 그렇게도 어려운가

　사람들은 보통 연애에 대해 두 가지 관념을 갖고 있다. 첫째, 연애 감각은 책이 아닌 경험으로 쌓는 거라는 것. 둘째, 나는 그 감각이 꽤 발달했다는 것.

　하지만 믿었던 연인이 바람을 피우거나 갑작스런 이별 통보를 받고 나면 다크 서클이 무릎까지 내려온 채 서점으로 달려간다. 〈사피엔스〉와 〈코스모스〉 빵 사이에 연애심리서 패티를 끼운 뒤 몰래 구석 자리로 가서 읽는다. 평소 이런 건 루저들이나 읽는 거라고 치부했지만, 지금은 지푸라기라도 잡는 심정으로 거기서 답을 찾으려 애쓴다. 불행히도 이러한 노력은 대개 실패한다. 왜? 이미 위기에 빠져 있기 때문이다.

　위기의 한복판에서 인간은 무의식적으로 행동하는 경향이 있다. 의식을 발휘하여 '어려운' 길을 택하는 대신 무의식적으로 '쉬운' 길을 찾는 것이다.

　당신이 집어든 게 시답잖은 유혹 지침서라면, 그것은 필시 '쉬운'

방법을 알려줄 것이다. '사랑은 사랑으로 잊어라. 클럽에 가라. 예쁜 여자 쎄고 쎘다', '성형외과 의사와 상담해보라', '패션 감각을 키워라' 등등. 하나같이 '나의 내면'보단 '외면'이나 '외부환경'을 바꾸라고 말한다. 병에 걸렸으면 병원 가서 주사 맞고 약 먹으라는 식이다. 누가 그럴 모르나?

하지만 제대로 된 연애 자기계발서라면 '나부터' 다른 사람이 되어야 한다고 말할 것이다. 아무리 외모나 패션에 변화를 주어도 내면에 변화가 없으면 늘 똑같은 사랑을 하게 될 거라고 말이다. 병에 걸렸을 때 약을 먹고 회복하면 이 사람은 약효를 믿고 전과 똑같이 산다. 병에 또 걸리면 또 약을 먹으면 되니까 상관없다. 이걸 몇 번 반복하다가 의사로부터 "더 이상 약은 소용없다"는 말을 듣게 된다. 그제야 '내가' 변화하지 않았던 걸 후회한다.

나는 시간관념이 꽝이었다. 약속시간에 밥 먹듯이 지각을 했다. 그러면서도 상대는 이해해 주길 바랐다. 그렇게 항상 늦었다. 정말로 친한 친구들은 그래도 이해해 주었다. 나는 그걸 마치 권리처럼 누렸다.

그러던 어느 날. 현재 기준 내 생애 마지막 클럽을 방문한 날이었다. 20대까지만 해도 클럽을 즐겼지만, 이제는 인파 속에 끼이는 건 딱 질색이었다. 하지만 그날은 최근 약혼자와 헤어진 여사친 동생을 위로해 주기 위해 할 수 없이 따라 갔다.

오랜만에 간 클럽 안의 모든 것이 불쾌했다. 특히 실내에 꽉 찬 담배연기가 그랬다. 어릴 땐 카페에 가면 커피 향이 나는 것처럼 당연하게 여겼지만 이젠 견딜 수가 없었다. 동생에게 잠시 바람 좀 쐬고 오겠다고 했다. 이미 그녀는 팔에 문신이 가득한 남자의 품에 안겨 즐거운 시간을 보내고 있었다. 그녀는 활짝 웃으며 그러라고 했다. 방금 전까지 카페 티슈를 바닥내 가며 울던 그녀였기에 난 내 할 일을 다 했다 싶어 홀가분한 마음으로 밖에 나왔다. 비가 보슬보슬 내리고 있었다. 클럽 바로 앞에 있던 편의점에서 레드불을 한 캔 사들고 나와 편의점 차양 밑에서 마셨다.

클럽 입구에서 소란이 벌어졌다. 두 남자가 서로에게 욕설을 퍼부으며 밖으로 끌려 나오고 있었다. 정확하게는, 젊은 남자는 덩치 큰 사내들에 의해 끌려 나오고, 자그맣고 늙수그레한 남자는 사실상 에스코트를 받고 있었다. 입구 앞에선 경찰 몇 명이 대기 중이었다. 그들은 바운서들로부터 인계 받은 젊은 남자를 경찰차에 쑤셔 박았다. 그는 그 와중에도 나이 많은 남자를 향해 온갖 욕설을 퍼부었다.

경찰차가 떠나고 상황이 조금 누그러졌다. 그런데 경찰 중 한 사람은 떠나지 않고 남아 있었다. 그는 나이 많은 남자가 욕설을 내뱉으며 길바닥에 쭈그려 앉아 담배를 입에 물자 얼른 라이터를 꺼내 한 손으로 바람을 가리고 불을 붙여주었다. 곧이어 파라솔만한 우산을 펼쳐 그가 비를 맞지 않게 했다. 생전 마이클 잭슨 옆에서 우산을 떠받치고 있던 경호원을 보는 것 같았다.

나는 그 나이 많은 남자를 한눈에 알아보았다. 그리고 혼잣말을 내뱉었다. "와, 돈이 좋네." 그러자 옆에서 누군가 물었다. "저 아저씨가 돈 많아요?" 힐끗 보니 키가 늘씬하게 큰 한 여자가 담배 연기를 내뿜으며 나를 쳐다보고 있었다.

"네. 많겠죠."

"어떻게 알아요? 차림새 봐선 전혀 아닌데."

그녀 얼굴을 다시 보았다. 많아봐야 20대 중반이었다. 그를 모르는 게 자연스러울만 했다.

"가수잖아요. 옛날 가수지만. 모르긴 몰라도 돈 엄청 벌었을 텐데?"

"진짜요? 저 아저씨가요?"

이쯤에서 누군가는 그의 정체를 궁금해 할 것이다. 하지만 프라이버시 상 그의 이름을 밝힐 순 없다. 핑계 같지만 당신도 나와 입장을 바꿔보면 이해하리라 믿는다.

아무튼 문제는 그게 아니다. 나는 그녀와 차양 밑에서 10분 정도 대화를 이어나갔다. 일단 그녀는 예뻤다. 쌍꺼풀 없는 희고 동그란 얼굴에 풀뱅full bangs과 검고 긴 생머리의 조화는 훌륭했다. 게다가 그녀는 그곳의 날고 기는 미녀들 사이에서 가장 몸매가 좋았다. 지극히 내 관점이긴 하지만.

그녀는 내게 잠깐 카페라도 가서 수다를 떨자고 제안했다. 친구와 함께 왔다고 하니 오히려 좋다고 했다. 여자라고 했더니 흠칫했다. 사정을 설명했다. 그녀는 나보고 좋은 오빠라며 웃어 보였다. 우리는 번호를 교환하고 헤어졌다. 문신남이 짜증난 표정으로 던져주다시피 한 곤드레만드레 동생을 택시에 태워 보내고 집으로 돌아오는 내내 그녀와 카톡을 주고받았다. 다음날인 토요일에도 대화는 계속되었다. 저녁쯤이었다. [오빠 카톡 답답해서 더 못하겠어요! 낼 점심에 시간 갠춘?] 사실 그녀는 내내 전화통화를 하고 싶다는 사인을 줬지만 내가 의도적으로 피했다. 난 전화통화를 싫어한다. 하지만 직접 만나는 건 대환영이었다. 게다가 그녀는 내가 평생 한 번 만날수 있을까 말까 한 여자였고, 심지어 그녀가 먼저 보자고 했다! 이기회를 못 살리면 나는 나가 죽어야 했다. 어떤 남자에게 물어도 그렇게 답했을 것이다.

나는 머리를 깎고, 손톱을 깎고, 장롱에 처박아두었던 카디건을 꺼내 누나 향수를 뿌리고 행거에 걸었다. 만반의 준비를 마쳤다. 밥도 굶기로 했다. 대신 헬스장에 가서 러닝머신을 한 시간 뛰었다. 그런데 그 와중에도 포기할 수 없는 게 있었다. 새벽에 방송되는 유럽축구 중계였다. '중계를 다 봐도 네다섯 시간은 잘 수 있겠는걸?' 그리고 눈을 떴다. 오후 2시 반이었다.

약속시간은 이미 한 시간 반이나 지나 있었다. 그녀는 약속시간 10분 후부터 한 시간 동안 전화를 10번 넘게 걸었고, '너무 실망했다'는 마지막 메시지를 남긴 뒤 내 전화와 카톡을 모두 차단했다. 내가 그녀를 다시 본 건 1년 후쯤 레이싱 모델이 된 그녀의 모습이 담긴 유튜브 영상에서였다.

앞서도 말했지만 허술한 시간관념은 이 일이 있기 훨씬 전부터 나에게 버릇처럼 굳어 있었다. 나도 사람인지라 더 이상 이렇게 살면 안 되겠다 싶어 시간 관리에 관한 책들을 뒤져 읽기 시작했다. 약속

전날부터 미리 컨디션 관리를 해 두어야 하고 당일에는 최악의 교통 상황을 염두에 두고 집을 나서야 한다는 걸 배웠다. 그날이 오기 몇 년 전부터 이렇게 나의 '지식'은 변했지만 '나는' 철저히 안 변했다. 그러한 지식의 변화가 밤새 축구중계를 보고 싶은 충동까진 잠재우지 못했다.

그런데 그날 이후로 이런 내가 변했다. 예비 인기 레이싱 모델을 바람맞힌 후 나의 마음속에선 약속시간을 앞두고 다른 무언가를 하고 싶은 충동보다 그에 대한 저항감이 더 크게 일어났다. 설령 상대가 8등신 미녀가 아니어도 말이다. 지금 난 친구들 사이에서 비교적 약속 시간을 잘 지키는 축에 든다. 그건 책을 읽고 얻은 학습 결과가 아니었다. 천금 같은 기회를 스스로 날려먹은 뒤 내 '안에서' 변화가 일어난 것이었다.

고통이 책보다 훨씬 더 좋은 스승이 될 때가 있다. 우린 직접 고통을 겪을 때까지 한 최대한 변화를 미루는 경향이 있다. 뼈에 사무치는 진짜 고통의 맛을 보고 나서야 그와 다른 맛을 찾아 나선다. 이 시점을 얼마나 빨리 가져가느냐에 따라 삶의 질이 달라진다.

〈심슨가족〉의 리사는 자기 오빠가 쥐보다 멍청한지 알아보기 위해 한 가지 실험을 했다. 전류가 흐르는 치즈 조각과 컵케이크를 설치해 두고 기다려보았다. 쥐는 치즈 조각을 입에 물었다가 전기가 통하자 깜짝 놀라 다시는 치즈 곁에 다가가지 않았다. 하지만 오빠 바트는 컵케이크에 흐르는 전기 충격에 놀라 물러선 뒤 잠시 후 다시 손을 댔다. 또 다시 '지지직' 전기가 통했다. 그리고 잠시 후 또 손을 댔다. 이런 바트를 보고 우리는 깔깔 웃지만 사실 우리도 이와 비슷한 행동을 한다.

예컨대 내가 아는 한 여성은 뛰어난 외모 덕에 종종 남자들의 구애를 받는다. 일산에 사는 그녀를 보기 위해 용인에서도 달려온다. 파주에 있는 그녀의 직장까지 찾아가 그녀를 픽업해서 집까지 데려다 주고 자기는 또 혼자 용인으로 돌아간다. 이처럼 남자의 극강의 헌신이 있을 때에만 그녀는 사랑받는다고 느낀다. 그러나 연애가 시작되고 시간이 점점 지나면서 남자는 지쳐간다. 데이트 후 집까지 바래다주는 횟수가 점차 줄어들고 회사에 픽업하러 오는 일도 드물어진다. 그녀는 불행해진다. 자기를 다 잡은 물고기 취급한다며 남친 앞에서 펑펑 울고 친구들에게 남친 흉을 본다. 결국 남자 쪽에서 먼저 이별을 고한다. 그녀는 '남자란 잠깐의 헌신 뒤 헌신짝처럼 버리는 존재'라며 한탄한다. 가끔 친구들이 아무리 그 사람이 널 좋아해도 마라톤을 늘 100m 달리기처럼 할 순 없지 않겠느냐며 쓴 소리를 하지만, 그녀는 오늘도 굳게 믿고 있다. 어딘 가엔 두 개의 심장과 세 개의 폐를 가진 남자가 존재하리라는 걸.

제나라 환공이 대청마루에 걸터앉아 옛 선조들의 지혜가 담긴 책을 읽고 있었다. 대청 아래 마당에선 윤편이란 목수가 수레바퀴를 만들고 있었다. 윤편이 독서삼매경에 빠진 환공에게 물었다.

"아뢰옵기 황송하오나 공께선 지금 뭘 읽고 계십니까?"

"이거? 옛 성인들 명언집이지."

"그분들은 아직 살아계시는지요."

"옛 성인이라 하지 않았느냐. 다들 돌아가셨지."

"그럼 그건 시체들의 잔재로군요."

"뭐, 뭐, 뭐야? 아니 이놈이 어느 안전이라고! 수레바퀴나 만드는 천한 놈 따위가 감히 성인들을 욕보여? 여봐라, 당장 이 놈의…."

"목을 베시지요."

"뭐라? 아니 이놈이 뭘 잘했다고!"

"지금부터 제가 드리는 말씀에 전혀 공감을 못 하신다면 그 어떤 참형이라도 달게 받겠습니다."

"그래? 그럼 지껄여보아라. 말이 끝나는 즉시 네 목은 날아갈 것이니."

"제가 만드는 수레바퀴를 한 번 봐 주십시오. 바퀴 이음새의 간격을 너무 넓게 주면 바퀴는 헐렁해지고, 너무 빡빡하게 주면 요철을 맞춰 넣기가 힘들어 집니다. 그 중간 어딘가가 가장 적당한 간격이지요. 그런데 그 '어딘가'는 어디일까요? 바로 제 손이 '여기야!' 라고 말 하는 곳입니다. 그것은 제가 눈으로 찾을 수도, 머리로 생각할 수도 없는 곳입니다. 오직 제 손만이 알고 있기에 저처럼 목수가 되고 싶다는 아들놈에게도 바퀴 제작 노하우를 전수하지 못 하고 있습죠."

"뭐라, 노하우? 그게 무엇이냐?"

"공께서 읽고 계신 책을 쓴 분들의 '진짜' 지혜 말입니다. 공께선 아마도 그걸 책을 읽음으로써 전수받을 수 있다고 생각하시는 것 같은데, 제 아들놈이 절대로 저처럼 바퀴를 만들 수 없듯이 공께서도 결코 그 지혜를 물려받을 수 없을 것입니다."

"뭐야 이놈? 네놈이 감히 나를 소인배 취급하려 드느냐?!"

"공께선 책이 아닌 마음속에서 공만의 지혜를 발견하셔야죠. 그 지혜는 다른 누구와도 공유할 수 없는 것이며, 공께서 세상을 떠나실 때 함께 소천에 들 것입니다. 그 책을 쓴 성인들의 지혜도 마찬가지입니다. 그분들이 무덤 속에 들어갈 때 지혜도 함께 묻혔습니다. 그걸 지금 문자로 되살리려고 하신다니 헛웃음이 나올 뿐입니다."

윤편은 목숨을 부지했다고 한다. 물론 내가 살짝 각색한 것처럼 저 정도로 선을 넘진 않았을 것이다. 그러나 그가 전하는 바는 분명하다. 학습만으로는 사람이 변할 수 없다는 것이다. 아무리 금에 대해 많이 생각하고 연구한다고 해서 마이더스가 될 수 있는 건 아니다. 금을 갖고 싶다면 금에 대한 논문을 쓸 게 아니라 금을 찾아 나서야 한다. 물론 그 과정에서 일정 부분 선행 학습이 요구된다. 금이 정확히 어떻게 생겼는지 알아야 하며, 금의 성질을 공부해야 실제로 발견했을 때 진품인지를 판별할 수 있다.

어릴 적 난 친구들과 공사장 근처에서 금빛이 나는 돌들을 갖고 놀곤 했는데, 지금 생각하면 폐 중금속이 잔뜩 묻은 돌들이었던 것 같다. 그걸 우린 금덩이라고 부르면서 하루 종일 던지고 받고 만지작댔다. 아직 내가 닌자 거북이가 되지 않은 것에 감사할 따름이다.

최고의 가치와 행복은 내가 정한다

이런 말을 하는 자기계발서들이 있다.

"'나'는 끊임없이 배우려는 자세와 노력으로 쌓아올려지는 존재이다. 워라밸 같은 헛소린 집어치우고 '최고의 나'를 만들어라."

여기엔 다음과 같은 믿음이 깔려 있다. "지식과 경험이 부족한 사람은 당연히 지혜도 부족하고, 따라서 미성숙한 인간이다. 그러니 학문이든 기술이든 뭐 하나를 파고들어 최고가 되어라." 그게 바로 그들이 말하는 '최고의 나'이다.

최'고高'라는 말 자체에 이미 '위'라는 방향이 설정돼 있다. 이 말을 그대로 따르자면, 우리가 나아가야 할 방향은 오직 '위뿐'이고, 이건 마치 나를 컴퓨터로 여기는 것과 같다.

방금 구입한 OS도 깔려 있지 않은 컴퓨터는 텅 빈 전자파 방출 상자에 불과하다. 윈도우즈를 깔고 인터넷도 연결하고 각종 오피스 프로그램과 이미지·음악·동영상 편집 프로그램, 백신 등을 설치하고 나서야 비로소 컴퓨터 구실을 한다. 그리고 거기에 나의 위대한 작업 결과를 채워 넣음으로써 노다지 함으로 '업^{up}그레이드'되는 것이다.

인간도 이런 식으로 업그레이드되면서 '불완전한' 존재에서 '완전한' 존재로 변한다고 믿는다면 다음의 말들 또한 사실이어야 한다.

- 삶의 경험이 부족한 어린이나 청소년은 성인보다 열등하다.
- 사실상 뇌에 입력된 게 거의 없는 영아^{嬰兒}는 인간이라 부르기조차 힘들다.
- 비문명적 원시생활을 하는 미개인은 인간도 아니다.

'위를 향한다'는 건 중력을 거스른다는 뜻이다. 때문에 힘들다. 물에게 물어보라. 폭포에서 사는 게 쉬운지 분수대에서 사는 게 쉬운지.

그럼 우리는 왜 위를 향해야 하는가? 힘든 과제를 던져 줬으면 그 목적도 알려줘야 할 게 아닌가. "위에 가면 뭐가 있죠?"라고 물으면 그들은 귀찮아하면서 이렇게 답할 것이다. "아, 최고의 네가 있다니까?"

그럼 최고의 나를 만나면 뭐가 좋은지도 물어보자. 그들은 기가 차서 이렇게 답할 것이다. "아, 아니 그럼, 저기 뭐야, 최고가 된다는데 안 좋아? 최고가 돼서 나쁠 건 또 뭐가 있는데? 거기 다 있는데. 돈과 명예가 있고, 사람들의 존경이 있고, 꿈에 그리던 여자(혹은 남자)가 있는데!"

실체가 드러났다. 그들은 내가 내 삶에서 추구해야 할 최고의 가치를 대신 정하고 있던 것이다. 그들은 자기가 시키는 대로만 하면, 가령 앞서 말한 돈과 명예, 꿈에 그리던 포상이 주어질 거라 약속한다. 그리고 그것들을 한데 묶어 '행복'이라 부른다.

행복이라는 단어에 젊은이들은 쉽게 혹한다. 그게 바로 그들이 원하는 것이기 때문이다. 하지만 행복의 정의는 내가 스스로 내리는 거지 남이 대신 정하는 게 아니다. 그들은 알지 못한다. 이게 바로 세상이 청춘을 지배해온 방식이란 걸.

부모는 아이들에게 부모님 말씀 잘 듣는 걸 최고의 가치로 삼도록 한다. 그리고 착한 아이라는 목적지를 향해 계단을 오르도록 한다. 이건 만만찮은 일이다. 친구들이 놀이터에서 놀 때 학원을 가야 하고, 만화영화를 보고 싶을 때 영어 동화책을 읽어야 하고, 게임을 하고 싶을 때 억지로 잠을 청해야 하기 때문이다.

보상이 없으면 동기부여도 안 되는 법. 그래서 그들은 아이에게 약속한다. 계단 꼭대기에서 자신을 기다리고 있을 '행복'을 말이다.

학교는 학생들이 시험에서 백점 맞는 것을 최고의 가치로 삼도록 하고 우등생이란 계단을 오르도록 시킨다. 역시 이유는 같다. 옆에 있는 아이 머리를 하나씩 밟고 오르면 좀 더 비싸고 잘난 내가 되어 결국 행복을 얻기 때문이다.

어린이와 청소년에겐 분명 어른들의 지도指導가 필요하다. 하지만 그렇다고 해서 그들을 조타석에서 내쫓아야 하는 건 아니다. 처음엔 어른들이 대신 키helm를 잡아줄 수밖에 없다. 하지만 점차 스스로 키를 조종할 수 있도록 해야 한다.

어느 날 공자가 구슬 하나를 선물 받았다. 구슬에는 구멍 하나가 뚫려 있었다. 그런데 이 구멍이 골 때리는 게 직선으로 뚫린게 아니라 무려 아홉 구비나 굽어져 있던 것이다. 공자는 구슬을 실로 꿰어 보았다. 그러나 실은 들어갈 생각조차 하지 않았다. 마침 옆에 뽕잎을 따고 있는 아낙들이 보였다. '그래, 바느질을 많이 하는 아낙들은 실과 친하니 뭔가 방법이 있을지도.' 공자는 그중 한 사람을 불러 사정을 설명한 뒤 도움을 청했다.

"나으린 꿀 좋아하시려나?" 아낙은 이 말 한마디만 남기고 다시 뽕잎을 따러 갔다. '꿀? 구슬 꿰는 방법 좀 알려 달랬더니 갑자기 웬 꿀 타령?' 공자는 고개를 절레절레 흔들더니 다시 구슬을 꿰려고 한쪽 눈을 질끈 감았다. 바로 그때, 한 가지 생각이 그의 뇌리를 스쳤다. "맞다 꿀!"

공자는 얼른 개미 한 마리를 잡아 개미 허리에 실을 감고 구슬 구멍으로 밀어 넣었다. 그리고 반대편 구멍에는 꿀을 발랐다. 개미는 꿀 냄새를 따라 복잡한 구멍 속을 유유히 빠져나왔다. 희귀템 목걸이 하나가 생기는 순간이다.

흔히 이 이야기의 교훈은 '나보다 못한 사람에게도 기꺼이 물을 줄 알아야 한다.' 라는 의미로 알려져 있다. 이건 엉터리 해석이다. 왜 이런 엉터리 교훈이 생겼냐면, 첫째, 남자 학자가 여자 노동자보다 우월하다는 편견 때문이다. 둘째, 주인공 이름 때문에 공자孔子를 하늘처럼 떠받드는 사람들이 지혜로우면서도 겸손하신 주인공을 만들어낸 거다.

하지만 이 이야기는 옛 중국의 불교 서적에 나오는 이야기다. 불교는 유교, 도교와 함께 동아시아 삼교三敎에 해당한다. 이 세 가지 사상은 일부 유사점도 있지만 사실 엄청나게 다르다. 그러나 굳이 따지자면 불교는 유교보다는 도교와 더 많은 사상을 공유한다.

도가에 등장하는 공자는 우리가 흔히 아는 『논어』의 주인공이라기보단 가상의 인물에 가깝다. 종종 우주 스케일의 지혜를 논하는 노자나 장자에 대비되는 소인배로 그려진다. 그러니 이 이야기의 교훈도 다른 등장인물에게서 찾는 게 더 합당할 것이다. '아낙'과 '개미' 말이다.

아낙은 '더 못한 사람'의 가면을 쓴 '지혜로운 어른'이다. 개미는 그 어른에게서 '참된 가르침을 받은 아이'다. 아낙은 공자에게 "진리는 이것이다." 라고 확언하지 않는다. 살짝 키워드만 던져주고 그가 스스로 길을 찾도록 유도한다. 그녀가 알려준 '꿀'이란 매개체는 공자뿐 아니라 개미도 스스로 길을 찾도록 부추겼다. 공자와 개미, 이 두 '아이'는 아낙으로부터 일방적 가르침을 받은 게 아니라 스스로 탐구하는 방법을 안내 받은 것이다.

내가 아는 게 남에게도 최선일 거라고 확신하는 건 오만하기 짝이 없는 짓이다. 그건 한 사람이 다른 사람에게 저지를 수 있는 가장 악랄한 형태의 무혈無血 폭력이다. 홀로코스트 생존자 빅터 프랭클에 따르면 그것은 '모든 걸 빼앗긴 사람에게 남은 마지막 한 가지'마저 빼앗으려는 시도이다. 그 마지막 한 가지란, '내 삶의 태도를 스스로 선택할 수 있는 자유'이다.

프랭클 박사는 홀로코스트로 부모님과 아내, 남동생을 잃었고, 본인도 아우슈비츠에 끌려가 벌레만도 못한 삶을 살았다. 강제 노역에 시달리면서도 틈틈이 동료들과 농담 따먹기를 했다. 참호 속에서 일하다가 한 번씩 눈을 감고 생사도 모르는 아내의 모습을 떠올렸다. 그럴 때면 자기가 파놓은 흙더미 위에 새 한 마리가 날아와 앉았다. 그는 그 새에게서 아내를 보았고 진정한 사랑을 보았다.

유머와 숭고한 사랑은 나치가 결코 유태인한테서 기대한 게 아니었다. 그들에게 유태인이 추구해야 할 최고의 가치는 독일인을 위해 일하다가 죽으면 굴뚝의 연기로 사라지는 것이었다. 그리고 배급 받은 죽 안에서 벌레 알을 골라낼 수 있는 시간과 취침 전 옷에서 이를 잡을 수 있는 시간이 주어지는 걸 최고의 행복으로 여기는 것이었다.

인류사 최악의 악몽에서 살아남은 그는 자신이 가르치는 학생들에게 늘 강조했다. "(다른 사람이 대신 설정해 준) 성공과 행복을 좇지 말라. 그것들은 당신 삶에 따라오는 거지 당신이 쫓는 게 아니다."

여기서 '당신 삶'이란, 내게 있어 최고의 가치와 행복을 스스로 찾는 걸 뜻한다. '발견find'하는 것이 아니다. '찾는seek' 것이다. '삶'

은 동명사이지 명사가 아니다. 인간은 평생 이 짓을 하기 위해 태어났다. 우린 살다 보면 어느 순간 해탈이나 종심소욕불유구從心所慾不踰矩처럼 삶이 완성되는 순간을 맞이할 거라 기대한다. 그러나 그건 대단히 드문 일이다. 대부분은 임종 직전까지 후회와 반성을 반복한다.

〈내겐 너무 가벼운 그녀〉의 할은 아버지의 유언을 충실히 따른 인물이었다. 아버지의 유언은 '뻔한 성생활에 만족하지 말고 세상에서 가장 멋진 가슴과 엉덩이를 가진 여자를 찾으라'는 거였다. 그는 '핫 걸 대신 사랑을 선택한 결과'가 자기라고 하면서 네 엄마와의 결혼 생활은 끔찍했다고 했다.

아버지 뜻을 받들기로 한 할은 나이트 죽돌이가 되었다. 매번 차이고 또 차였다, 하지만 그는 최고의 미녀를 찾기 위해 사력을 다했다. 그러다 마침내 깨달은 인생 최고의 가치. 그것은 바로 핫걸이 아닌 사랑이었다. 그리고 그가 발견한 최고의 행복은 150kg의 로즈마리란 여성과 결혼하는 것이었다. 만일 그가 나중에 죽어서 아버지를 다시 만나면 영화 〈흔적 없는 삶〉의 톰처럼 말했을 것이다. "아빠한테 틀린 게 저에게도 틀리란 법은 없어요."

조혜정은 대한민국 여자배구선수로서 김연경도 해내지 못한 올림픽 메달을 따냈다. 그녀는 메달을 획득했지만 소유하진 못했다. 잃어버렸기 때문이다. 어쩌다 잃어버렸느냐는 질문에 그녀는 "모른다"고 답했다. 마치 교통카드를 잃어버린 사람처럼 무심했다. 올림픽 메달은 한때 그녀에게도 최고의 가치를 갖는 목표였다. 그걸 따냈을 때 돌아오는 보상이 진정한 행복일 거라고 철석같이 믿었다. 하지만 막상 메달을 따고 보니 그 믿음은 가짜였다. 그것은 짐을 운반하는 노새 앞에 매달아 놓은, 하지만 영원히 먹을 수 없는 당근이었다.

최고의 가치는 올림픽 메달에 있는 게 아니었다. 메달 획득을 목표로 동료선수들과 함께 땀 흘리고, 밤새 코트에서 뒹굴고 울고 웃었던 그 시간이야말로 진정한 행복이었다. 하지만 사람들은 멋대로 그녀 인생 최고의 순간을 메달에서 찾으려 했다. 어쩌면 그래서 그녀 스스로 그걸 처분해버렸는지도 모른다.

무덤가에 사는 귀신 들린 자

여기 진실이 하나 있다. 아무도 완벽하지 않다. 메시도 완벽한 축구 선수는 아니다. 메시가 완벽하지 않다면 그 누구도 완벽할 수 없다는 소리다. 고로 내가 완벽해지기 위해 쌓아올려져야 하는 존재라면, 나는 평생 불완전한 상태로 남아야 한다.

자기계발서를 많이 읽은 사람들은 말한다. "죄다 내용이 비슷하다." 그들은 틀렸다. 내용은 다 다르다. 짐gym에서 빵빵한 힙을 만드는 법에 관한 자기계발서와 집에서 빵을 만드는 자기계발서는 엄연히 다른 내용이다. 그런데도 이 두 책을 읽고 나면 마치 한 권의 책을 읽은 것 같다. 왜 그런가? 당신의 최종 목적이 같기 때문이다. '전보다 나은 내가 되는 것.' 그리고 두 책을 읽고 나서 얻은 결론도 같다. "나는 전혀 달라지지 않았다."

'아는 것이 힘'인 시대가 있었다. 당신의 아버지 혹은 삼촌 세대까진 그랬을 것이다. '노 페인 노 게인' 시대가 있었다. 당신의 첫째 사촌형 세대까진 그랬을지도 모른다. 그때는 사람들이 지금보다 바빴다. 정보와 지식에 접근하기가 훨씬 더 어렵고 훨씬 더 많은 노력이 들었다. 지금은 인터넷에서 손쉽게 찾을 수 있는 자료도 그때는 일일이 발품 팔아 도서관을 샅샅이 뒤져야 했다.정해진 시간 안에 누가 더 많이 뛰는가로 능력이 갈렸다. 그리고 그때는 '나'를 국가나 회사의 부속품으로 인식하는 게 지금보다 훨씬 더 자연스러웠다. 아무도 한 개인으로서의 나를 묻지 않았다.

이제 세상은 달라졌다. 단순히 오래 일하는 사람은 더이상 최신 플랫폼 사용에 밝은 사람을 이길 수 없다. 그들이 훨씬 더 짧은 시간 안에 훨씬 더 방대한 자료를 수집하고 처리한다. 그리고 개인이 조직에게 '나'를 묻기 시작했다. 학생이 학교에 '나의 자유'를 묻고, 비정규직자가 회사에 '나의 권리'를 묻고, 장애인이 국가에 '나의 안전'을 묻고, 동성애자와 트랜스젠더가 '나의 정체성'을 묻기 시작했다.

그런데도 유독 자기계발 분야에서만큼은 전문가란 자들이 구닥다리 시대정신에 머물러 있는 경우가 많다. 왜 그런가? 그래야 자기가 '잘 산' 게 되기 때문이다.

그들은 주로 '어떻게 살 것인가'를 강연한다. 그리고 그 표본으로서 자신의 삶을 내세운다. 그러기 위해선 우선 자기가 얼마나 잘 살아왔는지 떠들어야 할 것이다.

내가 대학에 들어갈 때 즈음 붐이 일기 시작한 첨단기기가 하나 있었다. 전자사전이다. 지금 보면 조잡한 액정 화면에 까만 글씨만 가득한 따분하기 짝이 없는 기계였다. 하지만 그땐 더 이상 단어 하나 찾으려고 몇 분씩 사전에 침 묻히지 않아도 된다는 것만으로도 획기적이었다. 각 전자회사마다 하루가 멀다 하고 새 모델을 론칭했고, 성능이 어느 정도 평준화를 이루자 이젠 디자인 경쟁에 돌입했다. 꼭 오늘날 스마트폰처럼.

그런데 이때 유독 콧방귀를 뀌던 자들이 있었다. 이미 사회에서 자리를 잡고 더 이상 토익학원을 다닐 필요가 없던 사람들 말이다. 그들은 말했다. "자고로 단어는 사전을 한 장 한 장 넘겨가면서 찾아야 제대로 외워지지."

종이사전이 유물이 되어버리자 과거 그들이 단어 하나를 찾기 위해 땀을 뻘뻘 흘리던 게 전부 헛고생이 되어버렸다. 일명 뺄짓한 거다. 그 노력이 보상받기 위해선 전자사전이 천박한 사치품이 되어야 했다.

자기계발 전도사들의 심리도 딱 이와 같다. 내가 걸어온 길이 헛되지 않기 위해선 과거에 내가 신봉했던 가치가 지금도 옳아야 한다. '아는 것이 힘'인 시대가 옳기 위해선 지금 세대를 게으르다고 비난해야 한다. 그래서 오늘도 청년들에게 "부지런히 배우고 또 배우라!" 대갈일성 한다.

「마가복음」 5장은 무덤가에 사는 귀신 들린 자의 이야기로 시작한다. 궁예의 표현대로라면 '마구니가 낀' 이 자는 손과 발이 쇠사슬에 묶인 채 돌로 자기 몸을 자해하며 살고 있었다.

그러던 어느 날 예수가 근처에 왔다는 소식이 들려왔다. 그는 쇠사슬을 끊고 한달음에 달려 나가 예수 앞에 납죽 엎드렸다. 그리곤 울며 하소연한다. 자신은 엄청난 고통에 시달리고 있다고. 예수는 이 고통 받는 자의 몸속 귀신에게 물었다. "네 이름이 무엇이냐?" 그러자 귀신이 답했다. "나는 혼자가 아니다. 우리는 거대한 무리로서 하나의 군대를 형성하고 있다." 그러자 예수는 당장 그자의 몸속에서 빠져나오도록 명했다. 아무리 사악한 악마군이라 할지라도 예수의 힘은 두려웠을 터. 그들은 나갈 테니 저 언덕 위 돼지들 몸속에라도 대신 들어가게 해달라고 부탁했다. 예수는 허락한다. 귀신들이 2천 마리의 돼지들 속으로 들어가자 미쳐버린 돼지들은 일제히 바닷물에 뛰어들어 익사했다.

여기서 질문. 귀신들린 자는 왜 하필 '무덤가'에 살고 있는가?

무덤은 '과거'를 상징한다. 무덤 속엔 지금 살아 있는 사람들에게 필요한 게 아무것도 없다. 찬란한 역사를 자랑하던 바빌로니아왕국이든 로마제국이든 이제는 과거의 유물일 뿐이다. 인류 역사상 가장 용맹했던 알렉산드로스대왕이든 광개토대왕이든 모두 지나간 과거의 산물이다. 그들은 여전히 어떤 의미를 갖지만, 현재를 살고 있는 우리에게 유용한 정보로서 기능할 때만을 전제로 한다. 그들은 현재의 '우리 삶 속'에 있어야 의미가 있을 뿐이다. 우리가 과거의 '그들 속'으로 들어가선 안 된다. 그건 마치 무덤을 파헤치고 주검 옆에 드러눕는 것과 같다.

이제는 귀신들린 자가 '속박'되어 있다는 점에 주목해 보자. 그는 과거의 쇠사슬에 묶여 현재를 따라잡지 못 하고 있다. '시간'은 무빙 워크처럼 앞으로 계속 나아가지만, 이 자는 자꾸 뒤를 돌아보다가 균형을 잃고 넘어진다.

물론 과거는 그 자체로 의미가 있고, 나 역시 역사를 좋아하는 한 사람으로서 과거 알기의 중요성엔 공감하는 바이다. 문제는 과거에 '얽매이는' 데 있다. 그게 지금 나를 위해 뭐가 좋은지 도통 알 수 없는데도 선조들의 유산이라는 이유 하나만으로 계속해서 떠받드는 건 어리석은 짓이다. 관습과 관례, 과거로부터 물려받은 확신에 집착하면서 나의 행복은 뒷전인 삶을 「마가복음」에선 스스로를 돌로 내리치는 기구한 팔자로 묘사한 것이다.

마지막으로, 왜 '하나의' 귀신이 아닌 '한 무리의' 귀신이며, 왜 '2천 마리의 돼지들'인가? 인간의 몸은 크기가 한정돼 있다. 한 사람에게 들어갈 수 있는 귀신 또한 하나뿐이다. 그런데 귀신은 자신의 정체를 묻는 예수에게 '우리는 한 무리'라고 답했다. 어떻게 한 사람 안에 여러 귀신이 들어갈 수 있었을까?

그들은 동시대 인물이 아니다. 각자 자신이 살았던 시대를 대표하는 서로 다른 세대의 귀신들이다. 그 시대의 무엇을 대표하는가? '확신'이다. 그 시대 사람들 대부분이 철석 같이 믿고 따르던 관습과 고정관념, 예절, 윤리, 도덕적 의무 등이다. 자신을 평생 옭아맨 그 '확신의 독poison'을 다음 세대에게 그대로 물려주면서 독성은 점점 진화되어 왔다. 이건 마치 수자타라는 여성이 자신이 키우는 소 중 일부에게 달콤한 풀을 먹인 뒤 그 소에서 나온 우유를 다른 소에게 먹이고, 그 다른 소에게서 나온 우유를 또 다른 소에게 먹여 가장 달콤한 우유를 추출해낸 뒤 부처에게 보시한 것과 같은 이치다. 말하자면, 귀신들린 사람 몸속의 귀신은 한 사람이지만, 그것은 옛 조상들로부터 대대로 물려받은 '과거의 확신들'로 형성된 하나의 군대나 마찬가지였던 것이다. 그들이 풀려나왔을 때 2천 마리의 돼지 속으로 들어갔다는 데서 '확신의 독'이 무려 2천 세대나 이어져 온 걸 알 수 있다.

이 허무맹랑한 이야기는 어떤 사람이 몸은 현재를 살아도 정신적으로는 아득한 옛날부터 이어져 내려온 과거의 관념에 완전히 지배당할 수 있음을 시사한다. 예수가 귀신을 내쫓았다는 건, 한 사람이 전前 세대로부터 물려받은 확신을 거부하고 나만의 세계를 새롭게 구축했다는 뜻이다. 질량보존의 법칙에 따라 귀신들은 어딘가로 이동해야 했고, 그들이 찾은 새로운 서식지는 '해로운 확신'이든 똥이든 된장이든 주는 대로 처먹기 바쁜 돼지들의 몸속이었다.

나는 당신도 예수로부터 구제 받은 이 사람처럼 '지금 나의 행복과 안전'을 최우선에 두고 그 외 모든 걸 의심하고 거부하기를 바란다.

과거 속에는 보석과 지혜가 넘쳐난다. 그러나 '강요된' 과거는 그것이 얼마나 도덕적이고 매력적인지와는 상관없이 대체로 해롭다. 아무리 영양가 높은 음식이라도 코로 흡입하거나 관장灌腸 했다간 몸을 해칠 수 있는 것처럼 말이다.

어느 영부인의 허영

지금 당신이 믿고 있는 종교가 사이비가 아니라면 그것은 필시 '덧셈'이 아닌 '뺄셈'을 가르칠 것이다. 무교인 내가 종교의 가르침을 좋아하는 이유도 바로 이 때문이다.

누군가 당신에게 커다란 수석을 선물했다고 해보자. 돌에 관심이 없는 당신은 '뭐 이딴 걸 선물이라고 주는 거야?' 할지도 모른다. 그런데 선물한 사람이 말한다. "그 돌 안에는 커다란 다이아몬드 한 덩이가 들어 있소."

이제 당신에게 필요한 건 무엇인가? 정과 망치다. 돌 안에 들어 있는 다이아몬드를 찾기 위해선 돌을 '깎아내야' 한다. 다이아몬드를 '얻기' 위해선 돌을 '잃어야' 한다.

그건 흡사 미켈란젤로의 생전 작업 방식과도 같다. 그는 말했다. "나는 대리석 안에 갇힌 천사를 발견하고, 그가 풀려날 때까지 깎고 또 깎는다." 당신도 돌을 깎기 위해 정과 망치를 구하러 다닌다. 이것이 바로 종교의 가르침을 받는 행위다.

참된 교리 학습은 정과 망치를 사기 위해 자금을 축적하는 것과 같다. 돌을 '깎아내기' 위해 자금을 '부풀리는' 것이다. 그런데 만일 '부풀리는' 데에만 열중하면 무슨 일이 벌어질까? 계속해서 수석만 수집한다! 집 여기저기 돌덩이는 쌓여만 가는데 정작 다이아몬드는 하나도 얻질 못 했다. 돌이 없을 땐 집이 안락하기라도 했다. 지금은 채석장이 되고 말았다.

부처님의 제자 중 주다반탁가란 자가 있었다. 그의 이름은 '길에서 낳은 소인배'란 뜻이다. 그는 멍청하기가 이루 말할 데 없었다. 오죽하면 부모가 자식에게 이딴 이름을 지어줬을까? 그는 마치 〈메멘토〉의 주인공처럼 방금 배운 걸 즉시 까먹었다. 딱히 뇌손상을 입은 건 아니었다. 그냥 머리가 나빴다. 아무리 부처님을 사사한들 교리를 외는 즉시 다 까먹어 버리니 그게 다 무슨 소용이겠는가.

그는 절을 떠나기로 했다. 다른 동료들에게 짐만 되고 분위기를 흐리는 게 미안해서다. 그러나 부처는 그를 붙잡았다. 그리고 오늘부턴 교리 외우기를 그만두고 앞마당만 쓸라 했다. 그는 부처님이 자기를 가엾게 여겨 청소 알바로라도 써 주나보다 하고 감사히 일했다.

그렇게 몇 년이 흘렀다. 주다반탁가는 여전히 마당 쓸기에만 전념했다. 그러던 어느 날 그는 섬광 같은 깨달음을 얻었다. 몇 년 동안 마당에 쌓인 먼지만 쓸다가 문득 자신의 내면에 쌓인 잡념과 욕망까지 함께 쓸어버린 것이다. 그는 곧장 부처님의 수제자가 되어 동료들을 가르치게 되었다.

명심하라. 가장 큰 지혜는 덧셈이 아닌 뺄셈으로 얻는 것이다.

지식과 기술을 쌓는 건 좋은 일이다. 풍부한 경험을 바탕으로 견문을 넓히고 노하우를 쌓는 것도 당연히 좋다. 그러나 그것 자체가 나를 계발하고 성장시킬 순 없다. 그건 마치 빈손이었다가 돌 하나를 집어 들고 "나는 강해졌다"고 말하는 것과 같다.

하지만 그건 사실이 아니다. 당신이 강해진 게 아니라 더 강력한 무기를 들고 있을 뿐이다. 그렇다고 그 무기가 제일 센 것도 아니다. 내가 자갈을 집어 들면 어디선가 더 큰 돌을 든 사람이 나타난다. 돌을 들면 바위를 든 자가 나타난다. 이젠 어떻게 해야 할까?

뭘 어떡해. 스티로폼이라도 잘라다 바위처럼 칠해야지. 이때 스티로폼 바위를 들고 있는 사람은 꼭 겁먹은 고양이와 같다. 털을 쭈뼛 세워 몸을 최대한 크게 보이도록 애쓴다. 그러나 자세히 보면 꼬리는 내려가 있다. 쫄았다는 뜻이다. 나는 이것을 '엉터리 자기계발'이라 부른다.

1989년 루마니아 혁명으로 독재자 차우셰스쿠 대통령이 총살당했다. 그때 그의 옆에는 한 노부인이 함께 있었다. 그리고 그녀도 그와 똑같이 온몸으로 총알을 받아냈다. 영부인 엘레나였다.

엘레나는 농부의 딸로 태어나 직물공장의 노동자를 거쳐 한 나라의 '국모'(실제로도 그녀는 'Mother of the Nation'이라 불렸다.)'이자 제1 부통령의 자리에까지 올랐다. 동시에 그녀는 루마니아 여성을 대표하는 지성인이었다. 화학박사로서 수많은 논문을 발표했고, 심지어 화학연구소장직을 맡기도 했다.

그러던 어느 날 일이 터졌다. 그녀가 이산화탄소의 화학식 CO_2를 '코도이'라 읽은 것이다. 영어 'CO'를 문자 그대로 '코'로 읽고, 그 뒤에 루마니아어 '2'에 해당하는 '도이'를 가져다 붙인 것이다. 화학연구소장까지 지낸 그녀가 도대체 왜?

사실 그녀는 학력에 관해 콤플렉스 덩어리였다. 그녀는 우리로 치면 초등학교도 제대로 나오지 않았다. 어쩌다 정치계 거두의 환심을 사 영부인 자리에까지 올랐지만 그녀는 그에 걸맞는 사람이 '되기'보단 그에 걸맞는 타이틀을 '갖길' 원했다. 빈농의 자식이자 블루칼라 출신 무학자란 타이틀은 국모의 위신에 맞지 않았다. 그래서 과학자들을 협박해 자기 이름으로 논문을 쓰게 하고 대학에다간 자기 이름이 적힌 박사 학위를 찍어내도록 했다.

과학과 상관없는 일반인이 이산화탄소의 화학식을 모를 경우 어느 정도 쪽팔릴까? 계단 두 칸 위에서 바닥으로 떨어지는 정도? 하지만 엘레나는 거짓 사다리를 이용해 자기 자신을 100층 꼭대기 위에 올려다 놓았다. 거기서 떨어지면 훨씬 더 고통스러울 것이다. 사형선고가 내려질 때 재판장에서 그녀는 종종 '코도이 여사'로 불렸다. 육체가 총살당하기 전 그녀의 허영심이 먼저 총살당한 것이다.

그녀가 만일 국모로서의 가치를 가방 끈이 아닌 다른 것에서 찾았다면 어땠을까? 이를테면 자기처럼 충분히 교육 받지 못한 사람들을 위해 교육시설을 늘리거나, 비록 자기는 화학식을 몰라도 화학

분야에 재능을 드러내는 학생들에게 장학금을 더 지원하는 식으로 말이다.

그녀가 루마니아와 자신의 삶을 더 나은 방향으로 바꿀 수 있는 방법은 수도 없이 많았다. 차우셰스쿠는 잔인한 독재자였지만 아내만큼은 하늘처럼 떠받들었다. 자신이 갖고 있지 않은 것에 가치를 부여하는 대신 가진 걸 활용하여 새로운 가치를 창출할 힘이 그녀에겐 분명 있었다.

하지만 그녀는 자신의 권위에 난 구멍을 스티로폼 바위로 메우는 데 정신이 팔려 국민이 자기와 남편 몸에 총구멍을 내고 싶어 한다는 사실을 미처 알지 못했다.

완벽한 인간, 허상이 만들어낸 신화

나는 어릴 적부터 힙합 음악과 래퍼들을 좋아했는데, 사랑타령 대신 사회, 국가, 인종차별, 권위주의와 같은 거대한 상대와 맞서 싸우는 이미지가 맘에 들었기 때문이다. 그것이 그들을 '정의의 용사'처럼 보이게 했다. 그리고 한참 후에야 깨달았다. 그들 대부분이 실제로 가장 큰 열정을 보인 것은 정의가 아니라, 영웅 놀이로 쌓은 부와 명예를 이용해 최대한 많은 여자를 만나는 거라는 걸.

교육론과 공동선(common good-공동체 전체를 위한 선) 운운하던 루소는 다섯 자식을 죄다 고아원에 내버렸고, 공공장소에서 바지를 내려 여학생들을 놀래키는 취미가 있었다. 인간의 존엄성을 말한 하이데거는 히틀러의 위대함에 대해 떠벌리길 좋아하고 홀로코스트에는 입을 닫았다. "나에게는 흑인 백인 할 것 없이 모두가 손을 잡고 다니는 꿈이 있습니다." 라고 말한 마틴 루터 킹 목사는 아내를 놔두고 너무 많은 여성의 손을 잡았다는 FBI 기록이 나왔다. 'FBI 이꼴equal 진실'은 아니지만, 애초에 그들이 원했던 정보는 그가 호색

한이라는 게 아니라 공산주의자라는 거였기 때문에 군이 조작할 이유도 없었다.

이것들은 우리에게 무얼 말하는가? 이 세상에 '완벽한 인간'은 없다는 것이다.

우리는 성공한 타인을 터무니없이 과대평가하고 그에 견주어 자신을 강박적으로 과소평가한다. 어느 한 분야에서 뛰어난 사람을 보고 그 사람 전체를 뛰어나다고 판단한다. 한번 굳어진 신념은 뇌의 주름 속 깊이 에칭 된다. 그래서 그는 도덕적이고 성격도 좋고 사생활도 깨끗할 것이라 쉽게 예상한다. 반면에 나는 여러 장점을 갖추었음에도 눈에 띄는 한두 가지 단점을 눈덩이처럼 부풀린다.

인어공주 애리얼은 바닷속에서 제일가는 부자다. 그녀는 바다에 빠진 촛대니 하프니 온갖 잡동사니를 긁어모아 자신의 아지트에 쌓아두었다. 게다가 그녀는 이디나 멘젤 못잖은 노래 실력까지 갖췄다. 그녀는 '모든 걸 가진 소녀'라 불렸다. 하지만 애리얼은 불행했다. 딱 한 가지가 없었기 때문이다. '두 다리' 말이다. 생선 아가씨가 사람처럼 걷고 싶다는 헛된 욕망은 정신병이 되어 목소리까지 팔아넘기고 그 대가로 물거품이 되어버렸다.

우리도 애리얼과 똑같은 정신병에 시달린다. 완벽하지 않으면 하루도 이 세상을 살 수 없다는 망상 말이다.

브레이브 걸스는 늘 조롱의 대상이었다. 손담비와 씨스타, 애프터스쿨 등 당대 최고 K팝 스타들의 히트곡을 만든 용감한형제가 자기 이름(브레이브)까지 따다 직접 제작한 그룹이었기 때문이다. 용감한 형제 노래를 가지고도 성공하지 못 하는 건 쉽지 않아 보였다. 그런데 그 어려운 걸 브레이브 걸스가 해냈다. 그들은 실패했다. 그것도 매번. 지독한 슬럼프는 4년이 넘도록 이어졌다.

멤버 유정은 실패한 아이돌에게 재도전의 기회를 준다는 취지의 한 TV 프로그램에 출연했다. 거기서 멘토로 만난 비(정지훈)가 "당신에게도 분명 기회가 올 것이다."라고 했을 때 그녀는 그 말을 믿지 않았다. '아니야. 저 사람은 모를 거야. 데뷔 때부터 최고의 자리에 오른 사람이 어떻게 나 같은 사람을 이해할 수 있겠어?' 그녀 생각에 비가 완벽한 성공을 거둔 건 그가 완벽한 사람이었기 때문이다. 반대로 생각하면 자기가 왜 아직 성공을 못했는지도 알 것 같았다. 자신은 완벽과는 거리가 멀었다. 나이, 가창력, 춤 실력, 좋은 노래를 만나는 운… 모든 면에서 문제가 있어 보였다.

그녀의 이런 믿음은 2021년 역대급 역주행 신화를 쓰면서 모조리 깨졌다. 콤플렉스였던 많은 나이는 연신 취업에 실패하여 나이 먹고도 부모로부터 독립하지 못한 이 시대 청년들의 공감을 샀다. 공감은 친밀감이 되었고, 화장실 하나를 넷이 함께 쓰는 브레이브 걸스의 모습에서 옆집 친구 같은 인상을 받았다.

결국 유정을 가로막던 단점은 스스로 만든 것이었다. 완벽해야 한다는 강박 때문에 말이다.

아킬레스는 왜 거북이한테 졌을까

엉터리 자기계발은 우리의 사고체계에 완벽주의라는 만성 질병을 퍼뜨렸다. 완벽주의? 그건 좋은 것 아닌가? 그렇다. 사람들은 보통 자기가 이 병을 갖고 있는 걸 자랑스럽게 떠벌린다. 왜냐면 보통 완벽주의자라고 하면 주변에서 프로니 뭐니 하면서 추켜세우기 때문이다. 이 때문에 우린 '열 번 잘 해놓고 한 번 실수하면 말짱 도루묵'이라는 기성세대의 완벽주의를 그대로 수용한다. 회사에서 열 가지 업무를 깔끔하게 처리하고 남에게 열 번의 선행을 베풀어도, 집에 와서 딱 한 번 물 컵을 엎지르면 스스로를 칠칠치 못한 사람, 뭔가 부족한 사람으로 여긴다. 이러니 삶 자체가 완벽이란 타이틀을 얻기 위한 노이로제가 될 수밖에. 부족한 나를 꾸짖고 조금이라도 더 완벽한 사람이 되고자 뭐라도 하려 든다. 우쿨렐레 학원이라도 등록한다.

그런데 그걸 아는가? 남들에게 완벽주의가 좋다고 떠벌리는 사람은 정작 그들의 행복에는 관심이 없다는 걸. 그러니 당신이 만일 행복한 삶을 살고 싶다면 우선 완벽한 사람이 되겠다는 마음부터 버려야 할 것이다. 그러기만 해도 행복까지 오부능선을 넘었다. 없는 걸 좇는 건 현명한 선택이 아니다. 당신이 내일 당장 네시^{Nessie}(네스호에 산다고 알려진 호수 괴물)를 찾으러 스코틀랜드에 가겠다면 나는 진심으로 응원하겠다. 있을지도 모르는 걸 찾아 나서는 건 행복일 수 있으니까. 그러나 완벽한 인간과 유니콘을 찾아 나서겠다면 뜯어 말리겠다.

브래드 피트가 〈트로이〉에서 분한 덕에 섹시한 영웅 이미지를 가진 아킬레스가 그리 섹시하지 않은 짓을 한 적도 있다. 거북이에게 달리기 시합을 청한 것이다. (아킬레스 관련 연대기엔 안 나올 것이다. 한 철학자가 혼자 지어낸 이야기니까.) 프로 복서가 초등학생에게 스파링 신청을 한 꼴이다. 그도 다소 민망했는지 거북이에게 어드밴티지를 주기로 했다. 자기보다 백 미터 앞에서 출발하게 한 것이다. 아킬레스는 거북이보다 정확히 열 배 더 빠른 발을 갖고 있었다.

준비……… 땅!

용맹한 전사 아킬레스는 민첩한 몸놀림으로 거북이가 출발한 100m 지점까지 순식간에 도달했다. 그럼 지금 거북이는 어디에 있을까? 아킬레스보다 정확히 열 배 느리다고 했으니 아마 110m 지점을 가고 있을 것이다. 아킬레스는 골든 크로스가 얼마 남지 않았음을 직감했다. 드디어 그는 110m 지점에 도착했다. 그동안 거북이는 고작 1m밖에 가지 못했다. "여기까지가… 끝인가 보오…." 어디선가 서글픈 BGM이 들려온다.

아킬레스는 1m를 더 나아갔다. 이제 거북이를 앞질렀을까? 아직 아니다. 아킬레스보다 열 배 느린 거북이는 이번엔 10㎝ 앞서 있을 것이다. 10㎝라고? 그럼 이제 사실상 게임은 끝났다고 봐야 한다. 아킬레스는 10㎝를 더 나아갔다. 거북이는? 이젠 1㎝ 앞질러 있을 것이다. 아킬레스가 1㎝ 더 가면? 거북이는 1㎜ 앞에 있을 것이다.

가만, 뭔가 이상하다. 이런 식이면 아킬레스는 사실상 거북이를 영원히 따라잡지 못한다! 그렇다. 사실 이건 말도 안 되는 소리다. 하지만 당시 수학자들은 이 우스꽝스런 역설을 제대로 논파하지 못했다.

이같은 엉터리 달리기 시합이 우리 마음속에서도 일어나고 있다. 우린 마치 키프로스의 '실제' 여성들을 혐오한 피그말리온처럼 '실제의 나'를 혐오한다. 그리고 그가 '존재하지도 않는 여성' 갈라테이아를 만든 것처럼 우리도 존재하지 않는 '완벽한 나'를 만들어내고 짝사랑에 빠진다.

아킬레스를 영원히 앞지르는 거북이가 바로 우리가 영원히 쫓는 '완벽한 나'이다. 아킬레스는 군웅할거 속에서도 단연 스피드가 으뜸이었다. 그런데도 스스로에게 거북이 뒤를 쫓는 운명을 부여했고 영원한 패자가 되고 말았다. 오늘도 하니처럼 달리고 달리고 살리고 살리고 죽을힘을 다해 뛰어 보지만 눈앞에 보이는 건 거북이 뒤통수뿐. 이게 바로 우리다. 하니는 엄마를 위해서라도 뛴다. 우린 대체 왜 뛰는 걸까?

〈고도를 기다리며〉는 그냥 미친놈이라고 해도 좋을 법한 두 사람이 '고도'란 자를 하염없이 기다린다는 내용이다. 1953년 초연 후 지금까지도 고도가 누구인지에 대한 논쟁은 현재진행형이다. 물론 해석은 각자 몫이다. 원작자도 같은 질문에 "내가 어떻게 알아? 알면 작품에 썼겠지."라고 답했다고 한다.

다양한 해석이 있을 수 있겠지만 '고도' 대신 '완벽한 나'를 넣고 작품을 읽어보면 내가 하려는 말의 요지를 알 수 있을 것이다. '완벽한 나'는 영원히 오지 않는다. 꿈속의 1등 로또 복권처럼 손에 잡히지도 않는다. 그것과의 술래잡기에 동참하는 순간 당신은 영원한 술래로 남을 것이다. 그리고 '완벽한 나'는 〈컨저링〉의 귀신처럼 당신 귓가에 대고 "짝짝" 손뼉을 친 뒤 사라지길 반복할 것이다.

결과만을 중시하는 사회

대한민국에서 나고 자랐다면 당신은 엉터리 자기계발을 하고 있을 확률이 높다. 결과에 집착하는 사회에서 살기 때문이다.

어느 날 집에서 손흥민 경기 중계를 보고 있었다. 시합이 거의 끝나갈 때 즈음 장을 보러 나갔던 어머니가 돌아오셨다.

"손흥민 경기 중이니? 오늘 잘 했어?"

"네, 엄청 잘했어요."

"그래? 골 넣었어?"

"아뇨."

"그래…?"

"골은 못 넣었어도 잘 했어요. 킬 패스도 몇 개 하고, 수비 가담도 잘했고…."

"손흥민은 공격수 아냐? 그럼 골을 넣어야지 수비만 잘 해서 뭐 해."

"……."

안타깝게도 손흥민의 활약을 어머니께 충분히 납득시킬 방법이 없었다. 평점이라도 잘 나왔으면 내세울 근거라도 있을 텐데 그날은 점수도 거지같이 나왔다.

  물론 어머니 행동이 사회에 커다란 문제를 일으키는 건 아니다. 그치만 결과만을 중시하는 우리 사회의 단편일 수는 있다. 나만 해도 누군가 "○○란 영화 봤어? 완전 쩔어." 라고 말하면 득달같이 "진짜? 관객수 얼만데?" 라고 묻는다.

  나는 걸그룹 우주소녀의 열성 팬인데, 신곡이 나올 때마다 마음속으로 외친다. "됐어! 이제야 우주소녀가 빛을 보겠구나!" 그러나 음원사이트 상단에 노래 제목이 보이지 않으면 금세 풀이 죽는다. 저조한 순위는 나도 모르게 그 노래를 실패작으로 규정한다. 더 이상 그 아름다운 선율과 가사를 음미하지 못한다. 가슴 아파서, 목이 메어서.

  만일 축구란 스포츠를 잘 모른다면 프로필만 대강 보고 페르난도 토레스가 21세기 최고의 선수라고 생각할지도 모른다. 토레스는 2000년대 후반과 2010년대 초반까지 스페인 황금세대의 주역이었다. 월드컵보다 치열하다고 알려진 유로 대회에서 2회 연속 우승(2008, 2012)을 차지했고, 그 두 대회 사이에 열린 2010 남아공월드컵, UEFA 챔피언스 리그에서도 우승컵을 들어 올렸다. 단순히 출전만한 게 아니라 대회 최고 득점자나 결승전의 결승골 주인공 등 개인적 영광도 함께 거머쥐었다. 말하자면 그는 축구선수란 직업을 갖고 가질 수 있는 타이틀은 다 가졌다.

축구에 조금이라도 관심이 있다면 호날두와 메시가 토레스보다 훨씬 더 뛰어난 선수란 걸 알 것이다. 하지만 그들의 커리어에는 한 가지 구멍이 있다. 호날두가 첫 메이저 국가대항전 (월드컵, 유로, 코파 아메리카) 타이틀을 따낸 건 서른이 넘어서다. 호날두보다도 위대한 선수 메시는 서른다섯이 되어서야 코파 아메리카 우승컵을 들어올렸다. 하지만 그래봤자 그들이 우승한 대회는 일부 축구팬들만 보는 '그들만의 잔치'였다. 전 세계 사람이 너나 할 것 없이 열광하는 축구대회는 월드컵뿐이다.

그러나 월드컵은 번번이 두 사람의 손길을 비껴나갔다. (2022년 11월 중순 현재) 다가오는 카타르 대회 결과가 어떻게 될지는 모르겠지만 현 시점에선 분명 두 사람의 국제대회 성적은 토레스에 비해 초라하다. 토레스보다 훨씬 더 뛰어난 선수인데도 말이다.

레오나르도 디카프리오는 〈길버트 그레이프〉를 통해 〈포레스트 검프〉의 톰 행크스 연기도 장난처럼 보이게 했다는 찬사를 들었다. 그러나 그해 오스카 남우조연상 수상에는 실패했다. 그 후 〈타이타닉〉이나 〈에비에이터〉, 〈인셉션〉 같은 영화를 거쳐 명실상부 헐리웃 최고의 남자배우로 등극했지만 오스카와 처음 인연이 닿은 건 40살이 넘은 2016년이 되어서였다.

결과는 때로 많은 것을 말해 주지만 때로는 과정에 담겨 있는 가치를 지나치게 가리거나 훼손한다. 결과에만 목매다 보면 내가 가는 길은 늘 실패 같고 내 자신이 부끄러운 존재처럼 여겨질 수 있다. 이때 가장 손쉬운 피신처가 바로 약점 보완을 위한 엉터리 자기계발이다.

1%의 유의미 + 99%의 무의미 = 인생

우리는 목적지만 보고 산다. 경주마처럼 한곳만 보고 돌진한다. 그러니 그곳으로 가는 모든 과정이 성가신 장애물처럼 느껴진다.

길에서 광고 전단지를 나누어주는 사람에게 당신이 좀 더 친절하지 못한 이유는 당신이 싸가지가 없어서가 아니다. 이미 마음이 목적지에 가 있기 때문이다. 그래서 발걸음이 바쁘다.

앞차가 꿈지럭대는 바람에 좌회전을 놓쳤을 때 입에서 거친 말이 쏟아지는 건 당신의 분노조절장애 때문이 아니다. 마음이 이미 좌회전을 하고 난 다음으로 가 있기 때문이다. 지금 내가 이 책이 영원히 완성될 것 같지 않다고 느끼는 것 또한 내 마음이 이미 탈고의 순간에 가 있기 때문이다.

우리는 인생 전체를 하나의 선분으로 보고 그 사이 몇 개의 목적지에 점을 찍는다. 따지고 보면 몇 개 안 된다. 입시, 취업, 결혼, 내 집 마련, 은퇴. 개인에 따라 내용은 조금씩 달라져도 점은 대략 다섯 개를 넘지 않는다. 그리고 그 양쪽 끝에 탄생과 죽음이 있다. 이 북

두칠성을 연결한 게 바로 인생이다. 우리 모두가 70에서 80년 동안 이 너댓 개의 점을 찍으러 다니는 것이다. 그 사이에 있는 나머지 공간은 '무의미'이다. 그 무의미한 곳에서 한시라도 빨리 벗어나기 위해 발버둥치는 게 인간이다.

생각해 보자. 당신이 플래너에 적은 오늘 하루의 계획에도 몇 개의 점, 즉 '목표'가 찍혀 있을 것이다. 다음과 같이 말이다.

- 출근과 퇴근
- 헬스장에서 운동
- 친구와 저녁 식사
- 귀가

밤에 집에 돌아와 온라인 맵을 켜고 오늘 하루 당신이 지나온 경로를 확인해 보라. 거기엔 분명 저 네 개의 목적지, 즉 회사, 헬스장, 식당, 집이 포함돼 있을 것이다. 거기에 가상의 점을 찍어 보라. 이번엔 그 지도에다가 당신이 오늘 하루 종일 돌아다닌 가상의 발자국을 찍어 보라. 어떤가?

당신의 발자국은 어디에 더 많이 찍혀 있는가? 저 네 개의 목적지인가, 아니면 그 사이 사이를 오간 나머지 공간인가? 발자국은 압도적으로 그 사이 공간, 즉 보도와 지하철역, 계단, 골목길 등에 훨씬 더 많이 찍혀 있을 것이다. 하지만 거기서 당신이 무엇을 했는지, 무슨 생각을 했는지는 잘 기억나지 않을 것이다. 분명 휴대폰으로 시시한 짤을 보거나 친구와 의미 없는 카톡을 주고받았을 것이다. 목표인 네 개의 장소가 '유의미'한 반면, 나머지는 '무의미'했기 때문이다.

이런 식이라면 우리는 평생 너댓 개의 유의미한 찰나를 위해 나머지 99%의 삶을 무의미하게 보낸다는 말이 된다. 무의미한 공간을 배회할 때 우리가 느끼는 건 조바심, 안절부절, 결핍, 그리고 자기혐오이다.

여기서 자기혐오란, KKK가 흑인을 대하듯이 나를 대한다는 게 아니다. 극좌와 극우가 서로를 대하는 방식과도 다르다. 나도 내가 어디 가서 꿇리지 않는 사람이란 걸, 아직 죽지 않고 쓸 만하다는 걸 세상에 증명하고 싶은데 도대체가 쓰레기장 주변을 벗어나질 못하는 현실이 답답할 뿐이다. '이상 속 나'와 '현실 속 나'를 분리시키고, 목표 지점에 도달하지 못하고 있는 지금의 나에 좌절하고 고통받는다.

에크하르트 톨레가 지적했듯이, 모든 고통은 '지금 여기에 (here and now)' 있는 나를 받아들이지 못하고 '언젠가 거기에(one day over there)' 있는 나를 원하는 마음에서 비롯된다.

어디에도 속하지 않는 것이 행복이다

한국 사람은 모순된 면이 있다.

우리는 '현실'을 입에 달고 산다. "나는 이런 직업을 원한다"고 하면 경쟁률이 셀 텐데 그게 현실적으로 가능하겠느냐고 한다. "이런 사람을 좋아한다"고 하면 그 사람 눈이 엄청 높을 것 같은데 현실을 직시하는 게 어떻겠느냐 충고한다. 영화를 보고 나면 저게 말이 되냐면서 화를 낸다. 요가는 현실적으로 몸매라도 예쁘게 해 주지만, 영혼이나 유체이탈 등 비현실적인 것들을 들먹이는 명상은 사기라며 코웃음을 친다.

그런데 이런 한국인이 생일 케이크의 촛불을 끌 땐 항상 눈을 감고 소원을 빈다. 우주소녀가 누군지는 몰라도 새해가 되면 〈이루리〉를 들으며 소원을 빈다. 교회는 안 다녀도 십자가를 보면 소원을 빈다. 보름달을 보고도 소원을 빈다. 멋진 이성이 나타나면 그들의 신상을 털어 철학관이나 타로점집에 가져간다. 그리고 소원을 빈다. 트레비 분수에다 동전을 제일 많이 던지는 것도 한국인이다.

그들도 속으로는 유토피아를 꿈꾼다. 언젠가 그곳에 도착하여 인생역전할 거란 희망을 품는다. 그곳에 가면 완전한 부富와 완전한 명예와 완전한 파트너가 나를 기다리고 있을 거라 기대한다. 웨딩드레스를 입고 평생 나타나지 않는 남편을 기다리는 미스 하비샴처럼 말이다.

행복이란 이런 식으로 부나 명예나 멋진 파트너를 '얻음'으로써만 이루어진다고 확신한다. 그러면서 지금 자길 괴롭히는 강박이나 불안, 열등감, 과도한 책임감 등을 '잃는' 것에는 관심이 없다. 날개를 '얻어' 목적지에 빨리 날아가고는 싶어 하면서 발목에 차고 있는 모래주머니를 '벗을' 생각은 하지 못한다. 행복과 가까워지기만을 바라고 불행과 멀어지는 데에는 관심이 없다.

'얻음'을 통해서만 행복을 얻을 수 있다고 믿는 사람의 표본을 보여주는 게 〈센과 치히로의 행방불명〉(이상 〈센과 치히로〉)의 '가오나시'다. 그의 이름은 '얼굴 없음'이란 뜻이다. 왜 얼굴이 없을까?

인간의 얼굴은 그 사람의 정체를 나타내는 신체 부위다. 우리는 실종자나 수배자 전단지에 그 사람의 손이나 발 사진을 올리지 않는다. (아주 특이한 특징을 지니고 있을 경우 얼굴과 함께 올리기도 한다.) 얼굴 사진을 올린다. 그 '얼굴'은 "이 사람을 찾습니다." 라는 말에서 '이 사람'에 해당한다. 즉 그 사람의 정체인 것이다.

자세히 보면 가오나시는 얼굴만 없는 게 아니다. 몸도 없다. 어렴풋한 형상은 있지만 반투명하다. 즉 그의 이름 '얼굴 없음'은 '실체 없음'이란 뜻이기도 하다. 실체가 없다는 건 정체가 모호하단 뜻이다.

가오나시는 이처럼 모호한 자신의 정체성을 두려워했다. 그는 자신이 '이거일 수도 있고 저거일 수도 있는' 존재가 아닌, '이것' 또는 '저것'이길 바랐다. 그래서 그는 '문질러지고' 싶어 한다. 문질러짐은 마찰이며, 마찰은 두 실체(이것과 저것)의 접촉이다. 우린 이것을 '자극'이라 부른다.

그는 우선 고막이 문질러지길 바랐다. 그래서 가짜 금을 만들어냈다. 온천장 종업원들에게 금을 보여주자 그들은 가오나시에게 온갖 찬사와 아첨을 쏟아낸다. 귀가 간질간질 행복하다. 하지만 언제까지 고막에만 만족할 순 없는 노릇. 이젠 자신의 혀도 문질러줄 걸 찾는다. 음식을 있는 대로 내오라고 명령한다. 금을 하나라도 더 받기 위해 종업원들은 앞 다투어 더 좋은 음식을 갖다 바친다. 그러나 가오나시의 자극 추구는 여기서 끝나지 않는다. 이미 죽어 있는 음식에는 흥미가 떨어졌다. 그래서 그는 종업원들을 산 채로 집어삼킨다. 입속에 넣어도 아무 반응 없는 죽은 음식과 달리 발버둥치고 괴로워하는 그들은 가오나시의 혀를 훨씬 더 기분 좋게 문질러준다. 이러한 쾌락적 자극이 가오나시가 배운 유일한 행복이다.

종업원들을 잡아먹으면서 반투명하던 몸도 뚜렷해지기 시작했다. 게다가 자기가 먹은 양과 비례해서 몸집도 커졌다. 그런데 그때 치히로가 그에게 이런 말을 한다. "넌 어디서 왔니? 네가 왔던 곳으로 그만 돌아가." 치히로는 지금 단순히 그를 호구조사하고 귀가를 종용하는 게 아니다. "진짜 네 모습은 어떤 거니? 가면 뒤에 숨어 있지 말고 원래 네 모습을 되찾아." 라고 말하는 것이다.

가오나시는 그 말을 듣고 괴로워한다. 자기 자신을 비계 투성이의 몸속으로 숨긴다. 그러면서 고백한다. "나는 외로워." 이때 집채 만한 몸에 비해 유독 가는 다리가 눈에 띈다. 한눈에도 그의 몸을 떠받칠 힘이 없어 보인다. 그에겐 자신의 거대한 욕망을 지탱할 자존감이 없었다. 그래서 강하게 보이려고 크게 만든 몸이 오히려 자신을 좀먹어 들어갔다.

가오나시의 최종 목표는 가장 큰 욕망의 대상인 치히로를 먹는 것이었을 거다. 하지만 아무리 많은 금으로 유혹해도 치히로는 꿈쩍도 하지 않았다. 그런 그녀에게 가오나시는 엄청난 분노를 느꼈다. "가리고, 숨기고, 사기나 치는 모습 뒤에 숨은 네 진짜 모습은 어떤 거니?"라는 그녀의 질문이 그를 난도질했다. 이것은 매우 고통스런 경험이지만, 그 과정에서 가오나시는 먹은 걸 전부 토해냈다. 원래의 작고 가볍고 반투명한 모습으로 돌아왔다. 이제는 누구도 속이려들지 않고 아무도 잡아먹으려 하지 않았다. 그는 차분하게 치히로의 여행길을 따라나선다.

그들이 도착한 곳은 온천장 주인 유바바의 쌍둥이 언니 제니바 집. 그녀는 탐욕스런 동생과는 달리 소박한 초가집에서 뜨개질을 하며 목가적 삶을 즐긴다. 가오나시는 제니바에게서 뜨개질을 배우고 제법 솜씨 있다는 칭찬까지 듣는다. 비로소 그는 깨달았다. "넌 어디서 왔니?"라는 치히로의 질문에 이젠 답할 수 있을 것 같았다. 자신이 온 곳은 바로 이 집이었다. 그가 여기서 태어났다는 게 아니다. 그가 진정으로 찾고 있던 행복은 한순간의 문질러짐이 아니라, 한때

이 집처럼 욕심 없고, 외로움도, 내면의 충돌도 없던 어릴 적 평온한 마음이었다. 그는 더 이상 자신의 모호한 정체성이 두렵지 않았다. 특정 얼굴과 형체가 없고 몸집이 크지 않다는 사실이 부끄럽지 않았다. 자기가 이 세상에 태어났던 순간에도 딱 그런 모습이었기 때문이다.

가오나시는 나의 모습이고 당신 모습이다. 우리도 모두 그처럼 불명확하고, 얼굴이 없고, 어디에도 속해 있지 않은 고요함으로부터 왔다. 그렇다. 이러한 고요함은 당장 우리에게도 공포다. 어디에도 묻지를 수 없는 공포, 그것은 '외로움'이다. 그게 공포인 이유는 우리가 평생 타자를 통해 나를 발견해왔기 때문이다.

사르트르의 〈닫힌 방〉에서 에스텔은 고백한다. "나는 거울을 보지 않을 때 설령 내 몸을 만져도 내가 존재하는 것 같지 않아." 그녀는 생전 자기 자신을 직접 바라본 적이 없다. 단지 거울에 비친 자신의 형상을 보았을 뿐이다. 하지만 그건 '나를 보는' 게 아니다. 거울이란 스크린에 반사된 '나라는 타자'의 이미지를 구경하는 것이다. 이걸 깨닫지 못한 에스텔은 지옥에서도 연신 거울만 찾고 있다.

내가 나를 보려면 눈을 감아야 한다. 그리고 어디에도 속하지 않아야 한다. 마야 안젤루는 말했다. "어디에도 속하지 않는 것이야말로 진정한 자유다."

삶의 선물은 이런 식으로 주어진다. 더 많이 욕심내고 더 많이 가져서 스스로를 안전한 얼음 궁전에 안치하는 건 진정한 행복이 아니다. 그건 피신이다. 도망이다. 기껏해야 현상수배범의 삶이다. 그곳에 자유란 없다. 어떤 자유? 나는 그 무엇도 될 수 있고, 그 어디에도 갈 수 있고, 그 누구도 사랑할 수 있다는 '가능성'의 자유 말이다. 한때 포대기 속에 휘감겨 엄마 등에 업힌 당신의 그 작은 머리통 속엔 무한한 가능성의 우주가 담겨 있었다.

아직도 엉터리 자기계발에 턱없이 짧은 인생을 갈아 넣어야 한다고 믿는가? 여전히 자신을 수준 미달의 불량품처럼 바라보는가? 그렇다면 이제부턴 '삶'과 '나'를 완전히 다른 각도에서 보기를 바란다. 이젠 좀 사는 것처럼 살고 싶다면 말이다. 우린 더 이상 커지고, 무거워지고, 명확해지기를 거부해야 한다. 작고, 가볍고, 투명해져야 한다. 그래서 이 무거운 육체 속에서 영혼을 해방시켜 그것이 그리운 고향으로 자유롭게 날아가도록 해야 한다.

〈Green Green Grass Of Home〉이란 노래의 주인공도 어릴 적 자신을 사랑해 준 부모님과 마을 사람들이 사는 고향으로 돌아갔다. 그러나 그건 다 꿈이었다. 꿈에서 깨보니 자신은 형 집행을 앞둔 사형수였다.

우리는 사형수가 아니다. 우리에겐 꿈이 아닌 현실에서 행복했던 고향으로 돌아갈 시간이 아직 남아 있다. 치히로의 말을 기억하자.

"넌 어디서 왔니? 네가 왔던 곳으로 그만 돌아가."

3장

착하게 살아야 한다는
확신

"살라", 착하게 말고 그냥 좀

비만인가? 지금 당신의 툭 튀어난 뱃살을 보고 있는가? 그런데도 운동이라곤 숨 쉬기 말곤 해본 적이 없는가?

이런 당신이 갑자기 무슨 바람이 불어서인지 운동을 해야겠다고 마음먹었다면 일단 헬스 유튜버 채널 같은 덴 얼씬도 말라. 그들의 쩍쩍 갈라진 근육과 비현실적 식단이 당신을 질리게 만들 것이다. 대신 집 앞에 나가라. 가장 가까운 산책 코스를 찾아라. 산이나 계단을 오를 생각도 하지 말라. 일단 걸어라. 평지를. 걷다 보면 뛰는 사람들을 보게 될 것이다. 관심 있다면 당신도 살짝 뛰어보라. 호흡이 가빠지고 괴롭다면 거기서 멈춰라. 그리고 다시 그냥 걸어라. 그것만으로도 대성공이다.

당신은 지금 분명 운동을 하고 있다. 운동이라고 해서 꼭 닭 가슴살 샐러드와 프로틴을 싸 들고 헬스장에 다닐 필요는 없다. 그냥 매일 잠깐이라도 평평한 산책로를 걷다 보면 어느 순간 뛰고 있는 나 자신을 발견할 것이다. 뛰다 보면 헬스장에서 역기를 들고 있는 나도 발견할 것이다.

삶도 마찬가지다. 일단 살라. 잘 살고 못 살고는 나중 문제다. 어떻게 살아야 할지는 우선 내가 살고 나서 해야 할 걱정거리다.

주위에선 끊임없이 떠들어댈 것이다. "이렇게 살라, 저렇게 살라, 착하게 살라, 바르게 살라, 열심히 살라, 절실히 살라⋯." 이 수많은 요구사항을 다 들어줄 생각을 하면 숨이 턱 막혀 온다.

그런데 그 모든 사회적 요구가 지금 당신의 불행을 담보로 한다면? 그들이 말하는 '착하게 사는' 게 실은 나를 위해선 하나도 좋을 게 없고 오직 남들을 위한 거라면?

그 누구에게도 '자기를 해쳐가면서' 남을 위해, 혹은 전체를 위해 살라고 강요할 수 없다. 내가 나를 해치지 않을 때, 내가 나를 착하게 대할 때 인간은 비로소 타인과 사회에도 눈을 돌릴 수 있다. 그리고 그것도 어디까지나 그 사람 맘이다.

할머니가 도끼를 갈 듯

닐 암스트롱보다도 먼저 달에 가서 놀았던 시인 이태백을 알 것이다. 그는 어릴 적 지독하게 공부하길 싫어했다. 서당 땡땡이를 치는 일도 비일비재했다. 화가 난 아버지는 그를 산속 기숙 캠프로 보내 버렸다.

며칠 집중하나 싶더니 본색이 드러났다. 놀고 싶어서 온 몸이 근질근질했다. 산에 올라올 때 보았던 개울에 가서 놀고 싶어졌다. 결국 그는 캠프를 도망쳐 나왔다. 개울이 보였다. '이거지!' 그는 신나서 물에 뛰어들었다. 도랑 치고 가재도 잡았다. 물장구도 쳤다. 그런데 어쩐지 심심했다. 혼자 노는 덴 한계가 있었다. 마을에 내려가 친구들을 불러와야겠다고 마음먹었다.

그때, 개울가에서 할머니 한 분이 바위에 웬 도끼 한 자루를 갈고 있는 게 보였다.

"할머니 뭐 하세요?"

"도끼 간다."

"끝에 날만 갈아야지 머리 전체를 그렇게 닥닥 갈면 어떡해요?"

"죄다 갈아버릴려구."

"왜용?"

"바늘 만든다."

"바늘? 그걸 언제 다 갈아서 바늘을 만들려구요?"

"언젠간 되겠지. 내가 죽거나 포기하지 않는 이상."

'뭐지? 이 걸크러쉬는?'

이태백은 이제껏 어렵게만 느껴진 공부가 갑자기 별것 아닐 수도 있다는 생각이 들었다. 아버지가 원하는 대로 책 한 권을 줄줄 외는 건 불가능해 보였다. 그러나 한 페이지 읽는 건 할 수 있을 것 같았다. 할머니가 도끼를 갈 듯이 나도 한 페이지 한 페이지 읽다 보면 언젠가는 책을 통째로 외는 날도 올 것이 분명했다. 할머니의 간지나는 말씀처럼 내가 죽거나 포기하지 않는 이상.

잘하는 건 나중 일이다. 일단 하는 게 중요하다.

사는 건 쉽지 않다. 그러나 착하게 사는 것보단 쉽다. 기왕이면 착하게 사는 게 여러모로 좋다. 그렇다 해도 일단 살아야 착하게 살든가 말든가 할 것 아닌가. 세상에서 가장 선한 행위도 강요와 압박에 못 이겨 했다간 말짱 도루묵이다. 좋은 일 하면서 세상에 대한 반감만 키울 뿐이다.

전에 한 연예인이 자신의 고향에 재난이 닥치자 남 몰래 기부했다. 그런데 그의 SNS에는 악플이 쏟아졌다. 맨날 그 지역 자랑이라

며 떠들어대더니 이럴 땐 입 싹 닦는다는 거다. 결국 그는 소속사와
의 논의 끝에 기부 사실을 밝히기로 했다. 이로써 우린 선한 의지를
내는 또 한 사람을 잃고 말았다. 앞으로 그가 순수하게 선한 의지로
기부할 수 있을까?

앞으로는 어떻게 살라는 모든 조언과 충고에 귀를 닫아라. 대신
"난 이렇게 살련다." 라고 선언하라. 그리고 그렇게 살라. 할머니가
도끼를 갈 듯 오롯이 내 것인 내 인생 1초 1초를 나를 위해 사용하
라. 나는 남에 의해 개조되거나 고쳐 써야 할 불량품이 아니라 신의
로또 당첨으로 태어난 존재임을 알라.

「출애굽기」에 따르면, 히브리민족을 노예로 부리던 파라오는 그
들의 숫자가 기하급수적으로 느는 것에 부담을 느끼고 새로 태어나
는 사내아이들을 모두 죽이라는 명령을 내렸다. 그리고 그들 중엔
모세도 있었다.

아들을 죽게 내버려둘 수 없던 모세의 어머니는 생떼같은 자식을
바구니에 넣고 강물에 흘려보냈다. 운명의 장난인지 그 바구니는 나
일강에서 멱을 감던 파라오의 딸에 의해 발견된다. 그녀는 아이를
건져 올려 궁에 데려가 키운다.

사실 이 모든 게 핍박받는 히브리 민족을 파라오로부터 구해내는
영웅 모세를 준비하기 위한 신의 설계였다. '모세'란 이름은 '물에서
건져내다'란 뜻이다.

이 이야기를 좀 더 형이상학적으로 해석하면, 모세는 드넓은 나일

강을 이루는 한 방울의 물과 같은 존재였다. 그 안에 얼마나 많은 물 방울이 존재했겠는가? 모르긴 몰라도 부처가 '많다'는 뜻으로 비유하기 좋아하던 갠지스 강가의 모래알 수만큼이나 많았을 것이다. 거기서 신이 이집트 공주의 손을 빌려 건져 올린 물 한 방울이 모세였던 것이다.

나는 개인적으로 성경이 우리가 우러러봐야 할 어떤 특별한 인물들에 대한 이야기라고 생각하지 않는다. 그것은 우리 모두의 이야기다. 나도 모세고, 당신도 모세이다. 우린 모두가 그렇게 불가능한 확률을 뚫고 신에 의해 이 세상으로 '건져 올려진' 존재이다. 이처럼 고귀한 존재인 당신은 착하게 살라는 훈계 따위 없이도 충분히 잘 살 수 있다.

당신은 아무것도 망치지 않는다. 당신이 왼손잡이건 칼잡이건.

착한 아이가 되라는 심리

나는 나를 성장시키거나 격려하지도 못 하면서
단지 나를 가르치려 드는 모든 것을 증오한다.

- 괴테

　당신이 만일 미성년자라면 이런 말을 수도 없이 들었을 것이다.
"욕하지 마라." "담배 피지 마라." "야동은 해롭다." "어른을 만나면
눈을 제대로 쳐다보고 공손하게 인사해라."

　그렇게 해야 하는 이유는 늘 똑같다. 착해야 하니까. 그럼 왜 착해
야 하는가? 착하면 뭐가 좋은가? 아니, 내가 착하면 누가 좋은 건가?

　진실을 알려주겠다. 누군가 당신에게 뭔가를 명령하고 그래야 하
는 이유를 설명하지 않는다면, 그건 백방 그 말을 한 사람한테만 좋
은 일이기 때문이다. 그 사람은 자기가 바라는 대로 세상이 굴러가
길 원한다. 세상을 자기 방처럼 꾸미고 싶어 한다. 다른 사람을 자기
입맛대로 맞추려 한다.

하지만 세상은 빠르게 변하고 있다. 검색엔진과 유튜브에선 근로기준법, 차별금지법, 청소년보호법 등에 관한 유용한 정보를 제공한다. 사회심리학자와 정신과의사들이 예능 방송에까지 나와 가스라이팅, 그루밍, 직장 내 괴롭힘, 성희롱, 모욕죄 등에 관한 수백 가지 사례를 들려주고 적절한 대처법을 알려준다. 이젠 누구도 만만치 않다. 아무도 호구 잡히려 들지 않는다. 나이, 학력, 직위, 성별, 연봉 때문에 무조건 참거나 당하지 않는다.

이건 분명 대부분의 사람들에게 좋은 일이다. 하지만 혼자 이러한 변화에 달가워하지 않는 부류가 있다. 이제껏 권력의 먹이사슬 꼭대기에서 군림하던 자들 말이다. 이제 그들에게 마지막 남은 '저항 청정구역'은 어린이와 청소년뿐이다. 그들은 다른 데서 풀지 못한 권위 배설 욕구를 아이들에게 풀고는 마무리로 꼭 이런 멘트를 날린다. "다 너 잘되라는 소리다." 우와, 고맙기도 해라.

이거 하나만 기억하자. 내가 잘되기를 진심으로 바라는 사람은 다짜고짜 명령하지 않는다. 대신 질문할 것이다. 내가 아닌 자기 자신에게 말이다. '쟤가 왜 담배를 피울까? 단순 호기심일까? 혹시 말 못할 고민이라도 있나? 내가 도움이 될 만한 게 뭐 없을까?'

진심으로 누군가가 잘 되기를 바란다는 건, 스스로 이러한 질문을 던지고 혼자서 답을 찾고자 어느 정도 노력을 한다는 뜻이다. 그런데도 거푸 명령만 해대는 이유는 상대가 잘되고 말고엔 전혀 관심이 없기 때문이다.

오늘날 우리가 아는 독일이 1990년까지만 해도 둘로 쪼개져 있었다. 19세기엔 훨씬 더 많은 '독일들'이 있었다. 그중엔 한 번쯤 들어 봤음직한 오스트리아제국, 프로이센, 바이에른, 작센, 하노버, 룩셈부르크 등도 포함되었다.

이들은 정기적으로 프랑크푸르트 연방의회라는 자기들끼리의 단합대회를 가졌다. 의장국인 오스트리아제국은 강력한 국력을 바탕으로 맹주로서의 위신을 떨쳤다. 그 단편적 예가 '담배'다. 회의석상에서 담배를 피우는 사람은 오직 오스트리아 대표뿐이었다. 꼭 그러란 법은 없었지만 나머지 국가 대표들이 알아서 안 피웠다. 누구도 맞담배를 피울 배짱이 없었다. 딱 한 사람만 빼고. 프로이센 대표로 참석한 철혈재상 비스마르크 말이다.

그는 당당하게 담배를 입에 물고 오스트리아 의장에게 불을 빌렸다. 비스마르크는 평소 지독한 애연가였지만, 그렇다고 그날 그가 단순히 담배를 못 참아서 피웠던 게 아니다. 당시 흡연은 오늘날 정상회담 '지각 신경전'과 비슷했다. '먼저 와서 기다리는 자가 호구'라는 정치적 해석 때문에 서로 늦게 나타나려고 눈치를 살피는 경우가 왕왕 있잖은가. 비스마르크의 흡연에도 정치적 메시지가 담겨 있었다. 프로이센은 더 이상 오스트리아 시봉이 아니라는 것.

역사 속에서 담배는 늘 권위의 상징이었다. 길에서 담배 피는 학생을 보고 어른들이 눈살 찌푸리는 이유 또한 자기들 권위가 침해당했다고 여기기 때문이다. 그들이 느끼는 불쾌감은 남성이 담배 피는 여성을 보았을 때, 여성이 풀 메이크업한 여학생을 보았을 때, 상사가 칼퇴근을 하는 신입사원을 보았을 때 느끼는 감정과 똑같다. 그

감정을 두 글자로 바꾸면 다음과 같다. '감. 히.'

청소년들이 빨리 알면 알수록 좋은 사실 하나는 어른들한테선 배울 게 하나도 없다는 것이다. 어른들 중에 좋은 사람이 없다는 건 아니다. 하지만 청소년 중에 좋은 사람이 훨씬 더 많다. 청소년 중에 나쁜 놈들이 없다는 건 아니다. 하지만 어른들 중에 나쁜 놈이 훨씬 더 많다.

나는 생애 첫 도로주행 연습을 나간 날을 잊지 못 한다. 벌써 20년이 지났지만 그날의 충격은 지금도 생생하다. 왜냐면 난 그때까지 어른들이 내게 강조해 온 세 가지, 즉 남에게 양보하기, 약자를 배려하기, 법을 지키기를 진심으로 믿었기 때문이다. 그러나 처음 학원을 벗어나 도로 주향에 나섰을 때 내가 직면했던 현실은 다음과 같다.

1. 차선 변경 깜빡이를 켜면 뒤에선 죽어라 액셀을 밟는다.
2. '교육중' 표시가 붙은 차들 뒤에는 훨씬 더 바짝 붙어 경적을 마구 울려댄다.
3. 필기시험에 따르면 노란불엔 감속이었지만 현실에선 가속이었다. 좌회전 신호가 끝났어도 앞차를 잘만 따라 가면 충분히 갈 수 있다.

그때까지 난 어른들이 말과 행동이 다르다는 걸 몰랐다. 물론 청소년 중에도 이기적이고, 약자 위에 군림하고, 규칙과 법을 어기는 인간들은 넘쳐났다. 하지만 그들은 어른처럼 자기는 지키지도 않는 걸 남에게 명령하진 않았다. 도난 차량이 아니라면 우리나라 운전자는 전부 어른이다. 그날 내가 도로 위에서 만난 운전자들도 모두 어른이었다. 당시 막 어른이 된 내가 앞으로 60, 70년간 한 부류로 묶일 인간들이 저들이라고 생각하니 앞이 캄캄했다.

기억하라. 사람들이 당신이 착한 아이가 되길 바라는 이유는 딱 하나, 그래야 자기가 편하기 때문이다. 당신의 거친 말씨나 행동은 그들에게 불안을 야기한다. 그들은 당신이 길들이기 힘든 맹수가 아닌 애완견(반려견도 아니고)이길 바란다.

착한 아이가 되라는 말에는 거미의 노래 가사처럼 막대 사탕을 물리고 당신을 쉽게 다루려는 의도가 숨어 있다. 상사는 당신을 본 척만척 하면서 당신에겐 깍듯한 인사를 요구할 것이다. 만일 당신도 인사를 안 하면 그는 자기도 모르게 당신 눈치를 살피게 된다. '어? 인사 안 하네? 뭐지? 나를 무시하는 건가? 혹시 뭐 안 좋은 일이라도 있었나?' 그러다가 어느 순간 자기가 부하직원 눈치나 살피고 있다는 사실에 화가 뻗친다. 눈치는 아랫사람이나 보는 것이기 때문이다.

착한 게 늘 좋은 건 아니다

권위주의가 점점 설 자리를 잃어가는 것도 사실이지만, 인간은 여전히 지배 욕구로 가득하다. 더 많은 사람을 통제해 내 뜻을 이루려는 인간들은 어디에나 있다. 하지만 이 같은 야욕을 노골적으로 드러냈다간 사회에서 매장 당하기 십상이다. 그래서 그들이 새롭게 꺼내든 카드가 바로 '감정에 호소하기'다. 어떤 감정? 바로 '죄책감' 이다.

상대가 죄책감을 갖도록 하기 위해 '확신'보다 더 좋은 무기는 없다. 누구도 반박할 수 없는 '절대적 옳은 가치'를 내세운 뒤 네가 지금 이걸 어겼다는 것만 알려주면 상대는 자책하게 된다.

'선善'이 나쁘다고 말할 사람은 없을 것이다. 선은 착한 거고, 착한 건 무조건 좋다고 확신하기 때문이다. 누군가가 착해서 싫을 순 있다. 그러나 그가 착해서 싫다고 공개적으로 말하진 못 한다. 그 순간 나는 선을 싫어하는 몹쓸 놈, 악인이 되기 때문이다. 그래서 대신 그가 착한 '척' 해서 싫다고 말한다. 이때는 여전히 착함을 좋은 것으로 보고 있기 때문에 내가 나쁜 놈이 되지 않아도 된다.

착함은 만능키이다. 누군가에 대해서 "애는 착해요"라고 말하면, 앞서 언급한 그 사람의 모든 단점과 허물은 한순간에 사그라든다. 착하다는데 더 무슨 말을 할 텐가?

문제는 '착한being good' 게 언제나 '나에게 좋은being good for me' 건 아니라는 거다. 착한 사람은 그렇지 않은 사람보다 사기 당할 확률이 높다. 착한 사람은 종종 내가 떠맡지 않아도 될 책임을 떠맡는다. 착한 사람은 정당한 자기 몫을 챙기지 못하는 경우가 종종 있다.

게다가 착한 게 늘 착한 것도 아니다. 데이트 약속 장소로 가는 도중 무거운 짐을 든 할머니를 도와준 착한 청년은 여친 생일에 지각한 나쁜 남친이 된다. 늘 부모님 건강을 챙기고 걱정하는 착한 아들은 아내 감정에는 소홀한 나쁜 남편이 된다. 부처는 인류를 고통으로부터 구해낸 착한 성인이지만, 평생 자기만 바라보고 산 아버지와 아내, 떡두꺼비 같은 아들을 버리고 가출한 나쁜 자식이자 나쁜 남편이자 나쁜 아비였다.

착함은 다이너마이트다.

인류 평화에 이바지한 사람에게 주는 가장 권위 있는 상에 대해 들어본 적 있을 것이다. 노벨평화상 말이다. 노벨은 어떤 사람인가? 대체 얼마나 착한 사람이기에 그 사람 이름을 딴 '평화상'까지 존재한단 말인가?

노벨은 확실히 착했다. 그래서 다이너마이트라는 착한 발명품을 만들어냈다. 18세기 후반 유럽에선 산업혁명과 함께 철도 · 운하 ·

터널 건설이 본격화되었다. 인프라 공사는 주로 대규모이기 때문에 사람의 힘만으론 역부족이었다. 그래서 공사에 폭약을 사용하기로 했다. 특히 강력한 폭발력을 지닌 니트로글리세린이란 물질이 주목 받았다. 문제는 니트로글리세린이 폭발력뿐 아니라 휘발성 또한 너무 강하다는 것이었다. 약한 충격에도 여기저기서 뻥뻥 터졌고 수많은 노동자와 폭약 연구가들이 목숨을 잃었다. 그중엔 노벨의 막내 동생도 있었다.

노벨은 더 이상 니트로글리세린의 희생자가 나오지 않기를 바랐다. 그렇게 착한 마음으로 연구를 시작했고, 그래서 탄생한 것이 바로 다이너마이트다. 다이너마이트는 예민한 니트로글리세린의 이상 폭발을 효과적으로 제어했고, 무엇보다 안전 운반이 가능했다. 공사 중 사망자 수가 급격히 감소했다. 다이너마이트는 노벨의 인간애가 탄생시킨 사랑과 평화의 발명품이었다.

그러나 20세기 미치광이들과 파시스트 전쟁광들은 이 착한 파이프를 사탄의 담배로 활용했다. 수많은 노동자들의 목숨을 지킨 다이너마이트가 대량살상 무기로 둔갑하는 순간이다.

착함도 권위주의자가 사용하면 상대를 파괴하는 무기가 된다. 하지만 앞에서 말했던 것처럼 이젠 시대가 변해서 더 이상 권위를 맘놓고 휘두를 수 없기 때문에 그들은 자신의 강철 주먹 위에 착함이라는 벨벳 장갑을 덧씌운다. 예전처럼 "까라면 까!"라고 강철 주먹을 휘두르는 대신, 벨벳 손가락으로 조용히 당신을 가리키며 당신은 착한 사람이 아니라고 말한다.

이건 어떤 면에서 강철 주먹질보다 훨씬 더 위험한 행위다. 왜냐면 노골적 공격은 상대가 금방 알아채고 피할 수 있지만, 은밀한 공격의 피해는 나도 모르는 사이 축적되기 때문이다.

영화 〈식스 센스〉에서 토하는 소녀 귀신은 엄마가 가져다 준 미량의 독이 든 밥을 계속해서 먹다가 천천히 죽어갔다. 전부터 밥맛이 조금 이상하긴 했다. 그러나 곧 의심을 거두고 계속 먹었다. 엄마가 반찬 투정하면 나쁜 어린이라고 했기 때문이다. 소녀는 착한 아이가 되고 싶었다. 그러다 죽었다. 이때 그녀의 엄마가 휘두른 무기 역시 '죄책감'이었다.

헬조선의 주범 "효도"

헬조선에는 비단 부동산이나 청년실업 문제만 있는 게 아니다. 하루 빨리 무궁화 삼천리 화려강산을 돌려받고 싶다면 당장 없어져야 하는 단어가 바로 '효도'이다. 이 말을 듣고 누군가는 눈살을 찌푸리고 누군가는 왠지 죄 짓는 느낌이 들 것이다. 전자는 누군가의 부모이고 후자는 누군가의 자식일 것이다.

효도를 한영사전에 검색해보자. 'Filial duty' 라는 괴상망측한 단어가 튀어 나온다. 영문 위키피디아에선 '효'를 'filial piety'로 표기한다. 우선 'filial'이란 단어를 찾아보자. '(부모에 대하여)자식의'이란 뜻이다. 'Duty'는 '임무'나 '책무'를 뜻한다. 'A police officer on duty' 하면 근무 중인 경찰을 뜻한다. 그럼 'piety'는? '경건함', '독실함' 등으로 번역된다. 가정家庭보다는 교회 혹은 성당에나 어울릴 법한 단어이다.

이런 말을 미드나 헐리웃 영화에서 본 적 있는가? 그럴 리 없다. 그들은 효도의 개념조차 이해하지 못 한다. 영문판 위키피디아는 효도에 대한 설명을 '유교에선', '중국 불교와 도교에선'이라고 시작한다. 자기들과는 다른 '그들만의' 무엇임을 시사하는 것이다.

내가 볼 때 'duty'와 'piety'라는 단어 선택은 적절하다. 효도란 말이 없는 곳에서 그게 어떻게 보이는지 제대로 알려주기 때문이다. 효도란, 자식 입장에서 부모에게 드는 자연스런 감정이 아니라, 경건해질 정도로 드높은 존재에게 의무감을 띠고 행하는 의식儀式처럼 보인다는 뜻이다.

근로자가 업무 수행을 제대로 하지 못하면 응당 대가를 치러야 한다. 감봉이든 해고든 말이다. 마찬가지로 자식의 임무인 효도를 완수하지 못해도 벌을 받아야 할 것만 같다.

게다가 위키피디아는 효도의 범주 또한 올바르게 짚어주고 있다. 단지 집안에서 잘 할 뿐 아니라, 사회적으로도 성공해 부모 이름을 세간에 널리 알려야 한다고 말이다. 그리고 그들이 아플 땐 옆에서 극진히 보살펴야 하며, 그들이 죽고 나서도 제사를 통해 계속 모셔야 한다고 설명한다. 그러면서 계속 강조한다. 효도는 일부 유교와 중국 불교 문화권의 관습이라고. 마치 아이티의 부두교처럼 생판 남일처럼 말하고 있다.

이상하지 않은가? 미국에도 부모와 자식은 있다. 그런데 왜 그들은 효도를 생소하게 여길까? 전 국민이 불효자라서? 태생이 상놈이어서? 물론 그들에게도 부모와 자식 간의 유대가 있다. 대중교통 이용률이 우리만큼 높지 않은 그곳에서 부모가 자식을 학교까지 바래다주는 풍경은 흔하다. 학교가 끝나면 다시 픽업해 온다. 주말에 우리나라 아이들이 독서실이나 스터디카페에 처박혀 있을 때 그 나라 아이들은 부모와 말을 타거나 캠핑을 간다. 그런데도 효도가 없다.

그 나라 자식들은 부모를 그저 '사랑'한다. 친구를 사랑하듯, 연인을 사랑하듯, 조랑말을 사랑하듯, 호머 심슨을 사랑하듯 똑같이 부모를 사랑한다. 반면 우리나라에서 자식이 부모를 사랑하는 것은 '무례'다. 부모 자식은 상하 관계지만 사랑은 동등한 관계를 뜻하기 때문이다. 한국에서 윗사람이 아랫사람에게 기대하는 건 복종이지 사랑이 아니다. 90도 인사와 거수경례이지 XOXO가 아니다.

당신이 당장 효자가 되길 멈춰야 하는 이유는, 우선 그게 나에게 못할 짓이기 때문이다. 사실 내게 있어 가장 중요한 건 나다. 내가 나를 진심으로 잘 대할 때 비로소 다른 사람도 잘 대할 수 있다. 의무나 죄책감 때문이 아니라 진심에서 우러나와서 말이다.

제삼자 입장에서 관찰해 보면, 내가 나에게 너무도 무심하다는 걸 알 수 있을 것이다. 다른 사람에게 모욕당하면서도 나보다 그 사람의 감정을 더 챙기느라 혹은 그 사람의 권위에 눌려 나의 고통쯤이야 아무것도 아닌 척한다. 회사에서 다른 사람 심기를 건드릴까 봐 전화통화는 복도에 나가서 하고 방귀는 화장실 가서 뀌면서도 정작 그 사람들 때문에 내 기분이 상하는 건 웃어넘긴다.

이러한 자기 돌봄 태만은 부모님 앞에서 가장 흔하게, 그리고 심각한 형태로 일어난다. 돌싱들끼리 미팅을 시켜주는 프로그램에서 한 출연자가 말했다. "이혼하고 내가 힘든 건 괜찮은데 부모님이 실망하는 모습은 정말이지 견디기 힘들었어요." 이게 바로 효도가 지옥이 되는 이유다.

이혼은 내가 했다. 이혼이 불행이라면 나의 불행이다. 내 불행에 내가 아파하기도 바쁜데 왜 다른 사람 걱정을 하는가? 부모님이 내 불행을 안타까워하는 건 그들의 EQ가 높기 때문이다. 정신 건강이 온전하단 뜻이다. 자식에 대한 연민과 사랑이 넘친다는 증거이다. 그러면 자식은 부모의 온전한 정신에 안도하고 감사하면 그만이다. 하지만 우린 기필코 그것을 나의 고통으로 바꾼다.

데이비드 호킨스 박사는 인간의 감정에 순위를 매겼다. 낮은 순위일수록 불행에 가깝고 상위로 갈수록 행복에 가깝다. 낮을수록 자살할 확률이 높고, 높을수록 깨달음 혹은 해탈에 이를 확률이 높다. '감사'는 '평온'과 함께 가장 높은 곳에 위치한다. 반면 '죄의식'은 감사와는 상하 데칼코마니를 이룬다. '수치심'과 함께 밑바닥을 헤맨다.

나 때는 학교에서 한 번씩 극기훈련이란 걸 갔다. 언뜻 수학여행과 비슷하지만, 교관이란 자들이 주구장창 소리를 지르고 욕설을 퍼붓는다는 점에서 다르다. 첨성대나 천마총 구경을 가는 대신 운동장 모래바닥에 주먹 쥐고 엎드려 기합을 받는다는 점도 다르다. 선생님들은 교관 선생님 말을 잘 들으라고 당부했다. 하지만 우리가 볼 때 그들은 그냥 깡패였다.

수련회장에 버스가 도착한 순간부터 우리가 느끼는 감정은 일관되었다. '두려움'이다. 그것이 딱 한 번 바뀌는 때가 있었는데, 바로 캠프파이어 시간이다. 불명의 평온함? 택도 없는 소리. 그것은 '죄의식'이었다. 여자 교관이 마이크를 붙잡고 애절한 BGM 위로 '부모님에 대한 헌사'를 낭독한다. 여기저기서 훌쩍거리는 소리가 들려온다. 감사의 눈물일까? 아니다. 죄의식의 눈물이다. 대부분은 '내가 얼마나 쓰레기 같은 아들, 딸이었는가' 자책하면서 콧물을 껑껑 들이마셨다.

이처럼 감사로 위장한 죄의식은 일상 여기저기에 지뢰처럼 박혀 있다. 이를테면 당신의 교대근무자가 내일 사정이 생겨 근무시간을 바꾸자고 한다. 이건 그리 간단한 일이 아니다. 취침시간 등 생체리듬이 바뀌기 때문에 그 다음 날 컨디션까지도 영향을 미친다. 그런데도 당신은 부탁을 들어준다. 상대는 고마워한다. 여기까진 훈훈한 결말처럼 보인다.

그러나 몇 달 후 당신에게도 급한 일이 생긴다. 교대근무자에게 내일 하루만 시간을 바꾸어줄 수 있느냐고 묻는다. "죄송한데 내일 저녁엔 중요한 집안 행사가 있어서요."

당신은 분노한다. 나는 몇 달 전 친구와의 약속까지 취소하면서 시간을 바꿔 주었는데, 그는 내 부탁을 단칼에 거절했다. 괘씸하다. 내일 저 자식 집안에 아무런 행사가 없다는 데 손목도 걸 수 있다.

지금 이 분노가 바로 몇 달 전 내가 베푼 친절이 '감사'로 결말난 게 아니란 증거이다. 교대근무자는 당신이 부탁을 들어준 것에 감사했다. 그러나 당신은 그 감사를 죄책감으로 받았다. 그가 응당 죄책감을 가져야 한다고 믿었기 때문에 나중에 당신의 부탁을 들어주지 않자 화가 난 것이다. 만일 그에게서 감사만 받았다면 그에겐 당신한테 갚아야 할 빚 같은 게 남아 있을 리 없다. 지금 이 말에 다소 납득이 가지 않을 수도 있다. 그 이유는, 이제껏 당신이 주고받아 온 감사가 사실은 죄책감이었기 때문이다. 감사할 만한 일을 받았을 땐 상대에게 빚을 지고, 베풀었을 땐 빚을 안겼다. 그래서 비싼 선물을 받으면 감사한 대신 부담스럽고, 도움을 준 사람 앞에선 우쭐했던 것이다.

순수한 감사는 마음에서 숙성하여 사랑이 된다. 감사라는 무한동력으로 작동할 때 그 사랑은 결코 고갈되지 않는다. 그러나 죄책감이 숙성하면 수치심이 된다. 수치심은 소모적이고 무기력을 동반한다. 부모님에 대한 감사는 사랑을 유발하기 때문에 삶에 무한한 활력을 준다. 반면 효도는 당신에게 죄책감이란 대롱을 꽂아 피를 빨고 무기력하게 만든다.

효도 거부의 이면 보기

자식 입장이 있다면 부모의 입장도 있는 법. 자식에게 효자로서의 책무를 거부할 권리가 있다면, 부모에게도 '희생하는 부모 되기'를 거부할 권리가 있다.

자식이 부모를 만족시키기 위한 사람이 아니듯 부모도 자식을 위해 희생해야 하는 사람이 아니다. 이 세상에 희생의 의무를 진 사람이란 단 한 명도 없다. 누군간 말할 것이다. "우린 우리가 선택해서 태어난 게 아니지만, 그들은 부모가 되길 스스로 선택했으니 당연히 책임져야 할 게 아닌가?"

맞다. 그래서 부모에겐 아이를 먹여 살리고 학교에 보낼 의무가 있다. 그걸 거부하면 국가도 부모에게 책임을 묻는다. 하지만 거기 까지다. 아이가 성인이 될 때까지 입고, 먹고, 자고, 교육 받을 수 있 도록 지원했다면 그것으로 부모로서의 책무는 끝이다.

부모라고 해서 성인이 된 자식을 위해 그들의 남은 인생까지 희생 할 이유는 전혀 없다. 그때부턴 마찬가지로 '사랑'의 문제다. 부모에 대한 자식의 사랑이 의무가 아닌 자연스런 감정이어야 하듯이 부모 도 마찬가지다. 자식이 사랑스럽지 않다면 그 책무를 거부할 권리가 있다. 당신이 효도라는 엉터리 짐짝을 내려놓고 싶다면 부모한테도 당신이란 짐짝을 내려놓을 자유가 있다는 걸 알라.

하늘이 두 쪽 나도 결코 합리화될 수 없는 것이 내로남불이다. 당 신이 성인이라면 직업과 배우자를 선택하고, 독립을 위한 출가 결정 을 내릴 때 부모의 허락을 구할 필요가 없다.

마찬가지로 성인인 부모가 이혼, 재혼, 독립, 이민, 유산 처리 등을 결정할 때도 당신 허락은 필요 없다. 가슴이 아플 순 있다. 속상하고, 슬프고, 화가 치밀 것이다. 누가 봐도 고생길 훤한 직업을 당신이 선 택했을 때, 마땅찮은 배우자를 선택했을 때도 부모 마음이 딱 그랬 다. 그런데도 결국 결정은 당신이 했다.

그리고 지금 부모에게 그와 똑같은 결정권이 있다. 당신의 의견을 제시할 순 있다. 하지만 그들의 결정을 강제할 권리는 어디에도 없다.

내가 거부한 건 남도 거부할 권리가 있다는 것. 이걸 인정하지 않으면 당신은 그냥 천하에 이기적인 기회주의자일 뿐이며 누구의 존중도 받을 자격이 없는 형편없는 인간이 되고 만다.

의심 없이는 성장도 없다

학교에 가면

꼭 이런 선생들이 있었지

온갖 방법으로

아이들에게 상처 주고

그들의 약점을 파고들어

공개적으로 망신 주는 인간들

하지만 소문이 파다해

그들이 퇴근하고 집에 가면

거구의 사이코패스 아내에게

죽기 직전까지 쳐맞는다지

- 핑크 플로이드의 〈The Happiest Days of Our Lives〉 (저자 역)

나는 어릴 때 어른을 존경했다. 아니, 추앙했다. 그들은 내가 들면
꿈쩍도 않는 볼링공이나 수박 따위를 한 손으로 번쩍번쩍 들어 올

렸고, 내가 까치발을 해도 어림없는 높이에서 손쉽게 과자를 꺼내주었다. 어릴 때 내가 되고 싶은 건 슈퍼맨이나 헐크가 아니었다. 그냥 '어른'이었다. 어른은 그 자체로 내게 슈퍼 히어로였다.

그러나 내가 본 어른의 가장 큰 위대함은 센 힘이나 큰 키에 있던 게 아니다. '옳음'에 있었다. 까다로운 산수나 받아쓰기 문제를 어른에게 물어보면 그들은 척척 대답했다. 십중팔구 정답이었다. 어머니가 베란다에 널려 있는 빨래를 갑자기 걷기 시작하면 잠시 후 비가 왔다. (당시 난 기상예보라는 게 있는지도 몰랐다.) 아버지가 냉장고에서 아이스크림을 하나씩만 꺼내 먹으라고 했는데 몰래 두세 개를 먹고 나면 꼭 배탈이 났다. 어른들은 미래를 내다보는 것처럼 보였다. 그들은 내게 '틀릴 수가 없는 존재'였다.

어른을 틀릴 수 없는 존재로 보기 시작하면 아이가 할 수 있는 건 복종뿐이다. 나도 최대한 그들이 시키는 대로 했다. 그들의 명령만 잘 따르면 잘못될 게 하나도 없어 보였다.

물론 가끔 시키는 대로 하지 않을 때도 있었다. 그러나 그럴 때조차 마음속에선 '내가 틀렸다'는 걸 알고 있었다. 도무지 밥맛이 없어서 밥을 남길 때도 지구 건너편 아이들은 먹을 게 없어서 굶고 있는데, 너 참 나쁘다는 어른들 말이 맞다는 걸 인정했다. 잠이 너무 안 와서 만화책을 펼쳐 볼 때도 착한 어린이는 일찍 자고 일찍 일어난다는 어른들 말이 옳다고 확신했다. 그때마다 죄책감을 느꼈다.

학창시절 어느 체육시간, 선생님은 늘 그렇듯 우리에게 축구공과 농구공을 하나씩 던져주고선 각자 하고 싶은 걸 하라고 했다. 나는 당연히 축구팀에 들어갔다. 수비수였던 난 우리 진영으로 날아오는 공을 호기롭게 뻥 차냈다. 그런데 이게 웬일. 발에 잘못 맞은 공이 담장 밖으로 넘어가 버렸다. 친구들한테서 일제히 한숨이 나왔다. 나는 미안하단 손짓을 하고 금방 주워오겠다고 했다.

공을 찾으러 가려는 순간, 누군가 소리쳤다. "야 인마 너! 당장 일로 안 와?!" 저 멀리서 나를 무섭게 노려보는 체육 선생님의 시커먼 얼굴이 보였다. "야 이 새끼야! 빨리 안 튀어 와?" 영문도 모른 채 나는 냅다 뛰었다. 모래바람을 일으키며 선생님 앞에 끼익 섰다. 곧바로 그의 무식한 집게손가락이 나의 오른 볼을 움켜쥐었다.

"왼쪽 어금니 깨물어!"

'대체 무슨 일이지? 어금니는 왜?'

"뻑!" 나의 얼굴에 그의 커다란 주먹이 날아왔고 그대로 난 운동장 위로 나동그라졌다. "이 자식이? 어디서 엄살이야! 빨리 일어나!" 헐레벌떡 몸을 일으킨 나는 눈앞에서 두 번째 별을 보았다. 그리고 마지막 세 번째 펀치가 같은 곳에 꽂혔다. 빨간 핏방울이 운동장 모래알들 사이로 뚝뚝 떨어졌다. 선생님 뒤로 새파랗게 질린 친구들의 얼굴이 보였다.

"빨리 가서 공 줏어 와!" 난 부리나케 뛰었다. 얼굴엔 이미 감각이 없었고 눈앞은 핑핑 돌았다. 양 콧구멍에선 수도꼭지를 튼 것처럼 피가 쏟아졌다. 공을 주워온 뒤 선생님에게 90도로 인사했다. 예전에 목례만 하다가 두들겨 맞는 아이를 본 적 있기 때문이다. 코에선 피가 계속 흘러나왔다. 선생님은 그제야 가보라는 고갯짓을 했다.

친구들이 삼삼오오 내 주위로 몰렸다. 다들 "괜찮아?"라고 물었지만, 이게 이 정도로 맞을 일인지 의문을 제기하는 사람은 단 한 명도 없었다. 나를 포함해서.

한 번은 이런 일도 있었다. 수업시간에 선생님이 자기가 어린 시절 즐겨보던 만화 이야기를 들려주었다. 〈각시탈〉, 〈주먹 대장〉, 〈고바우 영감〉… 하나 같이 모르는 작품들이었다. 지루했다. 그때, 뒤에 앉은 한 친구가 소리쳤다. "요새는 〈날아라 슈퍼보드〉가 대세에요! 특히 저팔계가 인기 짱인데!" 갑자기 낯빛이 어두워진 선생님은 입을 꾹 다문 채 교실 뒤로 성큼성큼 걸어갔다. 청소도구함을 마구 뒤지더니 나무토막으로 된 나이롱 비 하나를 꺼내들었다.

"딱! 딱!"

단 두 방만에 제법 두꺼운 나무토막이 두 동강 났다. "얌마 너! 새 빗자루 꺼내서 당장 일루 갖고 와!" 청소함 가까이 앉아 있던 아이가 얼른 새 비를 대령했다. 선생님은 머리를 감싸 쥐고 괴로워하는 아이에게 당장 손을 치우라고 한 뒤 또 다시 비를 힘껏 휘둘렀다. 빗자루는 또 부러졌다. 머리를 움켜쥔 그 아이 손가락 사이에서 피가 흘러나왔다. 우리는 모두 겁에 질린 채 숨죽이며 그 광경을 지켜보았다. 곧이어 모든 비밀이 풀렸다. "야, 이 자식아! 너 내 별명이 저팔계라고 지금 놀리는 거지? 2, 3학년 놈들이 알려주든? 내 별명이 저팔계라고?"

위의 두 사건은 내 학창시절 실제로 벌어진 일이다. 믿기 힘든 건, 우리 중 그 누구도 선생님의 폭력이 잘못됐다고 생각하지 않았다는 것이다. 기껏해야 '오늘 좀 과하시다.' 정도였다. 설령 그럴 의도가 아니었다 하더라도 본의 아니게 선생님 심기를 건드렸다면 머리가 터지게 맞을 수도 있다는 데 모두가 암묵적으로 동의했다. 오죽하면 머리에 커다란 반창고를 붙이고 돌아온 아이도 이렇게 말했을까. "아 XX 내가 지 별명이 저팔겐지 두루치긴지 어떻게 아냐고?" 그는 상황의 억울함만 호소했다. 자신에게 가해진 폭력의 정당성에 대한 말은 없었다. 내가 축구공 때문에 맞았을 때처럼 말이다.

부당한 일을 당하고도 참고 넘기는 건 때론 필요한 행동이기도 하다. 예컨대 길에서 시비를 거는 취객에게 일일이 맞설 필요는 없다. 그러나 그게 정당한지 부당한지 자체를 인지하지 못하는 건 심각한 문제다.

부당성 자체를 알지 못하면 내가 수용할 수 있는 한계를 스스로 정하지 못한다. 수용 가능한 선을 스스로 설정하지 못한다는 건 내게 심각한 위기가 닥쳤을 때 내 자신을 구할 수 없다는 뜻이다.

내가 학교를 다닐 땐 '잘못하면 쳐맞는다'가 국룰이었다. 그리고 어릴 적부터 내 의식에 자리 잡은 '어른은 늘 옳다'는 확신이 그 룰에 완전 복종하도록 만들었다. 확신만 있고 그게 과연 정당한지는 한 번도 의심해본 적이 없다.

학원에서 알고 지내던 여사친은 자기 학교 어느 남자 선생님 수업 시간에 숙제를 안 해오면 책상 위로 올라가 양손을 들고 무릎으로 서 있는 벌을 받는다고 했다. 무릎에 체중이 그대로 실리다 보니 얼마 안 가 아이들은 자세가 흐트러지기 시작했다. 그러면 선생님이 다가와서 여학생들 다리 사이에 손을 집어넣고 허벅지 안쪽을 꼬집 어 비틀었다고 한다. 그러면서 여사친은 말했다. "그거 진짜 더럽게 아퍼. 그 악질이 거기가 유독 아프다는 걸 알고 굳이 거길 꼬집는다 니까?" 그녀는 그 체벌이 더럽게 아파서 불만이었지만, 그게 '정상 적 체벌(그땐 분명 이런 게 있었다.)'이 아니란 건 모르고 있었다. 물론 나도 몰랐다.

올바름과 잘못. 인간은 이것을 꾸준히 만들어냈다. 선택에 따라 착한 사람이 되기도 하고 나쁜 사람이 되기도 한다. 하지만 그건 어 디까지나 인간이 만든 기준이다. 역사 속에서 인간은 늘 불완전했 다. 실수하고, 틀리고, 자멸하고, 후회했다. 불완전한 인간이 만든 기 준에는 언제나 결함이 있기 마련이다.

동시에 인간은 반성하고 자성의 목소리를 내는 존재다. 그래서 지 금까지 용케 살아남았다. 썩어빠져 가는 것 같다가도 인간은 성장했 다. 그리고 그 성장은 늘 의심과 함께 이루어졌다.

동의와 공감은 다르다

인터넷 댓글을 보다 보면 누군가의 의견 밑에 "공감합니다." 라는 댓글이 자주 눈에 뛴다. 이를테면 이런 식이다.

[이번 블랙핑크 신곡 대박이네여 최근 자존감이 많이 떨어져 있었는데 블핑 언니들의 걸크러쉬에 저까지 자신감이 뿜뿜 솟아여]

[└공감합니다. 이번 노래 진짜 명곡인 듯. 솔직히 우리나란 아무리 노력해도 미국 팝을 따라갈 수 없을 거라 생각했는데 이번 블핑 노래를 들으니 한국인인 게 자랑스럽습니다 BLACKPINK IN YOUR AREA!!]

사실 이건 '공감'이 아니다. '동의'다.

두 사람은 블랙핑크의 신곡이 끝내준다는 것에 '동의'하고 있다. 그렇다고 해서 이게 '공감'은 아니다.

이들의 '감정'은 서로 다르다. 처음 글을 쓴 사람은 이 노래로 '위로'를 받고 있다. 무슨 사연인진 모르겠지만 최근 주눅이 들 만한 일이 있었나보다. 그러다가 제니의 간지 폭풍 랩을 듣고 나니 몬스터 10캔 마신 것처럼 힘이 솟은 거다.

반면, 댓글을 단 사람은 '자랑스러움'에 대해 말하고 있다. 'K팝은 미국 팝의 아류'라는 대내외적 편견을 이번에 블랙핑크가 박살낸 것에 대해 같은 한국인으로서 자부심을 느낀다는 것이다. 이게 뭐 그렇게 중요하냐고? 맞다. 중요한 일은 아니다. 공감이든 동의든 좋으면 좋은 거지. 문제는 동의가 이루어지지 않을 때 발생한다.

한겨울 어느 카페 안. 창밖은 엄동설한이지만 실내는 히터가 빵빵하게 틀어져 있다. 그런데 여기 더위를 엄청나게 타는 한 사람이 있다. 이 사람을 A라고 하자. A에게 현재 실내온도는 지나치게 높다. 숨도 잘 안 쉬어진다. 그는 종업원에게 실내온도를 조금만 낮춰달라고 부탁한다. 그리고 여기 또 한 사람이 있다. B라고 하자. 추위를 엄청 타는 B에게 한여름 카페 에어컨 바람은 너무도 차다. B도 직원에게 가서 실내온도 조정을 부탁한다.

자, 이제 친구 사이인 A와 B가 겨울에 한 번, 여름에 한 번 카페에서 만난다고 해보자. 둘의 대화는 대충 이런 식이 될 거다.

겨울 A : 실내가 너무 덥지 않아? 직원한테 온도 좀 내려달라고 할까?

　　　B : 제정신이야? 밖이 얼마나 추운데 덥다니. 팔자 좋은 소리 한다.

여름　B : 에어컨 바람이 너무 세지 않아? 온도 좀 올려달라고 할
　　　까?

　　　A : 에어컨 세게 트는 걸 갖고 뭐라 하면 어떡해? 카디건이
　　　라도 하나 갖고 다니든가.

두 사람에게 서로는 '유별난' 사람이다. 그리고 자기 자신은 실내
온도에 민감하지 않은 '쿨한' 사람이다. 두 사람은 겨울과 여름에 한
번씩 상대에게 "좀 둔감해질 줄도 알아야지?"라는 충고를 주고받는
다. 실내온도에서만큼은 A와 B는 결코 동의할 수 없다.

그렇다면 두 사람 사이엔 '공감'할 여지도 없는 걸까? 정답은 '충
분히 공감할 수 있다.'이다. 오히려 이 '유별난' 두 사람은 추위도, 더
위도 별로 타지 않는 다른 사람들보다 서로에게 훨씬 더 공감할 수
있다. 실내온도에 자주 불쾌감을 느낀다는 점에서 말이다.

우리는 보통 어떤 사건이 발생하면 그에 대한 '의견'에만 집중한
다. "저 사건은 정말 비극이야. 그리고 그 모든 건 정부와 집권여당
탓이야.""정말이지 안타까운 일이 벌어졌어. 야당이 정부를 방해하
지만 않았어도."

이와 같은 설전은 종편 뉴스 패널들과 유튜브 댓글러들 사이에서
매일같이 벌어진다. 물론 이게 다 쓸데없다는 건 아니다. 서로 다른
의견을 갖고 논쟁한다는 것 자체가 민주주의가 건강하게 작동한다
는 소리니까. 그럼에도 불구하고 양측은 그 사건에 대하여 '안타깝
다'는 감정을 공유할 수 있다.

의견은 바뀌기 마련이다

한 분야의 전문가 둘을 앉혀 놓으면 필시 싸움이 벌어진다. 둘 사이에 아무리 많은 동의가 오가더라도 한 번만 한 쪽이 이의를 제기하면 상대는 죽자사자 달려든다. 기분이 상했기 때문이다. 얼굴은 시뻘겋게 달아오르고 숨은 가빠지며 입이 바싹바싹 말라 생수병을 연거푸 비운다. 상대방의 말을 줄기차게 끊어먹고 쓸데없는 비속어가 튀어나온다. 논리력도 점차 상실한다. 결국 설전은 논리의 경쟁에서 언성言聲의 경쟁으로 바뀐다.

그들이 화가 난 이유는 딱 하나다. 자기 말에 상대가 동의하지 않았기 때문이다.

동의를 갈구하는 분위기는 세상 어디에나 존재하지만, 특히나 다름을 틀림으로 규정하는 건 헬조선의 대표적 특징이다. 그만큼 우린 동의에 지나치게 들뜨고 이의에 지나치게 욱한다. 그리고 그것은 '나의 의견'과 '나'를 분리하지 못 하는 데서 비롯된다.

'나'와 '나의 의견'은 다르다. 후자가 전자에 속할지는 몰라도 동
치는 아니다. 사실 우리는 의견을 매번 바꾼다. 난 어릴 적부터 지금
까지 헐크 호건 vs 워리어, 서태지 vs 듀스, 후라이드 vs 양념, 호날
두 vs 메시 논쟁에 대한 의견을 수도 없이 바꿨다. 그리고 그때마다
내 의견에 동의하는 사람들과 친하게 지내고 반대쪽과는 소원해졌
다. 문제는, 나와 의견을 같이 했던 사람들도 어느 정도 시간이 지나
면 의견을 바꾸었다는 거다. 그때마다 난 이렇게 생각했다. '세상에
믿을 놈 하나 없네.'

영화 〈아메리칸 히스토리 X〉의 주인공 데릭은 모범생이었다. 백
인인 그는 흑인 교사 스위니를 존경한다. 하지만 데릭의 아버지는
흑인을 존경하는 아들을 걱정한다. 왜냐면 그의 생각에 이젠 모두
가 인권을 외치면서 유색인종이 백인을 역차별하고 있기 때문이다.
데릭은 아버지 생각이 다소 급진적이란 걸 알면서도 고개를 끄덕
인다. 그 나이 때 아버지란 존재는 아들에게 강력한 롤 모델로 군림
하니까.

이때 아들에게 가장 중요한 일은 그 롤 모델로부터 칭찬 받는 것
이다. 그리고 칭찬받기 위한 가장 손쉬운 전략은 그의 의견에 동의
하는 것이다.

그러던 중 데릭의 아버지가 흑인 마약범들의 총에 맞아 죽는 일이
벌어진다. 이제 데릭은 백인우월주의 갱단의 두목이 된다. 그는 생
전 아버지보다도 훨씬 더 강력한 반감을 유색인종에게 갖게 된다.

어느 날 데릭은 흑인 갱 단원 몇 명을 살해한다. 그리고 감옥에 간

다. 그곳에서도 데릭은 백인우월주의자들의 리더가 된다. 하지만 곧 실망한다. 그들은 앞에선 죽일 놈의 껌둥이들이라고 욕 하면서 뒤로 는 그들과 마약 거래를 하고 있었기 때문이다. 분개한 데릭은 단체 에서 탈퇴한다. 그러다 결국 그들의 끔찍한 공격을 받고 병원 신세 를 진다.

데릭을 면회 온 사람은 밖에서 자신을 추종하던 갱 단원들이 아니 었다. 전에 자신을 가르친 적이 있던 스위니였다. 스위니는 만신창 이가 되어 누워 있는 데릭을 보며 말한다.

"나도 한때 증오자였어. 백인을 증오하고, 사회를 증오하고, 신을 증오했지. 백인은 왜 다 개새끼인지 신으로부터 아무런 답을 듣지 못했거든. 그러다 어느 날 깨달았어. 내가 답을 받지 못한 건 질문이 잘못되었기 때문이란 걸."

"그럼 제대로 된 질문은 뭔데요?" 데릭이 묻자 스위니는 질문 하 나로 답을 대신한다.

"네가 그간 해온 일이 네 삶을 좋게 만들었어?" 데릭은 흐느끼며 고개를 가로젓는다.

데릭은 아버지를 사랑했다. 아버지를 그리워했다. 이미 죽은 아버 지를 살려낼 방법은 그가 생전에 가졌던 의견에 동의하는 것이었다. 데릭은 우선 '아버지'와 '아버지의 의견'을 동일시했다. 그 다음에는 '그 의견'과 '자신의 의견'을 동일시했고, 마지막엔 '자신의 의견'과 '나'를 동일시했다. '아버지'가 '내가' 되는 순간이다. 이 모든 게 의 견과 그 사람을 분리하지 못 하는 데서 벌어졌다.

인간의 가장 큰 약점은 일관성이다. 물리학에서 정의하는 물질의 가장 자연스런 상태는 '동향動向 등속운동' 상태다. 마찬가지로 인간의 가장 자연스런 마음 상태 또한 일정한 방향을 향해 일정한 속도로 나아가는 것이다. 그렇기 때문에 우린 같은 속도로 도로 위를 직진할 때 절로 콧노래가 나오는 것이다.

맘에 든 사람에게 호감 표시를 했는데 상대도 호의로 반응하면 행복감을 느낀다. 그러나 갑자기 내 차 앞으로 다른 차가 끼어들고 전방에 '공사 중. 우회하시오.' 라는 표지판이 나오면 화가 치밀어 오른다. 고백한 사람으로부터 '다른 사람을 찾아보라'는 답이 돌아오면 멘붕에 빠진다. 지금까지 유지해 온 속도와 방향을 바꿔야 하기 때문이다.

거문고 줄을 끊어버린 친구

혼자 있을 땐 거의 말이 없고 소심한 사람도 옆에 친구 하나만 생기면 갑자기 말이 많아진다. 두 친구와 함께 있으면 목소리가 커지고, 셋과 함께 있으면 개차반이 된다.

우린 끊임없이 '내편'을 찾아다닌다. 내가 혹시 타인으로부터 위협 당할 때 내 편에서 함께 싸워줄 수 있는 아군을 필요로 하기 때문이다. 이건 잘못된 행동이 아니다. 서로를 지켜주고 지지해 주는 관계가 뭐 어때서? 다만 이 아군을 지정하는 기준이 형편없을 때 문제가 발생한다. 대개 그 '형편없는 기준'이란 '내게 동의하는가' 이다.

춘추전국시대 백아라는 사람이 있었다. 그는 거문고의 귀재였다. 그에겐 종자기라는 절친이 있었는데, 백아는 그의 앞에서 거문고를 연주할 때가 가장 행복했다. 왜냐면 종자기는 자신의 생각을 꿰뚫었기 때문이다. 이를테면 자기가 머릿속에 커다란 산을 떠올리며 거문고를 연주하면 종자기는 "와우, 마치 눈앞에 큰 산이 버티고 있는 것 같은데?"라고 했고, 강물을 떠올릴 땐 "이야, 황하의 힘찬 물줄기 소리가 여기까지 들리는 걸?"이라고 했다.

그러던 어느 날 백아는 청천벽력과 같은 비보를 들었다. 급작스런 병으로 종자기가 숨을 거두었다는 것이다. 백아는 목숨처럼 아끼던 거문고 줄을 끊어버렸다. 그리고 평생 다시 연주를 하지 않았다.

백아에게 종자기는 전부였다. 천하절색 여인도 그를 대체할 수 없었다. 수천 년이 지난 지금까지도 '백아가 줄을 끊었다'는 말은 우정의 표상이 되었다.

하지만 난 두 사람의 절절한 브로맨스에서 한 가지 불안 요소를 본다. 그것이 '같은 생각'에 기반하고 있다는 점이다.

만일 어느 날 종자기가 백아 연주를 듣고 전혀 엉뚱한 말을 했다면 어땠을까? 지저귀는 새 소리를 연주했는데, 장모님의 잔소리 같다고 했다면? 떠오르는 태양을 연주했는데, 탈모가 온 자네의 정수리 같다고 했다면?

20세기를 대표하는 지성인 사르트르와 젊은 시절 그의 지적 동맹자 레몽 아롱의 관계가 그러했다. 같은 해에 태어난 두 사람은 고등사범학교에서 처음 만난 후로 서로에게 강렬한 지적 자극을 주며 우정을 키워 나갔다. 둘은 군복무도 같은 곳에서 했고, 아롱이 사르트르가 창간한 잡지 「현대」의 창간위원회에 참여한 적도 있다.

그러나 두 사람은 정치 이념에서 조금씩 차이를 보이기 시작했다. 아롱은 우파의 가치에, 사르트르는 좌파의 가치에 더 큰 비중을 두면서 두 사람의 공고했던 우정에도 금이 가고 말았다.

파시즘 같은 사이비 이데올로기가 아닌 이상 사방으로 뻗은 여러 이념 가지들 밑에는 '어떤 세상이 더 살기 좋은 세상인가.' 라는 하나의 뿌리가 있다.

  만일 사르트르와 아롱이 한 번쯤 이 뿌리를 볼 수 있었다면, 두 사람은 이견을 초월한 우정을 평생 키워나갔을지도 모른다.

동의에 중독되면 나를 잃는다

그리스신화에는 프로크루스테스라는 노상강도가 나온다. 아테네 교외 언덕에 집을 짓고 사는 그는 행인을 마구 납치해 자기 집 침대에 누인 뒤 그의 키가 침대보다 크면 머리나 다리를 자르고, 침대보다 작으면 그에 맞게 목과 다리를 잡아 빼 늘렸다.

이 이야기는 상대방 생각을 내 생각에 억지로 끼워 맞추려는 독단을 꼬집는다. 그럼 프로크루스테스는 왜 하필 강도인가?

생각은 그 사람의 재산과도 같다. 그런데 그걸 나의 생각과 하나로 만들려는 건, 그 사람 재산을 함부로 당신 계좌에 집어넣으려는 시도나 마찬가지다. 명백한 강도짓이다.

나와 같은 의견을 가진 사람을 발견하면 나의 마음은 오직 그를 향해 전진한다. 그것은 앞서 말한 뻥 뚫린 도로를 일정한 속도로 직진하는 것 같은 좋은 기분을 선사한다. 좋은 걸 한 번 맛보고 나면 더 먹고 싶어진다. 더 먹고 났는데도 좋으면 본격적으로 그것에 중독된다. 마찬가지로 계속 내게 동의해 주는 존재, 내가 계속 동의할 수 있는 존재를 알고 나면 우리는 그 '사람 자체'에 중독된다. 그러다가 어느 순간 그 사람에게서 절대 동의할 수 없는 부분을 발견하거나 혹은 내가 확신을 갖고 한 말에 그가 아닌 밤중에 홍두깨로 반대 의사를 표명한다면 어떨까? 곧장 그와 거리를 둘 수 있을까?

대개는 실패하고 만다. 왜냐면 당신의 마음에는 지금껏 해온 등속운동을 계속하려는 본능이 있기 때문이다. 고구마든 오징어든 튀김에 한 번 중독되면 나중엔 운동화까지 튀겨먹으려 한다. (실제로 마리 탈리오니라는 발레리나에 중독된 사람들은 그녀의 발레슈즈까지 삶아 먹었다.)

의견을 수정하거나 취하한다는 것은 나를 온통 부정하는 게 되어버린다. 지금껏 둘을 동일시 했기 때문이다. 그래서 결국 '일관성'을 택한다. 내내 고수한 태도와 의견을 계속 밀어붙인다. 이제 모든 걱정이 사라진다. 당신은 하마터면 잃을 뻔했던 걸 온전히 되찾는다. 딱 하나만 빼고. '당신 자신' 말이다.

그럼 '난' 어디에 있지? 어디 있긴. 당신이 프로크루스테스에게 팔아 넘겼으면서.

〈센과 치히로의 행방불명〉에서 치히로는 온천장의 세계로 처음 들어갔을 때 기묘한 경험을 한다. 자신의 몸이 점점 투명해지는 것이다. 이건 '나를 잃어가고 있다'는 뜻이다. 온천장의 세계는 유바바라는 강력한 통치자의 지배 하에 있다. 유바바가 자신의 세계에 발을 들인 이에게 가장 먼저 하는 짓은 그 사람 이름을 훔치는 것이다. 이건 단순 개명이 아니다. 이름과 함께 그 사람의 정체성도 함께 거두어 간다. 이름을 빼앗긴 사람은 점점 자기가 누구인지 까먹는다.

결국 '유바바님의 충실한 종'이라는 새로운 정체성을 찾는다. 일제 강점기 창씨개명의 목적도 이와 비슷했을 것이다.

'동의'라는 일시적 현상에 중독되다 보면 가장 먼저 분별력을 잃는다. 정직한 사람과 아첨으로 나를 꾀려는 자를 구분할 수 없게 된다. 그 다음으론 주관이 흔들린다.

당장 동의를 얻고 싶은 마음에 상대에 따라 옳고 그름의 기준이 왔다 갔다 한다. 그러다 결국 나를 잃는다. 동의가 주는 오르가슴만 좇다가 진짜 무아無我지경에 빠진 것이다.

상처뿐인 승리, 그 의미 없는 전쟁

고대 그리스의 에페이로스 왕 피로스는 어느 날 이탈리아를 쳐들어가기로 했다. 로마를 손에 넣으면 자기가 세상의 왕이 될 거라 믿었기 때문이다. 대신들 중 하나는 이번 전쟁을 통해 얻을 게 거의 없을 거라고 경고했다. 그런데도 피로스는 이탈리아 원정을 강행했다.

처음 두 전투는 승리로 가져갔다. 그런데 출혈이 너무 심했다. 유능한 장수들을 포함해 수많은 병력을 잃고 말았다. 그는 말했다. "한 번만 더 이딴 승리를 했다간 우린 폭망하고 말 거야." 그의 예견은 적중했다. 여전히 풍부한 병력을 자랑하던 로마와의 마지막 전투에서 피로스는 고전을 면치 못했다. 결국 쫓기다시피 그리스로 돌아왔다.

원정을 떠나기 전 그를 만류했던 대신이 물었다. "왕께선 이번 원정에서 무엇을 얻으셨나이까?" 피로스는 뒤를 돌아보았다. 피 흘리는 병사 몇몇 만이 자신을 빤히 쳐다보고 있었다.

한 돌싱남이 방송에 나와 울음을 터뜨렸다. "나랑 같은 생각을 가진 사람을 만난다는 게 왜 이렇게 어려울까?" 그는 한 여자를 알게 되었고 천생연분이라 믿었지만 막상 결혼하고 보니 사사건건 부딪혔다고 한다. 결국 두 사람은 갈라서기로 했다. 그는 '사랑'에 배신당했다며 흐느꼈고, 옆에 있던 친구가 "앞으로 꼭 그런 사람 만날 수 있을 거야." 라며 위로했다.

내가 그 사람의 친구였다면 그런 위로 따위는 하지 않았을 것이다. 당장은 그게 조금 위안이 될 수 있을지라도 거짓말을 해선 안 되기 때문이다. 그게 왜 거짓말일까?

첫째, '그런 사람'은 이 세상에 없기 때문이다. 둘째, '그런 사랑'만 찾다간 그는 앞으로도 계속 사랑 때문에 고통 받을 것이기 때문이다.

나와 같은 생각을 가진 사람을 찾는다는 건 사실상 불가능하기 때문에 그 과정에서 무지막지한 시간과 노력이 허비되고, 엄청나게 상처 받고 배신당하는 걸 감수해야 한다. 결국 득보다 실이 앞선다. 피로스가 전투에 승리를 거두었음에도 주요 장수와 대부분의 병력을 잃었던 것처럼 말이다.

바로 그때, 드디어 찾아낸 한 사람! You are the one! 이제는 정말이지 마지막 사랑이다. 그래야만 한다. 하지만 결국 이 사람마저 나와 생각이 전혀 다르다는 걸 알게 된다.

이젠 더 이상 새로운 사랑을 찾아 떠날 힘이 남아 있지 않다. 그래서 말한다. "세상에 사랑 같은 건 없어." 없긴 왜 없어? 세상에 없는 사랑만 찾아다니니까 그렇지.

그가 말하는 '나와 같은 생각을 가진 사람.' 그게 과연 어느 한 사안에 대해서만 내게 동의하는 걸 뜻할까? 아니다. 그는 '모든 면에서' 자신과 생각이 같은 사람을 찾고 있다.

이혼 사유가 '성격 차이'였던 사람들 중 상당수가 "모든 문제는 하나의 생각 차이에서 비롯되었다"고 말한다. 처음 두 사람 사이엔 특별한 문제가 없었다. 둘 사이는 마치 튼튼한 단추와 지퍼로 여민 바지처럼 공고했다. 단, 서로의 '남사친 여사친 문제'가 대두되기 전까진, 혹은 '자녀교육 방식의 문제'가 불거지기 전까진 말이다. 그때부터 두 사람을 단단하게 결합시켜 준 단추가 풀리고 지퍼가 스멀스멀 벌어지기 시작한다.

이젠 상대방의 모든 말과 행동에 "No"를 외친다. "밥 먹고 곧바로 설거지를 해야 할 거 아냐!" "속옷을 왜 수건하고 같은 빨래통에 넣어?" "치약은 밑에서부터 짜라고 유치원에서 안 배웠어?" 결혼식날 주례의 질문에 "네!" 라고 당차게 백년해로를 맹세했건만 이젠 걷잡을 수 없이 흘러 내려가는 바지처럼 두 사람의 사랑도 무너져 내린다.

시시오도시는 대나무 통을 이용한 일본식 조경물이다. 한 쪽이 막힌 대통 입구에 물이 흘러 들어가다가 무거워지면 앞으로 기울면서 물이 쏟아져 나오고, 대통이 비워짐과 동시에 원래 방향으로 재빨리 다시 기울면서 바닥에 있는 돌을 "딱"하고 때리는 장치이다. 이건 일본식 허수아비라고도 할 수 있는데, 농작물을 훔쳐먹으러 들어온 동물이 "딱" 소리에 놀라 도망치게 하려고 만든 것이기 때문이다. 시시오도시란 이름 자체가 '사슴 겁주기'이다.

그런데 사슴은 싫어할지 몰라도 인간은 대부분 이 소리를 좋아한다. 그래서 동물 침입의 위험과는 상관없이 조경 장치로 애용되며, 심지어 명상 음악에도 자주 사용된다. 이처럼 같은 소리를 듣고도 동물과 인간은 전혀 다르게 반응한다. 비단 인수人獸 관계에서뿐만이 아니다. 인간도 하나의 자극에 각자 다르게 반응하고, 같은 현상을 달리 해석한다.

생각해 보라. 당신과 타인은 전혀 다른 머리통 속에서 생각한다. 두 머리통은 나이도 다르고, 성별도 다르고, 자라온 환경도 다르다. 그런데 어떻게 생각이 같을 수 있을까?

어쩌다 운이 좋아서 10가지 사안에 대해 나와 생각이 같은 사람을 만났다 치자. 당장은 그 사람에게 호감을 느낄 것이다. 계속 만나다 보니 우린 20가지 사안에 대해 동의하고 있다는 걸 알게 되었다. 운명이다. 둘은 결혼한다. 그리고 결혼 후 처음 맞은 대선大選. 상대가 누굴 뽑았는지 너무 궁금하다. 공개하기로 한다.

"뭐? 그 사람을 뽑았다고? 당신은 그가 사기꾼인 걸 몰라?"

"당신이 뽑은 그 자는 사기꾼 아니고?"

두 사람은 서로 엄청난 배신감을 느낀다. 그런데 잠깐. 대체 누가 누굴 배신했다는 거지? 아무도 전에 내가 어떤 정치인을 지지하는지 말한 적 없다. 두 사람은 아무 근거도 없이 혼자 확신했다. 나와 20가지 사안에 대해 생각이 같았다고 '당연히' 나와 같은 사람을 대통령으로 뽑았을 거라고 말이다.

한번 배신감이 든 마음은 계속해서 상대의 '틀린' 부분만 찾아낸다. 심지어 의견이 통했던 그 '20가지'에 대해서도 말이다.

'저 사람 영화 좋아한다는 말에 호감을 느꼈는데, 알고 보니 쓰레기 같은 영화만 좋아하고 있었어! 저딴 영화를 볼 바에야 아예 문외한인 게 낫지.'

'효자 같아서 그 점을 높게 샀더니 알고 보니 지네 엄마 아빠밖에 모르는 인간이었어. 우리 부모님에 대해선 요만큼도 신경 안 써!'

이 모든 균열의 시작은 두 사람의 '다른 생각'이었다. 만일 내가 뽑은 사람을 상대도 뽑아야 한다고 확신할 게 아니라, '내가 지지하는 사람에게 나의 투표권을 행사하고 싶은 마음'을 공유했다면 어땠을까. 동의가 아닌 공감 말이다.

공감 없는 착함은 공허하다

다행히도 지금 우리가 사는 세상은 대체로 나쁜 놈을 배척하고 착한 사람을 우대한다. 결박보단 자유가 더 좋은 것이기 때문에 나쁜 놈을 감옥에 보내고 착한 사람의 자유를 더 보장해 준다. 후자에겐 존경과 찬사가 쏟아진다. 그래서 너도 나도 착한 사람처럼 '보이기 위해' 애쓴다. 자유를 얻고 타인에게 인정받기 위해서. 하지만 이런 식으로 획득한 착함은 공허하다. 그것은 권모술수 외에 아무것도 아니다.

당신은 남자다. 그렇다고 해보자. 역시 남자인 당신 친구는 유독 명품백을 든 여자만 보면 학을 뗀다.

사정을 들어보기로 하자. 그의 첫사랑은 사치가 심한 여성이었다. 걸어도 되는 거리를 늘 택시로 이동했고, 다른 사람 세 끼 식사비를 커피와 디저트에 쏟아 부었다. 돈 많은 사모님이나 치는 줄 알았던 골프를 어린 시절부터 즐겼다. 그녀는 늘 명품백을 갖고 다녔다. 생일이나 크리스마스가 다가오면 남자친구에게 넌지시 "요즘 이 백에 꽂혔다"고 흘렸다. 덕분에 당신 친구는 투잡을 뛰어야 했다.

하지만 결국 그녀는 투잡을 뛰지 않아도 샤넬 백을 사 줄 수 있는 남자에게 갔다. 당신은 고개를 끄덕인다. 친구에게 100% 공감한다.

이번엔 이렇게 말하는 여성을 한 번 상상해 보자.

"어릴 때 낯선 남자가 무작정 나를 골목까지 끌고 들어간 적이 있다. 다행히 골목에 다른 사람이 있어서 위기를 넘겼지만, 그 후로 남자만 보면 가슴이 뛰고 불안하다." 이 말을 듣고 당신은 쉽게 공감할 수 없을 것이다. 아니, 공감은커녕 분노가 밀려올 것이다. '아니 어쩌다 재수 없어서 나쁜 놈한테 걸려놓고 왜 다른 남자들까지 범죄자로 몰아?' 라고 말이다. '남자만 보면 불안하다'는 그녀의 말에 결코 동의할 수 없을 것이다. 왜냐면 난 그녀가 만난 나쁜 놈과는 다르기 때문이다.

당신이 그녀의 경험에만 집중하는 한 공감은 결코 이루어질 수 없다. 하지만 그녀의 '감정'에 한 번 주목해 보자. 얘기가 달라진다.

그녀에게 충격을 주었던 대상과 유사한 존재를 만났을 때 그녀가 느낀 거부감은 당신 친구가 명품족 여성에게 느끼는 감정과 똑같다. "그게 어떻게 같아?" 라고 반문하고 싶겠지만 사실이다. 같은 감정이다.

인간에겐 남녀를 불문하고 부정적 경험을 반복하고 싶어 하지 않는 본능이 있다. 이것은 자연스런 자기방어기제이다. 교통사고를 크게 당한 후 자동차 경적소리만 울려도 흠칫 놀라는가? 같은 감정이다. 어릴 때 할아버지를 따라 옻닭을 먹었다가 죽을 뻔한 뒤로 토트 넘 축구팀 엠블럼만 봐도 몸서리를 치는가? 같은 감정이다.

한인 유학생을 공격한 흑인에 대한 뉴스를 접하면 Black Lives Matter 운동에 동의하기 힘들다.

그러나 외국인 관중이 손흥민을 향해 두 눈을 찢는 장면을 보았을 때 우리 마음속에 드는 '감정'에 주목하면 흑인들에게도 '공감' 할 수 있다. 여전히 그들 중 일부가 우리나라 사람을 대하는 방식에 동의하진 않으면서도 말이다. 동성애자들의 이런저런 주장에 동의하지 않을 수도 있다. 그러나 내가 원하는 사랑을 추구하고 싶은 감정에는 공감할 수 있다.

감정이야말로 '연결'의 키워드이다. 감정에 주목하는 한 우리는 거의 모든 사람과 연결될 수 있다. 한때 나는 사랑 노래에 거부감을 가졌다. 특히나 헤어지고 나서 징징대는 가사는 딱 질색이었다. 같은 이유로 머라이어 캐리의 〈We Belong Together〉는 끔찍했다.

(당신이 떠난 후) 난 이제 누구를 의지해야 하나요?
아침이 올 때까지 누구와 밤새 통화하나요?
그 누가 당신의 빈자리를 채울 수 있을까요?
아무도 그러지 못해요.

이 노래를 처음 들었을 때 연애 경험이라곤 1도 없었던 난 '실연' 이란 표면적 주제에 아무런 공감도 할 수 없었다. 그런데 문득 이런 상상을 하게 되었다. '어느 날 갑자기 엄마가 죽거나 사라지면 어떤 기분일까?' 그때 갑자기 〈We Belong Together〉와 연결되었다. 내가 어머니와 밤새 통화를 하진 않아도 노래 속 화자의 '상실감'에는 공감할 수 있었다. 나의 일부가 떨어져 나간 것 같은 극심한 고통을 나도 느낄 수 있었다. 그런 면에서 "고인의 명복을 빕니다."라는 국내 식 인사보단 "당신의 상실에 유감을 표합니다.(I'm sorry for your loss.)"라는 영어 표현이 조금 더 공감에 가깝다. 꼭 상喪이 아니라도 '커다란 상실'은 누구나 한 번쯤 경험하기 때문이다.

우리는 나와 같은 종류의 감정을 드러내는 사람에게 연결되기 마련이고, 때로는 그게 큰 위안이 된다.

보통 우리가 착한 사람이 되는 방식은 형편없는 글쟁이가 회원비 납부를 조건으로 등단하는 것만큼이나 날로 먹기에 가깝다. 착한 사람에게 단순히 '동의'를 표하는 식으로 말이다. 이처럼 공감이 결핍된 착함은 지루한 목사님 설교만큼이나 무용하다. "네 이웃을 사랑해."라든지 "한 쪽 뺨을 맞았으면 다른 쪽 뺨도 내주어라." 같은 말들은 층간소음 때문에 살인욕구를 느끼지 않아도 되는 펜트하우스 주인이나 서비스가 개판이라고 손님에게 싸대길 맞지 않아도 되는 분들의 팔자 좋은 소리로밖에 들리지 않는다.

그렇다고 이웃을 찔러도 된다든가 내 뺨을 때린 놈 낯짝에 드릴을 박아도 된다는 말은 아니다. 순서가 틀렸다. 우리는 상대에게 공감할 때 비로소 그를 사랑하고 용서할 수 있는 '준비'가 된다. 나는 '준비가 된다'고 했다. 그것을 꼭 해야 한다는 게 아니다. 누구도 내 결정에 명령할 순 없다.

　내가 이 책에서 일관되게 강조하는 건 오직 '나의 행복'이다. 공익이고 세계평화고 나발이고 이런 건 모두 나중 일이다. 반발하고 싶을 것이다. "이봐, 지금 세상이 이 모양 이 꼴이 된 건 나만 알고 공공의 이익엔 눈곱만치도 관심 없는 인간들 때문이란 걸 몰라?" 라고 말하고 싶을 것이다.

　그러나 나는 진심으로 믿는다. '내가 행복해야 세상이 행복해질 준비가 된다.' 모두가 약정된 지침으로서의 착함만 학습하고, 단지 욕먹지 않기 위해, 손가락질 받는 게 두려워서 공감도 못 하는 교리만 따르는 건 개인에게 그 어떤 행복도 가져다주지 못 한다.

　행복하지 못한 개인이 모이면 세상이 행복할 리 없다. 그런 세상에선 모두가 '꾹 참고' 착한 척하다가 더 이상 착하지 않아도 되는 순간(이를테면 사회적 지위 향상)이 오면 본색을 드러내기 마련이다. 가슴으로 공감을 느낀 적 없이 머리로 착함만 학습했기 때문이다.

　머리에 든 걸 바꾸는 건 손바닥 뒤집는 것만큼이나 쉬운 일이다. 하지만 가슴을 스친 건 다르다. 전쟁 같은 삶을 살다가도 '할머니'나 '어머니' 라는 말을 들으면 한순간 가슴이 먹먹해지고 내면의 평화를 되찾는 것처럼 말이다.

모두가 권하고 모두가 거부하는 '겸손'

미덕美德은 좋은 말이다. '아름답고 갸륵한 덕행.' 여기 어디 부정적 뜻이 있는가?

하지만 이름이 모든 걸 말해주진 않는다. '미美'국은 누군가에게 '아름다운' 나라일 수 있지만 누군가에겐 '미'운 '국'가일 수도 있다. 마찬가지로 미덕도 추醜덕이 될 수 있다.

우리나라 사람이라면 어릴 적부터 줄기차게 배우는 미덕이 바로 '겸손'이다. 만일 한국에 처음 온 외국인이 내게 한국 사회에 빨리 적응하기 위한 팁을 하나만 알려달라고 하면 나는 주저 없이 '겸손하라'고 말할 것이다. 겸손만 해도 한국 생활 적응의 반은 끝났다. 그런데 만일 그 외국인이 나와 각별한 사이라면 다음과 같은 말도 귀띔할 것이다. "겸손하되 아무도 겸손하고 싶어 하지 않는다는 걸 알라."

한국에선 성공한다는 게 '겸손하지 않아도 됨'을 의미한다. 사람들이 겸손한 이유는 그들이 아직 충분히 성공하지 못 했기 때문이다. 안 겸손해도 될 자유가 없기 때문이다. 모두가 겸손한 사람을 칭찬하지만 정작 나는 겸손한 사람이 되고 싶어 하지 않는다. 그것은 이를테면 테슬라를 존경한다고 말하면서 에디슨이 되고 싶은 것과 같은 심리이다.

생전 에디슨은 뛰어난 사업가였다. 그의 창의성에는 의심의 여지가 없지만, 때론 다른 사람 아이디어를 보완한 것에 불과한 걸 처음부터 자기 생각인 양 행세하기도 했다. 무엇보다 그는 자신의 몫을 악착같이 챙겼다. 자기 능력과 노력을 막대한 자산으로 바꾸는 데 남 다른 재주가 있었다.

반면, 니콜라 테슬라는 어떻게 보면 너무 순진한 사람이었다. 그는 에디슨을 능가하는 천재였지만, 자신의 재능을 이윤으로 바꾸는 데는 서툴기 그지없었다. 그러면서도 그는 전 인류에게 무료로 전기를 공급할 수 있는 방법을 끊임없이 연구했다.

겸손의 미덕을 강조하는 사람은 남에겐 테슬라의 전기(傳記)를 추천하면서 뒤로는 몰래 에디슨의 사업 수완을 익힌다. 인간이 원래 그렇다. 평소 맘에 둔 여자에게 꾸준히 기프티콘을 선물하면서 그녀 주변의 훈남들에겐 그녀가 왜 여자로서 별로인지 열변을 토한다.

지금 나 혼자 잘난 척 떠들고 있지만 사실 내게도 같은 마음이 존재한다. 나도 테슬라를 존경한다. 그러나 (그의 부덕과 야박함은 차치하고 부에 관해서라면) 에디슨의 삶을 꿈꾼다. 나도 겸손한 사람이 좋다. 친구를 딱 한 명만 사귈 수 있다면 당연히 그렇지 않은 사람보다 겸손한 사람을 택할 것이다. 하지만 나는 겸손하기 싫다. 정 겸손해야 한다면 적어도 내가 스스로 선택해서 그러기를 바란다. 세상의 강요나 기대 때문이 아니라. 그러니 내로남불을 피하기 위해서라도 난 당신에게 이와 같이 말할 수밖에 없다. "겸손하지 말라. 스스로 선택한 게 아니라면."

천재면서도 겸손하고 너그러운 테슬라의 삶에 깊은 감동을 받고 나도 그렇게 살겠다고 마음먹었다면, 뭐 그것도 좋다. 그러나 세상엔 자기는 에디슨처럼 살면서 남들은 테슬라 같기를 바라는 사람들이 분명히 존재한다. 아니 대부분이 그러하고, 그들은 끊임없이 당신이 테슬라로 남기를 바란다는 걸 기억하고 있어야 한다.

겸손의 실체

다시 말하지만 '겸손'이란 말 자체에는 죄가 없다. 그 아름다운 말을 빛 좋은 개살구로 만드는 건 언제나 사람들이다.

아잔 브라흐마의 『술 취한 코끼리 길들이기』에는 이런 이야기가 나온다.

평생 깊은 산골 옹달샘 물만 먹고 산 노인이 무슨 바람이 불었는지 하루는 도시에 놀러나갔다. 어디선가 고막이 찢어질 듯한 소음이 들려왔다. 소음을 따라가자 한 소년이 바이올린 연습을 하고 있었다. 노인은 바이올린이 뭔지도 몰랐다. 그는 생각했다. '참 듣기 싫은 소리를 내는 물건이구나.'

다음날 노인은 또 다시 도시에 놀러나갔다. 어디선가 들려오는 아름다운 선율이 노인의 고막 가죽을 무두질했다. 소리를 추적해갔다. 한 여성이 사람들에게 둘러싸여 악기를 연주하고 있었는데, 그것은 어제 소년이 들고 있던 것과 똑같은 것이었다. 노인은 자신의 실수를 깨달았다. 전날 들은 그 불쾌한 소리는 바이올린 잘못이 아니었다. 다만 소년이 그것을 '잘못 사용'하고 있던 것이다.

　같은 바이올린 연주여도 영화 〈싸이코Psycho〉의 샤워 씬 음악은 극도의 불안을 선사하지만, 클라라 주미 강이 연주하는 〈타이스의 명상곡〉은 영혼을 치유한다. 누가 어떻게 사용하느냐에 따라서 소음 혹은 복음福音이 될 수도 있다.

　'겸손'도 마찬가지다. 올바르게 사용하면 세상을 비옥하게 만들지만, 잘못하면 지옥으로 만들 수도 있다. 우린 대체로 후자의 길을 걷는다. 겸손을 다음과 같은 의미로 사용하기 때문이다.

　레지나 : 너 정말 예쁘다.

　케이디 : 고마워.

　레지나 : 맞다고?

　케이디 : 뭐?

　레지나 : 너도 네가 정말 예쁘다고 생각하는 거냐구.

　케이디 : ……

　〈퀸카로 살아남는 법〉에서 퀸카 레지나가 신입생 케이디와 나누는 대화이다. 레지나는 케이디에게 일종의 실험을 했던 것인데, '겸손 테스트'였다. 통과하면 자기와 친구가 될 수 있고, 통과하지 못하면 왕따가 될 것이다. 레지나의 마지막 문장은 앞으로 케이디의 학교 적응기가 만만치 않을 것임을 시사한다.

그럼 레지나의 '겸손 테스트'를 통과하려면 케이디는 어떻게 답해야 했을까? 이런 식이 아니었을까? "무슨 말이야. 네가 훨씬 더 예뻐", "아냐. 너에 비하면 난 오징어지." 이게 바로 현실 속 겸손이다. 소년의 바이올린 연주처럼 아주 잘못 사용되고 있는 것이다.

그럼 올바르게 사용하는 겸손은 어떤 것일까? '남들 위에 올라서지 않는 것', 그게 진정한 겸손이다. 당신은 아마도 이렇게 말할 것이다. "아~사람은 모두 평등하니까 타인을 나와 같은 높이에 두라는 거지?"

음, 비슷하지만 틀렸다. 겸손은 나와 상대를 같은 높이에 두는 게 아니다. '높이'라는 개념 자체를 포기하는 것이다. 스스로 10층에 오른 뒤 타인도 10층에 올리라는 게 아니라, 모두 함께 0층으로 내려가는 것이다. 대한민국에서 개인의 위상을 백지화 하라는 건 자본주의 사회에서 사유재산을 포기하라는 것만큼이나 몽상적이다. 후자가 얼마나 어려운 일인가는 비틀즈의 전 멤버 존 레논만 봐도 알수 있다.

레논은 지금도 세계 평화의 앤섬anthem으로 불리는 〈이매진〉에서 "사유재산이 없는 세상을 꿈꾸어 보라. 그러면 당신도 내 친구가 될수 있다"고 노래했다. 하지만 그는 이 가사를 아방궁 같은 자신의 대저택 침실에서 썼다. 그리고 뮤직비디오는 '공원'이라 불리는 8만8천 평 부지의 자기 집 앞마당과 마치 천국 같은 피아노 룸에서 촬영했다.

겸손이란 가치가 태어날 때 오만이란 쌍둥이도 함께 태어난다. 오만은 필요에 따라 내가 알아서 자제할 것이지, 남을 길들이기 위한 협박 도구가 되어선 안 된다. 인사란, 반가운 사람을 보고 자연스럽게 나오는 행동이지, 안 하면 화장실로 끌려가야 하는 게 아닌 것처럼 말이다.

당신 주변에 인사의 중요성을 강조하는 사람이 있다면 그에게 한번 제안해 보라. 앞으로 우린 무조건 먼저 본 사람이 먼저 인사하자고. 십중팔구 불쾌감을 드러낼 것이다. 그가 원했던 건 친밀감이 아니라 당신의 복종이기 때문이다. 그가 보고 싶은 건 당신의 눈이 아니다. 당신의 정수리다.

우리가 아는 겸손의 실체도 이것이다. 그게 좋은 것인 양 모두가 떠들어대지만 정작 자기 쪽에서 실천할 마음은 아무에게도 없다.

'K 불치병', 위아래

우린 모든 것에 높이를 매긴다. 고령층과 저연령층, 고학력자와 저학력자, 고위직과 하위직, 고등생물과 하등생물, 고급 상품과 저급 상품, 고상한 취미와 저속한 버릇 등등. 누군가를 처음 만났을 때 득달 같이 나이부터 물어보고, 회사에 갓 입사했을 때 만나는 사람마다 직함부터 확인하는 이유도 이 때문이다. 나와 그 사람 높이를 비교하기 위해서다.

갑질과 위계, 권위는 오늘날 Z세대로 하여금 알레르기 반응을 가장 심하게 일으키는 단어이기도 하다. 그럼에도 불구하고 좀처럼 사라지질 않고 있다. 기득권의 인식 변화가 더딘 탓도 있지만, 무엇보다 피해 집단의 패배주의가 문제다.

내가 체감하는 바 '갑질'이란 말이 본격적으로 확산된 지는 10년 정도 된 것 같다. 짧다면 짧을 수도 있지만 사실 강산이 변하는 시간이다. 지난 10년간 K팝과 한국 영화의 위상이나 스마트폰 보급률, OTT의 성장을 생각해 보면 결코 짧은 시간이 아니란 걸 알 수 있다.

그러나 갑질 문제는 여전히 제자리다. 아파트 주민이 경비원을 폭행했다는 뉴스와 직장 내 성추행이 발생한 후 직급이 낮은 피해자가 인사 조치를 당했다는 뉴스는 오늘도 쏟아지고 있다.

똑같이 10년 전과 비교할 때 지금의 공공장소 흡연 양태는 판이하다. 전에는 흡연자가 노상, 공원, 주점, 카페, PC방, 당구장 등을 지배했다. 비흡연자는 그들의 끽연 공격에 일방적으로 폐를 두들겨 맞아야 했다. 오늘날 흡연자는 사실상 공공장소에서 추방당했다고 봐도 무방하다. 이제 실내 흡연은 상상도 할 수 없는 일이 되었다.

이러한 드라마틱한 변화 뒤에는 엄격해진 법도 있지만, 눈치 보기로 유명한 우리나라에서 때론 법보다 강한 게 '다수의 시선'이다. 꾸준히 흡연율이 감소해온 결과 이제 흡연자는 어딜 가나 소수이다. 다수가 소수에게 '상식'을 무기로 압박하면 소수는 버티기 힘들다.

코로나 바이러스가 다소 진정되자 정부는 야외에서의 마스크 착용 의무를 해제했다. 그런데도 사람들은 선뜻 마스크를 벗지 않았다. '눈치가 보여서'다. 대다수의 사람들은 지난 몇 년간 일상을 송두리째 마비시킨 바이러스에 대한 경계를 쉽게 풀지 않았다. 그 다수의 경계심이 마스크를 벗고 싶은 소수를 압박해 계속 착용하도록 만든 것이다.

갑질의 가해자는 대체로 집단 내 소수다. 그런데 다수의 피해자는 왜 그들을 아직 몰아내지 못했을까?

그들 자신부터 아직도 '높이'에 대한 인식을 바꾸지 못했기 때문이다. 갑질은 나이나 직함의 높이를 인격의 높이로까지 연장하면서 벌어지는 오류다. 그런데 다수가 여전히 이게 오류라는 인식을 하지 못하니 변화가 생길 리 없다. 그만큼 개인에 따라 높이가 다르다는 확신은 광범위하면서도 뿌리 깊다.

권력을 인격과 동일시하는 세상에서 높은 위치에 있는 자들은 결코 자리에서 내려올 생각이 없다. 그들은 어떻게 해서든 자신의 권리를 지키려 들 것이다. 타인에게 함부로 갑질할 수 있는 권리, 무례할 수 있는 권리, 함부로 대할 수 있는 권리 말이다. 그걸 한데 묶어 '겸손하지 않아도 될 권리'라 한다.

다시 한 번 강조하지만, 진정한 겸손은 누구 위에도 올라서지 않는 동시에 누구 밑에도 들어가지 않는 것이다. 상하上下가 없는 상태에서 누구도 지배하려 들지 않고 누구에게도 복종하지 않는 것이다.

한국 사람에게 유독 "겸손하지 말라"는 주문이 생소하게 들리는 이유도 이 때문이다. 평생을 윗분과 아랫것이 존재하는 세상에서 살았기 때문이다.

그래도 착한 아이가 되고 싶은가

착한 아이처럼

말만 잘 들으라 해서 시키는 대로 했는데 yeah yeah

(…) 내가 봐도 나는 정말 쉬웠어

난 울다가도 사랑 주면 웃었어

- 거미의 〈어른아이〉 중

"세상을 좀 알 것 같다"고 말하는 사람은 이제 더 이상 착한 사람이 되지 않겠다고 다짐한다. 착한 사람은 내 밥그릇 못 챙기는 사람, 내 생각을 당당하게 말하지 못 하는 사람, 부당한 처우를 당하고도 그냥 넘어가는 사람이란 걸 알았기 때문이다.

그런데 다른 사람이 그러고 있으면 '착하다'고 칭찬한다. 그러다가 그 사람이 고개를 갸우뚱하며 "이거 내가 참고 있는 게 맞아?"라고 하면, "네 장점이 뭔지 알아? 착한 거잖아."라고 추켜세운다. 그러면 상대는 '아, 참는 게 맞는 거구나.' 하고 확신한다. '착함 거부자'의 전략에 넘어간 것이다.

〈오징어 게임〉의 기훈(이정재)은 오일남 할아버지와 깐부를 맺고 구슬 게임에 돌입한다. 그런데 곧 게임의 숨겨진 규칙이 공개된다. 깐부와 1대1 대결을 해서 승자는 살아남고 패자는 죽는다는 것이다. 데스매치의 '데스'는 일반적으로 '탈락'을 가리키지만, 이들에겐 문자 그대로 '죽음'을 뜻했다.

따뜻한 마음씨의 기훈도 죽음 앞에서는 정직을 포기했다. 그는 오일남의 치매기를 이용해 홀짝 게임에서 속임수를 쓴다. "짝"이라고 말해놓고 할아버지 손에 홀수의 구슬이 들려 있으면 "방금 홀이라고 했으니까 제가 이긴 거죠?"라는 식으로 말이다.

우리의 '착한 사람 되기 게임'도 마찬가지다. 서로가 "너 참 착하다"며 칭찬하지만, 각자의 소매 속에는 위조한 에이스를 숨기고 있다.

사기꾼이 가장 먼저 하는 행동은 미끼를 던지는 것이다. 우선 상대에게 천국을 보여주고 지옥으로 끌고 들어간다. '착한 사람 되기 게임'에 사용되는 미끼는 도덕, 윤리, 예의, 상식, 미덕 등이다. 이 다양한 프로그램 파일을 하나로 묶어 '확신.exe'로 만들면, 착한 아이는 아무런 의심도 없이 파일을 실행한다. '호구 별 크래프트'에 온 걸 환영한다.

어린아이와 초보자, 신입은 아직 비판적 사고를 할 능력과 여유가 없다. 그들은 빨대다. 어른과 선배가 가르치는 걸 "넵넵"하고 쭉쭉 빨아들인다. 하지만 선배들이 준비한 건 단순 음료가 아니라 버블티다. 달콤한 음료 밑에 타피오카 펄이 잔뜩 깔려 있다. 각 펄에는 다양한 행동 강령이 적혀 있다. 아이는 어른을, 아우는 형을, 제자는 선생을, 자식은 부모를, 후배는 선배를, 부하직원은 상사를 하늘처럼 떠받들고 존경해야 한다는 것이다.

일단 달콤한 음료로 혀를 적시고 나면, 밑에 깔려 있는 게 무엇이든 계속 들이킨다. 첫맛이 좋았으니 끝맛도 응당 좋을 거라 확신하고 빨대를 큰 사이즈로 바꾼다. 하지만 타피오카 펄은 음료처럼 술술 빨려 올라오지 않는다. 그것은 크고 무겁다. 종종 빨대 중간에 낀다. 하지만 전부 먹어치우기로 맘먹은 이상 더 큰 힘을 내어 쪽쪽 빤다. 펄 안에 복종이란 마약이 들어 있다는 사실은 꿈에도 모른다,

이제 권위자가 가장 싫어하는 게 뭔지 눈치 챘을 것이다. 바로 '평등'이다. 물론 그들은 '(또래나 같은 직위에 있는) 너희끼리는 서로 존중하고 사이좋게 지내라'고 말할 것이다. 그러나 너희보다 높은 클래스에 있는 나와 맞먹는 건 꿈도 꾸지 말라 으름장을 놓는다. 그게 바로 그들이 가르치는 '착한 아이가 되는 법'이다. 그게 우리가 배운 '착한 아이'다. 그런데도 계속 착하게 살고 싶다면, 뭐 좋으실 대로. 앞으로 나와 친하게 지내기를 바란다. 당신을 맘껏 조종하고 요리하고 등쳐먹어 주겠다.

4장

열심히 살아야 한다는
확신

우리는 한때 모두 창조가

창조하는 자가 아닌 한 그 누구도

무엇이 선이고 무엇이 악인지 모른다.

– 니체의 『차라투스트라는 이렇게 말했다』 중에서

국내 최초 코로나 바이러스 감염자가 나오기 한 달 전(2019년 12월), 교육부는 초등학생 장래희망 순위를 발표했다. 3위에 '유튜버'가 올랐다. 전부터 꾸준히 상승해온 직업이었다. 그러나 코로나가 확산하면서 '유튜버'는 주춤했고, 대신 '의사'가 치고 올랐다. 팬데믹에 따른 일시적 변화로 보인다. 비행기 승무원 순위가 뚝 떨어진 것만 봐도 알 수 있다.

그런데 팬데믹 전이든 후든, 초중고 순으로 올라갈수록 희망직업은 일정한 양상을 띠며 변화했다. 나이가 어릴수록 '크리에이터'나 '웹툰 작가', '가수'처럼 개인의 창조력이 요구되는 직업을 선호했다. 반면 나이가 많을수록 '교사'나 '경찰 공무원' 같은, 튼튼한 조직에

속한 직업이 강세를 보였다. 이건 무얼 의미할까? '현실'을 고려할수록 창조력과는 멀어진다는 게 아닐까?

설문에 답한 초등학생 중 50%가 그 직업을 택한 이유로 "내가 좋아해서." 라고 답했다. 다른 고민 없이 오롯이 내가 하고 싶은 일을 택할 때 인간은 '창조적인' 일을 하고 싶어 한다는 방증이라 할 수 있겠다. 반면 공무원이 되고 싶다고 답한 중고등학생 대부분은 고용 '안정성'을 꼽았다.

누군가 내게 "신은 무어라 생각하는가?" 라고 묻는다면 나는 '창조'라고 답하겠다. '창조'란 단어는 명사지만 동사의 의미를 품고 있다. 인간은 동사를 존재로 인식하지 못 하는 경향이 있다. 일정한 형태로 고정돼 있지 않기 때문이다. 이를테면 '사랑'도 마찬가지다.

우리는 사랑을 '느낀다.' 그러나 아이폰처럼 손에 잡히지는 않는다. 창조도 그렇다. '창조물'은 형태를 띠고 고정되어 있는 반면, '창조'는 형태가 없고 계속해서 변한다. 그래서 창조자는 변화를 가까이 해야 하고, '안정'이나 '안주安住'를 멀리해야 한다.

「창세기」에 따르면 '신은 자신의 형상을 본 따' 인간을 만들었다. 이 말을 문자 그대로 해석한 사람들은 백인남성 신을 만들어냈지만, 진정한 '신의 형상'이란 그의 '창조력'을 뜻한다. 신이 정말로 존재한다면 그의 자취를 찾아볼 수 있는 건 우주밖에 없다. 우주가 없다면 애초에 신을 상상할 이유조차 없다. 우주 창조에 관여하지 않은 신은 우리 삶을 관장할 수도 없다. "신이시여, 세상이 왜 이럽니까?"

라고 물었을 때 "나한테 왜 물어? 내가 만든 것도 아닌데." 라고 답하는 신을 상상할 수 있는가? (이런 신을 위해 그토록 많은 돼지 머리가 날아갔다니!)

우주는 사실 1초도 가만히 있지 않는다. 고정과 안주安住는 우주와 전혀 어울리지 않는 단어다. 별이나 블랙홀을 만들었다가 없애고 또 새로운 걸 만든다. 전에 관측된 은하가 점점 멀어지는 걸로 보아 우주는 크기도 계속 달라지는 것 같다. 빅뱅은 한가한 신의 불꽃놀이가 아니라 창조였다. 만물은 이 창조의 결과물이다. 지금 이 글을 쓰고 있는 나도, 당신도, 51구역에서 과학자들과 협업 중인 외계 손님들도.

교과서 모퉁이의 깨알 만화부터 55년에 걸쳐 완성한『파우스트』, 140년째 짓고 있는 사그라다 파밀리아 성당, 만리장성, 바벨탑, 공중정원까지 인간은 유구한 역사 속에서 계속 뭔가를 창조해왔다. 출생률이 바닥을 치는 지금도 사람들은 '인간이 할 수 있는 가장 위대한 행위'로 '출산'을 꼽는다. 생명 창조의 순간만큼 인간 스스로 신의 자식임을 확신하는 때도 없다.

어린이들이 유튜버라는 직업에 끌리는 이유는 그것의 창조성 때문이다. 먹방이든 종이접기든, 〈엉덩이 탐정〉 리뷰 영상이든, '내가 만든' 걸 다른 사람에게 보여주고 그 반응을 살피려는 성향은 어릴 적부터 나타난다. 내가 어릴 때도 아이들은 장래희망을 묻는 질문에 만화가나 우주비행사, 대통령이라고 답했다. 〈공포의 외인구단〉

이나 화성Mars 도시, 살기 좋은 나라를 '창조하고 싶은 바람' 때문이었다.

그랬던 그들이 고등학생이 되자 일제히 '회사원'이 되고 싶다고 했다. 이유는 '시키는 대로만 하면 되니까'였다. 그들은 이상이라는 기회비용을 지불하고 현실과 타협했다. '하고 싶은 것만 하며 살 수 없다'는 어른들의 말을 고스란히 수용했다.

하지만 그들도 어릴 땐 허구한 날 부장에게 혼나는 고길동보다 "호이!" 한 방이면 신기한 것들을 마구 창조해내는 둘리가 되기를 꿈꾸었다. 창조는 누구나 하고 싶어 하지만 누구도 쉽게 하려 들지 않는다. 안전하지 않기 때문이다.

2022 베이징 동계올림픽에서 관광객을 안내하고, 경기장을 청소하고, 선수촌 식당에서 음식을 만들고 서빙한 건 전부 로봇이었다. 지금 내가 이 글을 쓰고 있는 곳도 무인으로 운영되는 카페다. 키오스크로 결제하면 바리스타 로봇이 커피를 제조하고, 커피가 완성되면 서빙 로봇이 커피 잔을 손수 내 자리까지 가져온다. 창조력이 필요 없는 곳(요리도 창조력이 요구되지만, 사실 창의성은 거의 레시피에 있지 않은가.)에서 인간은 점점 자취를 감추고 있다. 앞으로 창조력을 발휘하지 않고서는 먹고 살기 힘들 게 거의 분명해 보인다.

창조력은 현재로서 AI에 대항할 수 있는 인간의 가장 큰 무기이다. 자꾸 노안 고딩에게 속아서 술, 담배를 파는 편의점 직원 대신 망막안저를 스캔해 생체 나이를 정확히 측정하는 AI가 대신 바코드를 찍고 계산해 줄 날이 얼마 남지 않았다. 그때 창조력은 인간에게 선택이 아니라 필수가 될 것이다.

문제는, 항상 뭔가를 열심히 하려는 태도가 그걸 방해한다는 것이다.

많이 배운 사람이 늘 창조적인 건 아니다

가끔 서점에 가면 유독 표지가 눈길을 끄는 책들이 있다. 그렇다고 표지만 보고 덜컥 15,000원을 결제하자니 부담이 되는 것도 사실이다. 이럴 때 나의 눈은 본능적으로 작가 프로필을 향한다. 명문대를 나왔거나 그럴 듯한 직장을 다니면 최소한 이 책을 펼쳤을 때 채변봉투가 터져 나오진 않을 것 같기 때문이다.

정말 그럴까? 지난 20여 년간 꾸준히 독서를 한 결과 깨달은 건, 작가의 가방끈과 책의 퀄리티는 거의 상관이 없다는 것이다.

엘리트라고 해서 늘 중요한 것에 대해 이야기하는 건 아니다. 그들도 사적인 자리에선 똑같이 직장상사를 욕하고, 남편이나 여친 흉을 보고, 아이돌 외모를 평가하고, 야동 품번을 공유한다. 누군가가 박학다식하다는 건, 자기 본모습을 가릴 장막을 여러 겹 갖추고 있다는 뜻이다. 그들의 입속은 도라에몽의 4차원 주머니다. 온갖 신기한 것들이 쏟아져 나온다.

이런 사람과 대화하면 처음에는 재밌다. 마치 다양한 밑반찬이 나오는 식당과 같다. 그런데 어째 죄다 어디선가 먹어본 것 같다. 아, 생각났다. 이건 김밥헤븐에서, 저건 김씨네서 먹어봤다. 자세히 보니 이 식당에는 주방이 없다. 여기저기서 사온 음식을 되팔고 있을 뿐이다. 왜 그럴까? 그게 안전하기 때문이다. 그러면 식당 주인은 자신의 형편없는 요리 실력을 들키지 않아도 된다.

지식인들의 대화라는 게 대부분 이런 식이다. 이것저것 떠벌리는 건 많지만 자기 생각은 하나도 없다. 하나같이 어디선가 읽은 글, 누군가가 한 말이다. 그들은 이미 창의적이라고 평가받은 이야기를 자기 입으로 내뱉으면 자기가 창의적인 사람이 된다고 착각한다. 이들 중 상당수가 학창시절 모범생이었다.

모범생의 특징은 첫째, 시험 점수가 높다는 것이고, 둘째, 절대로 자기 목소리를 내지 않는다는 것이다. 수업 중 의문이 생겨도 질문하지 않고 꾹 참는다. 선생님 심기를 건드릴 수 있기 때문에. '네!'는 모범생의 언어인 반면, '왜?'는 문제아의 언어다.

해외에서 어학연수를 할 때 만난 한국 학생들은 대부분 듣기와 읽기에서 강점을 보였다. 반면 말하기와 쓰기 실력은 상대적으로 떨어졌다. 한마디로 인풋은 강하고 아웃풋은 약했다. 물론 난 둘 다 못했다.

내가 속한 반에 어느 날 한 영국인 강사가 새로 부임했다. 이름을 매튜라고 하겠다. 하루는 매튜가 예전에 한국과 일본을 오가며 영어 강사를 하던 시절 이야기를 들려주었다. 학급의 반 이상이 한국과 일본 학생이어서 잘 보이고 싶었는지, 코리아 어쩌구 재팬 저쩌구

하니까 귀가 쫑긋했다. 불행히도 당시 내 영어 실력은 엉망이었다. 하지만 옆자리에 앉은 한국인 누나는 한국에서 토익 강사로 재직 중이었다. 나는 매튜가 무슨 말을 하는지 미친 듯이 궁금했다. 누나에게 통역을 부탁했다.

이야기 초반은 무난했다. 그는 강남 영어학원에서 일하다가 자기가 가르치던 학생 중 한 명(대학생이다)과 동거를 시작하고 같이 일본으로 건너갔다고 한다. 그곳에서 함께 몇 년을 더 살고 이번에 여기로 같이 왔다고 한다. 그러다가 뜬금없이 독도 이야기가 튀어나왔다. 한일 학생이 반 이상인 교실에서 독도 이야기라? 이제부턴 '모두가' 행복할 순 없는 노릇이었다. 어느 한쪽은 기분이 상해야 했다. 그리고 그게 한국이 될 가능성이 점점 더 높아져 갔다. 누나의 통역에 따르면 말이다.

방금 내 귀에도 분명히 들린 단어가 하나 있었다. "Sea of Japan." 누나의 통역대로라면 매튜는 솔직히 독도가 어느 나라 땅인지는 모르겠지만 그 섬이 일본해에 있다는 걸 고려해볼 필요가 있다고 했다. 나는 분노했다. 여태껏 안물안궁 한국인 여성과의 동거 스토리를 늘어놓고선 이제 와서 일본해라니?

분개한 나는 누나에게 우선 동해는 Sea of Japan이 아니라 East Sea이며, Sea of Japan에 있는 독도가 일본 땅이라면, 북아일랜드는 왜 아일랜드 땅이 아니냐고 말하라고 했다. 그녀는 손사래를 쳤다. 자기 실력으론 무리라는 것이다. 하지만 그녀에겐 그만한 실력이 있었다. 매튜의 'territorial skirmish'(그는 이 괴상한 말을 거듭했다.)

같은 어려운 말도 듣고 통역해냈다. 그럼에도 그녀는 침묵했다.

결국 내가 나섰다. 북아일랜드 부분은 일찌감치 포기했지만.

"No Sea of Japan. East Sea. It's Korea. No Japan."

매튜는 눈썹을 치켜뜨며 흥미롭다는 듯이 내게 말했다. "Is it? You sure?" 일본 친구들은 쥐 죽은 듯 조용했다.

내가 지금 여기서 무슨 독립투사 행세하려는 게 아니다. 나만 역사 의식이 투철하다는 것도 아니다. 다만 내가 외국에서 만난 한국 학생들 대부분이 우리 역사에 대해 외국인이 자유롭게 떠들어대는 동안 침묵으로 일관했다는 것이다.

어쩌면 당연한 거 아닌가? 학창시절 내내 선생님 말씀에 토 달지 않고 경청하는 법만 배웠는데 말이다.

천재들은 왜 공부를 열심히 하지 않을까

윌리엄 버틀러 예이츠는 아일랜드인들로 하여금 우리도 셰익스피어의 나라에 뒤지지 않는다는 자긍심을 심어 준 인물이다. 그런데 그런 그가 학창시절에는 난독증으로 고생했다. 천재 시인 반열에 오르고 나서도 그의 철자법은 개판이었지만 아일랜드인 최초로 노벨 문학상을 받았다.

아이큐가 200이 넘는다는 설도 있고, 그의 이름을 딴 녹색 우유를 마시면 내 자식도 수학경시대회에 나갈 수 있다는 미신을 양산했던 아인슈타인. 그런 그도 학창시절 학습장애를 앓았다. 그가 단순 공부벌레였다면 특허청 사무실에 앉아 시간과 공간이 엿가락처럼 늘어날 수 있다는 미친 생각을 하진 않았을 것이다. 차라리 호메로스나 플라톤을 읽었겠지.

래퍼 에미넴은 학창시절 영어 성적이 형편없었다. 그랬던 그가 2013년 발표한 〈Rap God〉이란 노래에는 1,560개의 단어를 때려

박으며 '가장 많은 단어로 이루어진 노래' 세계 기록을 세웠다. 평균 초당 4.28개의 단어를 쏟아낸 것이다. 다들 알겠지만 랩 가사는 라임이 생명이다. 그 말은, 1,500개가 넘는 단어를 무작위로 배치한 게 아니라 '이유가 있어서' 그 자리에 넣었다는 뜻이다. 게다가 그는 '가장 많은 유니크한 단어를 사용한 작사가'로도 유명하다. 지금까지 그의 가사에는 8,910개의 유니크한 단어가 사용되었다. 노벨문학상을 수상한 밥 딜런은 4,800여 개에 머물렀다. (이상 2020년 현재)

과거 인터뷰에서 그는 단어를 문자가 아니라 레고 조각처럼 본다고 했다. 각 단어가 만들어내는 소리에서 요철(凹凸)을 발견하여 적당한 곳에 끼워 맞추다 보면 괜찮은 라임이 만들어진다는 것이다. 그는 작사가라기보단 건축가에 가까웠다. 〈Fast Lane〉이란 곡의 뮤직비디오를 보면 에미넴이 마치 〈마이너리티 리포트〉의 탐 크루즈처럼 공중에서 단어들을 조합하는 장면을 볼 수 있다.

위의 인물들은 하나같이 어릴 때 집중력이 약하고 학습장애를 겪었는데 어떻게 위대한 창조자가 되었을까? 답은 창조가 이루어지는 그 독특한 과정에 있다.

마법의 네 글자, "낄끼빠빠"

어릴 적 친구들은 내가 연습장에 그린 낙서를 찢어달라고 졸라댔다. 조숙한 사내아이들은 엄마가 보는 여성잡지에서 속옷광고를 찢어와 500원을 주면서 최대한 정밀하게 그려달라고 부탁했다. 그것은 사내아이로서 학교에서 왕따 당하기 십상인 운동도, 싸움도 못하던 나의 생존 방식이었다. 결국 난 미대에 들어갔다.

미대생들이 신입생 때 꼭 한번 해보는 짓이 있다. '만취 상태로 그림 그리기'다. 왜 그런 짓을 하냐고? 이제 성인이 되었으니 합법적 음주도 가능하겠다, 뭔가 맨 정신에 그릴 때와는 다른 기발한 게 탄생하지 않을까 하는 기대에서다. 소주 두 병으로 애씨드 트립^{acid trip}(LSD 약물의 환각 체험) 같은 걸 기대한 모양이다.

결과는 대부분 안 좋았다. 크리틱 시간(교수와 학생들 앞에서 작품 발표를 하고 비평을 듣는 시간)에 교수님은 어두운 낯빛으로 앞으론 캔버스에다 주사 부리는 일 없도록 하라고 당부했다.

그런데 가끔 책이나 다큐멘터리를 보면 정말로 일부 예술가들은 술과 마약에 취해 명작을 탄생시켰다는 내용이 나오긴 한다. 프랑스 천재 시인 랭보와 보들레르의 문학 세계도 압생트와 해시시를 빼놓고는 논할 수 없다. 그런데 우리들은 왜 실패했을까?

이렇게 생각해 보자. 아무리 백종원이어도 재료가 부족하면 할 수 있는 게 거의 없다. "이건 무조건 맛있쥬." 라고 말하는 그의 손에서 설탕, 다시다, 파를 빼앗아 보라. 아무리 사람 좋기로 소문난 그라도 육두문자를 쏟아낼 것이다.

> "창조란, 한마디로 점들을 연결하는 겁니다. 원래 있던 점들을 새롭게 연결함으로써 참신한 게 나오는 거죠. 그렇게 할 수 있는 비결이 뭐냐고요? 둘 중 하나입니다. 다른 사람들보다 더 많은 경험을 했거나 아니면 자신의 경험에 대해 더 많이 생각해 봤거나. 안타깝게도 그런 사람은 드물어요. 보통은 연결할 수 있는 점들이 부족하거든요."
>
> - 스티브 잡스 (저자 역)

『로미오와 줄리엣』은 『피라모스와 티스베 이야기』를 베꼈다는 말이 나올 정도로 셰익스피어의 문학 세계는 상당 부분 그리스로마신화에 빚지고 있다. 그리스로마신화가 없었다면 단테의 『신곡』이나 괴테의 『파우스트』도 없다. 문학계의 거장들은 무에서 유를 창조한 요술쟁이가 아니었다. 단지 조금 더 많은 재료를 갖고 조금 더 새롭게 조합할 줄 아는 요리사였다. 우리가 신입생 시절 피카소가 되지 못한 건 소주가 압생트보다 약해서, 말보로가 해시시보다 약해서가 아니라 내 안의 재료가 부족했기 때문이다.

그럼 인풋만 충분히 확보되면 창조력이 절로 발휘될까? 그럴 리가. 핵심은 이 네 글자에 있다. '낄끼빠빠'.

'낄' 때란 '열심히 해야 할 때'를 말한다. 이때는 재료든, 자료든, 지식이든 간에 열성을 다해 모으고, 익히고, 연마해야 한다. 창조에는 반드시 이 과정이 필요하다. 아놀드 슈워제너거는 양손을 호주머니에 넣고선 사다리를 오를 수 없다고 했다. 이영애보다 맛있는 라면을 끓이고 싶다면 우선 주방에 물과 면발, 수프, 파, 달걀이 준비돼 있어야 한다.

이들을 한 데 모아 냄비 속에 넣어 보자. 라면이 완성될까? 천만에. 물은 아직도 차다! 나는 이 맛을 정확히 알고 있다.

평소 가족의 허리둘레 치수를 엄격히 관리하는 어머니는 내가 주방에서 라면을 끓일라치면 얼굴을 찌푸리신다. 그래서 어머니 몰래 전기 포트로 물을 끓여 사발면에 붓고 얼른 방으로 가져간다. 그런데 가끔 찬물이 부어져 있다! 어머니 눈치를 보다가 포트 전원 선이 꽂혀 있는지 미처 확인하지 못한 것이다. '열'의 소중함을 새삼 깨닫는 순간이다.

창조에는 반드시 열이 필요하다. 열은 '영감'이다. 영감은 인간이 스스로 만들어낼 수 있는 게 아니다. 그리스신화도 이를 증명한다. 프로메테우스가 제우스로부터 훔친 '불'은 '생각'을 상징한다. (저자의 해석이니 동의할 필요는 없다.)

그건 원래 인간의 것이 아니었다. '신들의 신' 제우스만의 것이었다. 그런데 프로메테우스가 그걸 훔쳐다 인간에게 가져다 준 것이다. 그때부터 인간은 생각이란 걸 하기 시작했다. 제우스는 분노했다. 그리고 도둑놈 프로메테우스를 잔인하게 고문했다.

제우스는 왜 그렇게 화가 났을까? 신의 소유물인 '불(생각)'이 인간 손에 들어가는 순간, 인간은 '열'을 사용함으로써 신 행세를 할 수 있기 때문이다. '신 행세'란 창조 행위를 뜻한다.

열은 영감이라고 이미 말했다. 영감은 창조할 수 있는 능력이 있다는 걸 의미한다. 인간에 대하여 신이 신일 수 있는 이유는 그가 인간을 창조했기 때문이다. 그런데 인간이 창조를 하게 되면 인간도 그 창조물의 신이 된다. 내가 믿는 신은 인간의 이런 모방 행위를 기뻐했을 거라 생각하지만, 제우스는 고깝게 여긴 듯하다.

아무튼 요는, 인간이 영감을 바탕으로 창조를 하려면 신성神性을 떼어야 하기 때문에, 그러기 위해선 우선 일체 '인간다운' 행동을 멈춰야 한다. 인간다운 행동이란 '생각'을 말한다. 즉 우리는 창조하는 동안 그에 대해 생각하기를 멈춰야 한다. '머릿속'으로부터 오후 6시 사무실처럼 재빠르게 빠져나와야 한다.

무조건 열심히 할 때 영감이 찾아오는 게 아니다. 주구장창 열심히 해대는 건 신의 개입을 막는 행위다. 신이 골을 넣어 주기를 기대하면서 골문에 올리버 칸과 노이어와 체흐를 함께 세워두는 것과 같은 행위다.

서큐버스 신화

물론 내 멋대로의 해석이지만, 영감이 어떻게 찾아오는가를 서큐버스신화만큼 멋지게 설명한 예도 드물다. 근데 이야기가 좀 야하다. (오히려 좋을지도.)

서큐버스는 원래 중세 민간신앙에 등장하는 악녀이다. 남자가 자고 있을 때 몰래 꿈에 침입하여 육감적 몸매로 유혹한 뒤 성관계를 맺는다. 여기서 남자는 주로 금욕적 삶을 사는 수도자로 그려지는데, 이는 일종의 메타포다. 그는 '영감을 잃은 창조가'다. 영감을 잃은 자는 신(혹은 뮤즈)과 연결이 끊어진 상태에 놓여 있다. 그걸 속세와 인연을 끊고 사는 수도자에 비유한 것이다.

수도자와 서큐버스 간의 성관계는 창조가와 신이 맺는 재결합을 뜻한다. 단, 서큐버스 자체가 신이라는 건 아니다. 그녀는 창조가와 신을 연결하는 가교 역할을 한다.

서큐버스는 꿈속에서 수도자의 정기를 흡수한다. 마치 예전에 성행하던 불법 웅담 채취와 같다. 몸에 좋다고 알려진 곰쓸개를 얻기 위해 곰한테 캔디를 물려주고 그들이 단맛에 정신이 팔린 동안 쓸개에 관을 삽입해 즙을 추출해 낸다. 서큐버스가 하는 짓이 딱 이렇다. 남자가 그녀 몸에 정신이 팔린 동안 몰래 그의 정기를 쪽쪽 빨아먹는다. 관계가 끝나면 남자는 초죽음이 된다. 늘상 하던 일도 못 하게 된다.

서큐버스신화가 영감의 알레고리라면, '늘상 하던 일'은 무얼 뜻할까? 우리 모두가 열중하는 일, 바로 '애쓰기'다. 신과 나 사이의 브로커(서큐버스)가 다녀가면 나는 애쓰기를 멈춘다. 열심히 하지 않는다. 그때 비로소 신과의 결합이 시작된다. 이게 바로 영감이다.

"음악이 우선 내게 다가와야 해요. 그러려면 우선 내가 비워져 있어야 합니다. 음악이 들어올 수 있는 공간을 주는 거죠."

피아니스트 임현정의 말이다. 그녀도 뮤즈는 빈방을 좋아한다는 걸 알고 있었다. 우리는 대개 잘하고 싶은 마음으로 내면의 방을 가득 채운다. 마치 악덕 여관 주인처럼 한 방에다 몇 팀의 손님을 한꺼번에 받는다. 이 같은 포화 상태에선 스티브 잡스가 말한 창조적 연결이 불가능하다. '연결자'가 방문할 공간이 없다.

〈황금알을 낳는 거위〉에 대해 들어보았을 것이다.

어느 날 농부가 일하고 있는데 거위 한 마리가 농장에 들어왔다. 이게 웬 떡이냐 싶어 집 기둥에 묶어 두었다. "오늘 저녁은 거위탕 Go!" 농부는 콧노래를 부르며 솥에 물을 끓였다. 그 사이 거위가 알을 하나 낳았다. 자세히 보니 황금알이었다. 거위는 목숨을 건지고 농부는 황금알을 시장에 내다 팔았다. 꽤 많은 돈이 들어왔다. 한 번

재미를 보자 욕심은 걷잡을 수 없이 커졌다. 알을 20개 정도만 확보해도 당장 농사를 때려칠 수 있을 것 같았다. 문제는 거위가 알을 너무 드문드문 낳는다는 것이었다. 농부의 인내심은 한계에 달했다. 결국 그는 낫으로 거위의 배를 갈랐다. 당연히 그 속엔 아무것도 없었다.

영감은 이야기 속 황금알처럼 보챈다고 얻을 수 있는 게 아니다. 산란까지는 '아무것도 안 하고 기다리는' 시간이 요구된다. 창작을 해본 사람이라면 〈토탈 이클립스〉에서 랭보가 도서관에서 내지르는 끔찍한 비명에 공감할 것이다. 뮤즈를 애타게 찾는 비명이다. 하지만 뮤즈는 이미 마음이 식은 임금과 같다. 내전에 발길을 끊었다고 왕 멱살을 잡고 억지로 끌고 올 순 없지 않은가?

바람과 태양이 나그네를 놓고 내기를 벌인 이야기를 기억하는가? 바람이 아무리 세차게 불어도 나그네 외투를 벗길 수 없었다. 되려 나그네는 외투를 더욱 단단히 고쳐 입었다.

하지만 태양은 어떤가? 그는 가만히 있었다. 아무것도 하지 않았다. 그냥 제자리를 조용히 지키고 있을 뿐이었다. 그러자 나그네는 화창한 햇살을 받으며 수영이 하고 싶어졌다. 개울가에서 옷을 하나둘 벗기 시작했다. 뮤즈도 이런 식으로 찾아온다. 헤어진 여친으로부터 '잘지내?' 라는 카톡도 이런 식으로 온다. 미련이 남았다고 해서 [보고 싶다], [미칠 것 같다], [집 앞인데 잠깐 나와] 따위의 문자 폭격을 했다간 둘 중 하나를 보게 될 것이다. 고소 접수장 혹은 그녀의 웨딩 화보.

쉬어라, 창조력을 얻게 될 것이니

유태인의 지혜를 집대성한 『탈무드』의 첫 페이지와 마지막 페이지는 항상 백지로 남겨두는 게 원칙이다. 다른 사람이 쓴 검은 글자를 수동적으로 읽기만 하지 말고, 나만의 탈무드가 백지 위에 스스로 써지는 신비로운 경험을 해보라는 의미에서다.

〈기생충〉의 봉준호 감독은 홍대 앞 만화 가게를 기웃거리다가 〈설국열차〉의 영감을 얻었다. 그는 평소 각 잡고 일하는 스타일이 아니었다. 시나리오 대부분 서재나 사무실이 아닌 동네 카페에서 썼다. 오죽하면 수상 소감으로 "전국의 커피숍 사장님들께 이 상을 바칩니다." 라고 했겠는가.

그날도 그는 머리를 식힐 겸 홍대 앞 만화 가게에 들렀다. 여기저기 책장을 뒤지다가 어릴 때 좋아했던 〈은하철도 999〉를 연상시키는 만화를 발견했다. 제목은 〈눈꽃을 뚫고서 Le Transperceneige〉. 이 만화에서 어떤 영감을 얻겠다는 생각은 없었다. 하지만 인문학적 지식으로 풍요로운 그의 뇌가 가만 있을 리 없었다. 그의 무의식은 만화 속 기차 안의 반란군과 그 옛날 트라키아 출신의 노예 검투사를 연결했을지도 모른다. 그리고 흑인은 무조건 버스 뒷자리로 가야 한다는 통념을 거부했던 로사 파크스처럼 열차 앞 칸으로 치고 나가는 커티스를 탄생시켰다.

폴 사이먼은 어릴 적부터 음악을 무척이나 좋아했지만 스무 살이 넘도록 아무것도 이룬 게 없었다. 보통의 미국 아이들은 고등학교 졸업과 동시에 부모님 집을 나갔다. 22살의 폴 사이먼은 여전히 어머니와 함께 살고 있었다. 음악가로서 미래는 보이지 않았고 사이먼은 좌절했다. 유일한 소확행은 혼자 화장실 변기에 앉아 기타를 치는 일이었다. 화장실은 마치 반향실反響室처럼 기타 소리에 에코를 입혔고, 그는 수도꼭지에서 흘러나오는 물소리에 맞춰 기타 연주를 할 때 가장 큰 행복을 느꼈다. 그렇게 탄생한 곡이 〈The Sound of Silence〉다.

사이먼은 이 노래를 오랜 기간 공들여 만든 게 아니었다. 그저 어두운 화장실에 홀로 앉아 기타 줄을 튕기며 그때그때 떠오른 걸 선율에 옮겨 담은 것이다.

'랩 갓Rap God'으로 불리는 에미넴도 앨범을 말아먹은 적이 있다. 1996년 발표한 〈인피니트Infinite〉는 대실패였다. '나스(유명 래퍼)를 따라 했다', '흰둥이는 로큰롤이나 하라'는 조롱이 쏟아졌다.

그러던 어느 날, 그는 화장실에 앉아 볼일을 보고 있었다. 가난과 싸우는 무명 아티스트에게 유일하게 허락된 휘게hygge였다.

"'슬림 셰이디Slim Shady.' 그냥 갑자기 이 이름이 떠올랐어요. 그걸 내 부캐alter ego로 사용하기로 마음먹자 그와 어울리는 라임 수백 개가 동시에 쏟아졌죠."

그는 자신의 새로운 이름을 따서 〈The Slim Shady EP〉라는 미니 앨범을 만들었고, 그게 결국 힙합 레전드 닥터 드레의 손에까지 들어갔다. '웨스트 코스트의 마이더스'라 불리는 드레의 손을 거친 앨범은 〈The Slim Shady LP〉로 재탄생했고 미국에서만 5백만 장이 넘게 팔렸다.

여기서 우리가 알 수 있는 사실은, 영감은 흔히 생각하는 것처럼 예술가가 최선을 다해 열심히 할 때 얻을 수 있는 게 아니라는 것이다. 진창에서 몸부림칠 때 얻게 되는 건 영감이 아니라 공황과 스트레스성 장염이다. 고흐나 뭉크 같은 천재들의 삶이 고달팠기에 '고통=영감'이란 공식이 생겨나기는 했으나 사실 번뜩이는 아이디어가 스치는 건 오히려 그들 삶 속에 작은 여백이 생겼을 때이다.

래퍼 투팍 샤커는 발표하는 앨범마다 대히트를 치며 승승장구했다. 그러던 어느 날, 투팍의 팬들에겐 청천벽력과 같은 소식이 전해졌다. 그가 나이트클럽에서 만난 여성에게 성폭력을 범했다는 혐의가 인정되어 감옥에 가게 된 것이다.(그는 사망할 때까지 이 혐의를 부인했다.) 8개월 후 그는 보석으로 풀려났다. 그리고 인터뷰에서 말했다.

"사람들은 갱스터 래퍼가 감옥에 갔으니 엄청난 곡이 나올 거라고 기대했어요. 사실은 정반대입니다. 감옥은 영혼을 좀먹는 곳이에요. 교도관들은 나만 보면 으르렁댔고, 동료 죄수들은 나를 '돈 많은 껌둥이 강간범'이라 놀려댔죠. 8개월간 복역하면서 쓴 곡은 기껏해야 한 곡 정도에요. 감옥에 영감 같은 건 없었습니다."

- 〈Tupac: Resurrection〉 중에서 (저자 역)

〈The Don Killuminati: The 7 Day〉는 투팍이 죽고 나서 처음 발매된 정규 앨범이다. 그는 3일 안에 전곡 가사를 썼고, 나머지 4일 동안 믹싱 작업이 이루어졌다. 〈Hail Mary〉, 〈To Live & Die in L.A〉, 〈Me and My Girlfriend〉 같은 명곡으로 무장한 이 앨범은 평론가로부터 클래식이라는 찬사를 들었다. 그런 그가 감옥에 갇힌 8개월 동안 단 한 곡밖에 못 썼다. 우리 마음이 불안과 두려움에 볼모로 잡혔을 때 결코 영감 받을 수 없음을 증명하는 사례다.

아르키메데스에게 임금의 왕관이 순금으로 만들어졌는지 밝혀내라는 어명이 떨어졌다. 만일 실패하면 사형에 처해질 거라는 섬뜩한 경고도 받았다. 그는 두려움에 떨다가 잠시 안정을 취하려고 목욕탕에 들어갔다. 그리고 얼마 후 그는 "유레카!"를 외치며 알몸으로 뛰쳐나왔다. 잠시나마 두려움으로부터 해방된 사이 떠오른 아이디어로 목숨도 건지고 왕의 칭찬까지 받았다.

어릴 적 가슴 뛰며 불태웠던 창작 욕구를 되찾고 싶다면 우선 뭔가를 열심히 해야 한다는 강박에서부터 자유로워야 한다. 이걸 잘 해내지 못하면 끝장이라는 두려움도 떨쳐내야 한다. 쉬어야 한다. 최대한 마음 편히. 가만히 앉아 있는 건 소중한 시간을 갉아먹는 한심한 행동이 아니다.

쉬고, 자고, 멈추고, 멍 때려라. 창조력을 얻게 될 테니.

집중이라는 싱크홀

"주목!"

이것은 어릴 적 내게 가장 미스터리한 단어였다. 선생님은 왜 한 번씩 교탁을 내리치며 '주먹'을 외칠까? 다른 아이들을 보고 의문이 조금 풀렸다. 몇몇 아이들이 굽었던 등을 곧추세우고 양손을 허벅지 위에 올려두었다. 자세히 보니 주먹을 꼭 쥐고 있었다. 그래서 난 그 자세를 취하는 게 '주먹(목)'인 줄 알고 무작정 그들을 따라 했다. 실은 내 어휘력에 문제가 있었지만, 그건 아무런 문제를 일으키지 않았다. 선생님이 내게 원했던 행동도 바로 그것이었으니까.

'주먹'을 하던 중 갑자기 궁금해졌다.

'대체 언제까지 이 자세를 취하라는 거지…? 선생님은 왜 "주먹" 만 외치고, "주먹 펴"라곤 하지 않을까?'

전쟁 중 집중 사격이 길어지면 필시 문제가 생겼다는 뜻이다. 제대로 '집중'이 되었다면 타깃은 이미 끝장났어야 한다. 그런데 좀처럼 사격 중지 명령이 떨어지지 않는 건, 목표물은 제거되지 않고 총

알과 병사들의 체력만 고갈되고 있다는 뜻이다.

집중의 힘은 때론 가공하다. 시험지가 배포되기 전 10분간 들여다본 필기노트의 힘을 경험해 본 사람은 알 것이다. 그러면 갑자기 이런 생각이 든다. '평소에도 시험 시작 10분 전처럼만 공부하면 서울대 가겠는 걸?' 이건 애시당초 말도 안 되는 소리다. 시험 시작 10분 전에 고도의 집중력을 발휘할 수 있던 건 실제로 시험 10분 전이었기 때문이다. 지금껏 '~처럼만 살면'이라는 시도가 얼마나 자주 실패해 왔는가? "오늘이 마지막인 것처럼 살자", "이미 배가 부른 것처럼 먹자", "내가 세상의 주인인 것처럼 당당하자" 등등.

나는 우리나라 최고 수재들만 다닌다는 대학교 학생에게 과외 수업을 받은 적이 있다. 수능 날짜가 얼마 남지 않았는데 모의고사에서 학급 48명 중 46등을 했다. 게다가 하루가 멀다 하고 과외 선생님과 싸웠다. 그가 나를 쳐다보는 눈에서 '이 한심한 생물체는 뭐지?'라는 생각이 읽혔다. (혼자만의 자격지심이었을 확률이 높다.) 그럴수록 나는 더 큰 반항으로 응수했다.

어머니로부터 특단의 조치가 떨어졌다. 새로운 과외교사를 구한 것이다. 이웃집 아주머니한테서 추천받은 이 여대생은 소위 일류대를 다니는 학생은 아니었다.

수능 당일. 나는 신기한 경험을 했다. 시험지 위로 정답들이 마치 슈퍼마리오 코인처럼 뿅뿅 솟아올라오는 느낌이랄까? 내 점수는 최종 모의고사보다 100점 이상 올랐다.

사실 새로운 선생님의 수업은 이전 수업들과 별 차이가 없었다.

한 가지 다른 점은 '휴식'이었다. 그전 명문대 교사와의 수업은 매우 타이트했다. 쉬는 시간 따윈 없었다. 고용주인 어머니가 볼 때 그는 성실한 일꾼이었다. 내가 조금만 집중력이 떨어져도 "내가 고3 때는 옷 갈아입는 시간도 아까워서 집에서 교복 입은 채로 복습했다." 같은 말을 늘어놓았다.

반면 새로 온 교사는 만화 덕후로서, 〈슬램덩크〉와 〈원피스〉의 온라인 카페 운영자였다. 한번 그녀의 집에 놀러갔는데, 온갖 장르의 단행본으로 꽉 채워진 책장이 위용을 과시했다. 야수의 서재를 처음 본 벨이 이런 표정을 지었을까?

수험생 시절 그녀도 빈약한 집중력이 늘 고민이었다. 공부에 집중할 수 있는 시간은 짧고 정신은 자꾸 딴 데로 쏠렸다. 정신을 차려보면 영어 단어장엔 만화 캐릭터 얼굴만 잔뜩 그려져 있었다. 그때 그녀가 개발한 '3-1 공부법(세 문제 풀고 만화책 한 페이지 읽기)'을 우리 수업에도 적용했다.

우린 30분 공부하고 10분간 만화에 대해 수다를 떨었다. 〈너를 태우고〉와 〈언제나 몇 번이라도〉 중 어느 게 더 명곡인지, 서태웅과 김수겸이 얼굴로 맞짱 뜨면 누가 더 인기 있을지 등에 대해 열띤 토론을 벌였다.

30분간 목표 학습량을 채우지 못하면 아까 하던 토론을 마저 할수 없었다. 그래서 나는 집중했다. 알아서 집중이 되었다. 내 주변에 이만큼 만화를 좋아하는 사람이 없었기 때문에 그 10분은 내게 매우 소중했다.

10시간 내내 공부만 한다고?

지금은 '너무 애쓰지 마', '넌 잘하고 있어' 같은 책들이 그렇다면, 20여 년 전만 해도 아이비리그나 서울대 진학생의 공부법에 관한 책들이 베스트셀러 목록을 장식했다. 그들의 어머니는 아침 방송에 나와 '내 자식 이렇게 교육했다'를 주제로 강연했고 방청석 학부모들은 그 내용을 꼼꼼히 받아 적었다.

나도 그들의 책을 몇 권 읽어보았다. 그들은 책상 앞에 한 번 앉으면 10시간 정도 엉덩이를 떼지 않는 건 기본이라고 했다. 그리고 다른 학생이 12시간 앉아 있는 걸 보고 반성했다고도 했다. 12분도 힘든 내 자신이 부끄러웠다. 당연하다. 그 책들은 그러라고 만들어진 거니까. 독자로 하여금 책의 주인공과 나 자신을 비교하여 열등감 주사를 세게 한 방 맞고 각성하라는 것이다.

그런데 그걸 아는가? 우리의 뇌는 원래 공부에 최적화 되어 있지 않다. 과학자 김상욱도 인간의 뇌는 슈뢰딩거 방정식을 외는 것보다 어떻게 하면 잘생긴 남자나 예쁜 여자랑 데이트할 수 있을까에 더 관심이 많다고 했다. 내 친구는 일류대 법대를 나왔는데, 그는 카페에서 내가 잠깐 화장실을 다녀오는 동안에도 니체나 「논어」를 읽으며 기다리고 있다.

하지만 내가 주선한 소개팅에 나가서 상대 여성의 다리에 꽂힌 시선을 거두는 덴 실패했다. 덕분에 나만 욕을 오지게 먹었다.

야동을 보는 도중 갑자기 어제 배운 수학 공식을 떠올린 적이 있는가? 영어공부 중 대문자 Y를 보면서 얼굴이 붉어진 경험은 (특히 남자라면) 틀림없이 있을 것이다.

그럼 그 책의 주인공들은 어떻게 10시간씩 책상 앞에서 집중할 수 있었을까? 둘 중 하나다. 공부를 미친 듯이 좋아했거나 거짓말이거나.

첫 번째 가정이 그럴싸하게 들리는 이유는, 나나 당신도 미친 듯이 좋아하는 걸 10시간 동안 쉬지 않고 하는 게 불가능하진 않기 때문이다. 게임을 미친 듯이 좋아하는 사람에게 PC방에서 10시간 동안 앉아 있는 건 일도 아니다. 제2의 BTS가 되고 싶은 아이돌 연습생은 누가 시키지 않아도 거울 앞에서 10시간 동안 춤추고 노래한다. 나도 한때 헬스에 지독하게 빠졌을 때 리치 피아나라는 보디빌더가 알려준 '8시간 팔운동'을 해낸 적이 있다. 말 그대로 아침부터 저녁까지 쉬지 않고 덤벨을 들었다 놓았다 하는 것이다. (이렇게 하면 하루 만에 팔뚝이 1인치 커진다는데 개인적으로 효과는 보지 못했다.)

아무리 그렇다 해도 이 짓을 매일 반복할 순 없는 노릇. 그러니 두 번째 가정도 살펴봐야 한다. 그게 거짓말이라는 것.

잠깐, 이건 모함이 아니다. 그 책에 실린 내용이 거짓이라는 게 아니라, 일부러 무언가를 빠뜨렸다는 것이다. '그들이 어떻게 쉬었는지' 말이다. 왜냐면 이걸 빠뜨려야 주인공이 더 대단해 보이기 때문이다. 그래야 책도 더 잘 팔린다. 정말로 휴식 없는 10시간 집중을 매일 할 수 있는 사람이 있다면 그건 자기계발서가 아니라 신비주의 책과 함께 꽂혀야 한다. 그는 초능력자가 확실하다. 애초에 우리가 따라 할 수 없는 존재다.

그럼에도 불구하고 수많은 학부모들이 자기 자식도 10시간 동안 온전한 집중을 매일 할 수 있다고 믿었다. 그래서 방과 후 학원 개수를 하나 둘 늘려나갔다. 아이가 학원에 가기 싫어하면 고전적인 '너 때문에 엄마 아빠 등골은 휘는데' 기술을 썼다.

난 아직 미혼이고 지인 중 학부모도 거의 없어서 작금의 교육 실태에 대해 자세히는 알지 못한다. 다만 〈SKY 캐슬〉같은 드라마나 〈펜트하우스〉의 천서진 캐릭터가 많은 공감을 얻는 걸 보면, 그때나 지금이나 우리나라 교육열은 별반 다르지 않은 것 같다.

어떤 학생들은 [잠을 자면 꿈을 꾸지만 잠을 안 자면 꿈을 이룬다] 같은 명언집을 갖고 다니면서 변기에 앉을 때마다 들여다본다. 그러나 꿈을 이룬 뒤 당뇨와 심장질환, 치매, 우울증에 시달리게 될 거란 건 알지 못 한다. 사람이 자기만 알고 공감 능력이 떨어지는 사회 부적응자가 될 거란 사실도 알지 못 한다. 성기능장애, 각종 암에 노출될 확률이 높아진다는 사실 또한 모른다. 알아도 눈을 감는다.

니콜 포셋은 '2012-2013 V-리그'에서 한 경기 55득점이라는 당시 한국 여자배구 역사상 최고 기록을 세운 선수다. 크리스티아누 호날두와 르브론 제임스는 축구와 농구의 대명사인 메시와 마이클 조던에게 유일하게 비견되는 선수다. 이 세 명에겐 한 가지 공통점이 있다. 못 말리는 '잠보'라는 것이다. 그렇다고 이들이 코알라라는 건 아니다. 어떠한 상황에서도 8-9시간의 수면을 확보하기 위해 최선을 다한다는 것이다.

니콜은 중요한 경기에 승리한 날 팀원들과 기쁨에 도취되어 파티를 벌이다가도 잘 시간이 되면 침실로 달려갔고, 르브론은 코트 안에서 괴물이 되기 위해 훈련을 제외한 나머지 시간을 산소 방에서 이구아나처럼 보내다가 10시 전에 잠 들었다. 호날두는 자신과 데이트를 하고 싶어 하던 브라질 미인대회 우승자에게 15분밖에 줄 수 없다고 했다. 집에 가서 일찍 자야 했기 때문이다.

호날두와 동갑내기인 웨인 루니는 한때 호날두보다 더 뛰어난 재능으로 불렸다. 그러나 호날두가 "굿 나이트"라고 인사하고 방에 들어갈 때 루니는 나이트에 가서 담배를 피우고 술을 마셨다. 둘이 전성기 나이에 접어든 이후 루니가 호날두 수준에 오른 적은 단 한 번도 없다.

각 분야에서 최고 자리에 오른 사람들을 보라. 특히 그 자리를 오랫동안 지키는 자들을. 그들은 그 분야의 연습에 쏟는 시간보다 휴식에 더 많은 시간을 할애하고, 그것의 질을 높이는 데 훨씬 더 많은 공을 들인다는 걸 알 수 있을 것이다.

A급과 월드클래스의 차이는 얼마나 '하느냐'보다는 '안 하느냐'에 달려 있다. 미식가와 폭식가의 차이도 수저를 '내려놓을 때'를 아는 가에 달려 있다.

키키 : 전에는 아무렇지 않게 하늘을 날 수 있었는데 지금은 어떻게 했는지 기억도 안 나.

우슐라 : 나도 맨날 그리는 그림이 갑자기 안 그려질 때가 있어. 그럴 땐 잠시 붓을 내려놓고 산책을 해. 경치도 구경하고, 낮잠도 좀 자고. 최대한 아무것도 안 해. 그러다보면 갑자기 그림이 엄청 잘 그려지더라고.

– 〈마녀 배달부 키키〉 중에서

'올인'한 남자들의 구애는 왜 다 실패했을까

매사에 집중해서 열심히 하는 것만이 능사라는 확신을 당장 갖다 버려야 한다. 왜냐면 그게 우리 성장을 위해서 하나도 좋을 게 없기 때문이다. 무슨 헛소린가 하겠지만 사실이다.

지난 몇 년간 이성과의 가장 짜릿했던 에피소드를 대라면, 여사친 방에서 지브리 애니 몇 편을 보고 나온 게 전부다. 라면 대신 비빔면을 얻어먹었다. 나올 때 옷을 고쳐 입을 필요도 없었다. 이러한 장기 長期 옥시토신 가뭄에도 내 연애세포는 용케 말라 죽지 않았다. 우후죽순처럼 생겨난 데이팅 TV 프로그램 덕이다.

수많은 에피소드에 수많은 사람들이 출연했다. 그중 유독 강렬한 인상을 남긴 '한 무더기'의 남자들이 있다. 그들은 하나같이 사전인터뷰에서 여자를 '충분히' 만나보았다고 했다. 방송 초반에는 여유까지 부렸다. 이 여자도 not bad, 저 여자도 not bad다. 조바심 같은 건 없고 그저 즐겜 중이란다.

그러다가 갑자기 한 여자에게 꽂힌다. 그의 행동이 180도 달라진다. 쓸데없이 말이 많아지고 묻지도 않은 서울대, 연고대 동문 이야기를 늘어놓는다. 쌩뚱맞은 데서 고사성어나 시 한 수가 튀어나온다. 그녀를 맘에 둔 다른 남자를 은근히 흉본다. 그녀가 관심을 갖는 남자에 대해선 "그 사람요? 정말요?"하며 비아냥댄다. 결과는 빤했고 0표를 받은 그들은 하나같이 비슷한 심경을 내놓았다. "열심히 했으니 후회는 없습니다."

앞서 말한 일류대 법대를 나온 친구는 시골에서 작은 식당을 운영하는 부모님 밑에서 자랐다. 마을에서 가장 똑똑한 아이였고 늘 부모님보다 아는 게 많았다. 하지만 성인이 되고 나서 그는 한 분야에서만큼은 자기가 모르는 게 많다는 걸 깨달았다. 연애 말이다. 그는 모태솔로였다. 소개팅은 잘 들어왔지만 애프터는 번번이 실패했다. 여자들 집안에 갖가지 안 좋은 일이 터졌다. 불가사의한 일도 벌어졌다. 돌아가신 할아버지가 다시 돌아가셨다.

그가 어느 날 내게 도움을 청해왔다. 자기 문제가 뭔지 솔직히 말해달라는 거였다. 그는 처음에 문제를 자신의 키와 얼굴에서 찾았다. 나는 의아했다. 175센티가 특별히 작은 키는 아니었으며, 지적이고 편안한 인상을 주는 얼굴도 나쁘지 않다고 생각했기 때문이다. 그럼 뭐가 문제란 말인가? 직접 알아보기로 했다. 주변에 친한 여자를 총동원해 그와의 소개팅을 주선했다.

첫 여자로부터 'No'라는 답변이 돌아왔다. 그녀가 내게 말하길, 카페에서 만났는데 친구가 여자 음료 한 잔만 주문했다는 것이다. 그녀가 물었다. "○○씨는 뭐 안 마셔요?" 그가 웃으며 답하길, "네,

저는 XX씨 기다리면서 물 많이 마셔서요." 여자는 얼굴이 화끈거렸다. 약속시간에 10분 정도 늦었는데 그걸 은근히 책하는 건가 싶어 무안했다. 그런데 그때, 주문을 받던 점원이 말했다. "손님, 1인당 하나씩 꼭 주문을 해 주셔야 합니다." 여자는 빨리 집에 가고 싶어졌다.

나중에 그를 만나 이 이야기를 들려주었다. 그는 손사래를 쳤다.

"그, 그건 오해야. 난 그분 탓을 하려고 한 게 아니라⋯."

"그래 알아. 난 너를 알지. 그런데 문제는, 그 사람은 널 전혀 모른다는 거야."

그는 갑자기 노트를 꺼내 무언가 적기 시작했다.

"뭐 쓰냐?"

"'음료는 무조건 두 잔 주문할 것'이라고 적었어."

그다음 소개팅이 성사됐다. 결과는 비슷했고, 여자는 이번에도 잔뜩 화가 나서 말했다.

"오빠 뭐 그런 사람이 다 있어요?"

"아니 왜?"

"제가 카페에서 음료 쟁반을 들고 계단을 오르는데, 갑자기 이 사람이 제 옆을 가로질러 뛰어 올라가는 거예요. 그러다가 쟁반을 쳐서 컵 하나가 바닥에 깨지고 저는 그 자리에서 얼음이 되었죠. 뭐가 그리 급해서 먼저 올라갔냐고 했더니 제가 치마를 입어서 배려하느라 그랬다는 거예요. 아니 누가 그딴 거 배려해 달랬어요? 그렇게 배려심 많으면 자기가 쟁반을 들든가."

젠장. 내가 전에 한 이야기가 문제가 된 모양이다. 여자가 짧은 치마를 입었을 경우 네가 먼저 계단을 오르라고 한 적이 있다. 그때도 그는 메모장을 하나 꺼내 적었다. "치마 입었을 땐 내가 먼저….."

그는 내가 하는 말을 일일이 집중해서 받아 적었다. 그리고 열심히 이행했다. 집중과 열심은 어릴 적부터 그가 살아온 방식이었다. 그리고 대부분 좋은 결과로 이어져 왔다. 그는 연애도 비슷할 거라 확신했다. 집중해서 열심히 하면 결과가 좋을 거라고 말이다.

미팅 프로그램에 출연한 남자들도 하나같이 '여유'에서 '집중'으로 기어를 바꿀 때마다 털털거렸다. 미스트처럼 골고루 분사하던 관심을 살수차가 되어 한 사람에게 집중 포격하자 수압을 이기지 못한 여자는 뒤로 물러났고 그녀는 부랴부랴 제방을 쌓았다. 이른바 철벽녀가 된 것이다.

이 사람 저 사람에게 찝쩍대라는 게 아니다. 바람둥이가 되라는 것도 아니다. 무슨 일을 하든 숨 고르기와 돌아볼 여유가 필요하다는 것이다. 대개 중요한 일일수록 더욱 그렇다. 한 오디션 프로그램에서 〈High High〉를 열창한 참가자에게 박진영은 다음과 같은 심사평을 내놓았다. "너~~무 계속 신나는 게 아쉬워요. 지디와 탑이 이 노래를 부를 때 멋있는 이유는 계속 신나지 않아서예요. 여유와 신남이 적절히 분배되죠."

매사에 집중하고 열심히 하려는 건 병이다. 강박이다. 이 병을 치료해야 하는 첫 번째 이유는, 그게 당신에게 고통을 주기 때문이다. 둘째, 역효과가 발생하기 쉽다. 영혼을 갈아 넣어 거둔 성과는 감흥

이 오래 가지 않는다. 결과가 별로여서가 아니라 과정에 쏟아 부은 고통이 너무 크기 때문이다.

밑지는 기회 비용을 치른 것이다. 그나마 결과라도 좋으면 낫지, 잘 생각해 보면 내가 열심히 할수록 실패로 이어진 경우가 많았다는 걸 알게 될 것이다. 이처럼 실속 없는 강박을 치료하기 위해선 우선 '메타인지'가 무엇인지부터 알아야 한다.

나를 바라(로) 보는 힘, 메타인지

메타인지란, 나를 '메타적' 관점에서 바라보는 것이다. '메타'에는 '초월', '무언가를 넘어서다'란 뜻이 있다.

예를 들어보자. 여기 점이 하나 있다. 점을 공간의 차원으로 설명하면 0차원이다. 점은 1차원인 선을 결코 상상할 수 없다. 한갓 '점 만한' 점은 '기다란' 선을 품을 수 없기 때문이다. 가령 당신은 (좀 섬 뜩하지만) 눈이 가려진 채 납치되어 온 건물의 외관을 상상할 수 없다. 건물이 나보다 크고 나를 품고 있기 때문이다.

마찬가지로, 1차원 선은 2차원 면을 상상할 수 없다. 몬드리안의 작품 속 선들은 거기에 서 있거나 누워 있을 뿐, 인간이라는 자들이 자기들을 한데 묶어 '면'이라고 부른다는 사실조차 알지 못 한다.

3차원에 사는 우리 인간은 점·선·면을 모두 인식하는 호사를 누린다. 그러나 우리보다 높은 차원에 있는 신에 대해선 무지하다. 이 처럼 나는 나보다 높은 차원에 대해 제대로 알지 못 한다.

반대로 말하면, 나를 제대로 알고 싶다면 나보다 높은 차원으로 가야 한다.

미대 입시를 준비할 때 늘 내 발목을 잡은 건 '소묘'였다. 어릴 적부터 열심히 만화를 따라 그린 덕에 손재주가 그리 나쁘진 않았다. 특히 난 〈드래곤볼〉의 절벽이나 〈북두의 권〉 주인공의 근육처럼 디테일한 묘사를 즐겼다. 그런데 한 번씩 미술 강사의 불호령이 떨어졌다. "지오야, 뒤로 한 번씩 나와 보라고 했지! 전체 형태가 나갔는데 묘사만 하고 있음 뭐해? 그림 전체를 봐야지!"

엉덩이가 가벼워선 소묘 실력이 늘 수 없다. 수시로 일어나 뒤로 몇 걸음 물러서 종이 전체를 봐야 한다. 내가 일어서는 데 게을렀던 이유는, 주로 만화만 그려온 내게 '전체 화면'은 늘 자그만 네모 칸이었기 때문이다. 커봤자 A3 정도 되는 연습장을 10여 개로 나눈 칸. 책상에 앉은 채로 그 전체 화면을 한눈에 담는 건 별로 어려운 일이 아니었다.

그러나 입시용 종이는 그보다 훨씬 더 컸다. 이젤 앞에서 그 면적을 가득 채운 석고상 형태를 한눈에 파악하는 건 장님이 코끼리를 더듬는 것과 비슷했다. 김정호는 대동여지도를 만들기 위해 백두산을 여덟 차례나 올랐다고 한다. 뻥일 확률이 높지만 내가 사는 세계를 제대로 보려면 그보다 높은 곳에 올라야 하는 건 사실이다.

'나'를 제대로 보기 위해서도 이러한 이동이 필요하다. 즉 나와 '나'의 분리가 제대로 이루어져야 한다. 그것이 메타인지다.

그럼 이러한 메타인지를 통해 우린 무얼 얻는가? 재차 강조하지만, 언제나 더 중요한 건 '무엇을 얻는가'보다 '무엇을 잃는가'이다.

(이 책은 '잃는 기술'에 대한 이야기다.) 나와 '나'의 분리는 우리로 하여금 두 가지를 잃게 만든다. 하나는 '고정관념', 다른 하나는 '과대망상.' 그래도 잃는 게 있으면 얻는 것도 있지 않을까? 맞다. 고정관념을 잃으면 '성장'을 얻는다. 과대망상을 잃으면 '마음의 안정'을 얻는다.

성인이 외국어 학습에 도전할 때 입버릇처럼 하는 말이 있다. "난 이미 혀가 굳었어." "뇌가 굳었나봐." 갑자기? 어젯밤 치킨 뜯고 야한 생각할 땐 그렇게 잘만 돌아가던 혀랑 뇌가? 생물학과 신경가 소성을 깡그리 무시하는 이러한 발언을 하는 사람들에게 『권력의 법칙』의 저자 로버트 그린은 흥미로운 사실을 하나 들려준다. 뭔가 새로운 걸 배울 때 어른은 아이보다 자주 어려움에 부닥치는데, 그게 다 '고정관념' 때문이란 것이다. 그 예가 되는 이야기는 대니얼 에버렛이란 언어학자가 브라질의 피라항족을 찾아가면서부터 시작된다.

아마존강의 한 지류에 터를 잡고 사는 그들을 대니얼이 찾아간 이유는 아빠이띠이소(피라항어)라 불리는 그들의 언어로 영문 성경을 번역하기 위함이었다.

대니얼은 언어학자인 만큼 외국어 습득엔 자신 있었다. 그러나 피라항어는 그가 접해 본 외국어 중 가장 이상하고 낯설고 비합리적인 언어였다. 그들은 어머니와 아버지를 한 단어로 불렀고, 수(數)와 관련된 말은 하나도 없었다. 지금까지 알려진 바로는 아직 서양에서 이 언어를 완전히 이해한 사람은 단 한 명도 없었다.

그런데 대니얼을 더 좌절시킨 건 피라항어의 난해함이 아닌, 서너

살 남짓한 현지 아이들의 유창함이었다. 아무리 본토인이라 해도 그렇지, 그들은 아직 여물지도 않은 작은 뇌로 이 언어를 고작 2, 3년 안에 마스터했다. 반면 대니얼은 언어 체계에 대한 비상한 통찰력과 해박한 지식을 겸비한 성인이었다. 그런데도 그는 여전히 아이들이 하는 말을 제대로 흉내조차 내지 못 하고 있었다.

로버트 주목한 건 바로 이 지점이었다.

피라항족 아이들은 아빠이띠이소를 배움으로써 자신의 지식과 사고체계가 '변화'하는 걸 허용했다. 왜냐면, 그것이 그들의 생존과 직결되었기 때문이다. 그들은 온갖 위험이 도사리는 밀림속에서 언제 뒤집힐지 모를 나룻배 하나에 의지해 아마존강을 건너다닌다. 이 같은 환경에서 오랜 시간 살아남은 어른들의 지식과 지혜는 아이들에겐 생명줄과도 같다. 그러니 어른들의 말을 이해하는 게 다른 그 무엇보다 중요하다. 이해 못 하면 그들은 죽는다. 이때 아이들은 그 어떤 선입견과 고정관념에도 매이지 않고 배우는 모든 걸 스펀지처럼 빨아들여 자신에게 이로운 변화, 즉 '성장'의 기회로 삼는다.

그런데 어른들은 어떤가? 그들은 하나같이 '나는 이 만만찮은 세상에서 살 만큼 살아봤다'는 허세로 가득하다. 연애 몇 번 해본 걸 갖고 남자 혹은 여자를 다 파악했다는 듯이 'ㄱX이 ㄱX이다' 같은 말을 내뱉고, 외국어를 배울 때도 '아니, 이 나라 언어는 왜 이렇게 체계가 엉망이야? 어라? 사람도 아닌 사물에다가 왜 성별을 매겨?' 같은 불만이나 늘어놓고, 결국 '안 되는 건 안 돼' 같은 패배주의식 고정관념에 갇혀버린다. '나'라는 컴퓨터에 새로운 프로그램을 설치해야 되는데 불필요한 생각들로 이미 디스크 용량이 꽉 차버린 것이다.

그런데 사실 '나'는 스스로 얼마든지 용량을 늘릴 수 있는 존재다. '내가 다 맞다'는 식의 '오만한 나'와 '나'를 분리시킬 수만 있다면 말이다.

다음으로 우리가 메타인지를 통해 '잃을' 수 있는 게 바로 '과대망상'이다. 내가 나를 본다는 건 결국 '나의 생각'을 본다는 말이다. '생각'을 제외한 그 나머지 걸 보고 싶다면 메타인지가 아니라 그냥 거울을 보면 된다.

빅토르 위고는 어느 날 파리의 노트르담 대성당 앞을 지나가다가 우연히 성벽에 새겨진 'ANATKH아난케'라는 글자를 보고 상상의 나래를 펼친다. 아난케는 고대 그리스 종교에 등장하는 '운명의 여신'이기에, 그는 피해갈 수 없는 숙명에 휩싸여 사랑하고, 고통 받고, 저항하고, 굴복하는 주인공들이 등장하는 〈노트르담 드 파리〉를 썼다.

단테는 어릴 적 딱 두 번 본 여자애에 대해 평생 시를 썼다. 9살에 아빠를 따라 간 연회장에서 처음 만난 베아트리체. 그날 이후 그녀를 다시 본 건 9년 후의 일이다. 두 번 다 특별한 대화조차 나누지 못했다. 게다가 그녀는 얼마 후 죽었다. 하지만 단테의 표현을 빌리자면, 베아트리체를 떠올릴 때마다 그의 몸속에 떨리지 않는 피란 한 방울도 남지 않게 되었고, 그 '떨림' 하나만으로 죽기 직전까지 그녀에 대한 찬가를 썼다. 〈신곡〉도 그렇게 탄생했다.

생각은 이렇게 단편의 자극만으로도 소설과 대서사시를 이어나
갈 수 있게 해 준다. 물론 이것은 스토리텔러에겐 대단한 축복이겠
지만, 나처럼 겁 많고 예민하던 아이에게는 저주에 가까울 때가 있
다. 나는 어려서부터 내가 평균 또래 남자애들에 비해 심리적 회복
력이 더디다는 걸 알았다. 쉽게 말해, 잘 삐치고 화해를 금방 못 했
다는 것이다. 이를테면 호방한 성격의 사내아이들은 오늘 따라 삐딱
하게 나오는 친구를 보고 "저 자식 오늘 왜 저래?" 하고는, 그에 대
한 '자신의 판단'과 '자신'을 얼른 분리시켰다. "쟨 됐고 다른 애랑 놀
자." 라고 한 뒤 그에 대해선 더는 신경 쓰지 않았다.
하지만 난 그 친구에 대한 판단에서 좀처럼 헤어나오질 못 했다.
꼬리에 꼬리를 물고 이야기를 엮어 나갔다. '어제까지 안 그러던 애
가 갑자기 왜 저러지? 내가 뭘 잘못했나? 내가 싫어졌나? 무슨 사내
자식이 기분이 저렇게 들쭉날쭉해? 계속 저러면 어쩌지? 나한테 어
떤 해코지라도 하면?'
'나의 생각'과 '나'를 분리하지 못 하다가 이런 생각으로 하루를
다 써버리고 나면, 결국 그러한 생각으로 얻은 건 하나도 없다는 결
론만 남았다.

고정관념과 과대망상. 이 두 가지만 삶에서 '잘 잃어도' 도둑맞은
인생의 상당 부분을 돌려받을 수 있다. 그러기 위해선 내가 미술 종

이 속에 빠졌 듯이 스스로의 생각에 빠지지 말고, 김정호처럼 높은 곳에 올라 지금의 나를 바로 보아야 한다.

> "아는 것의 어려움이란 다른 사람을 보는 데 있지 않고
> 나 자신을 보는 데 있다."
> – 한비

비극인가 이득인가

파스칼은 말했다. "인간의 모든 문제는 혼자 방 안에 조용히 앉아 있지 못 하는 데서 발생한다."

창문도, 가구도, 아무것도 없는 방안에 홀로 앉아 있다고 상상해 보자. 당연히 휴대폰도, PC, TV도 없다. 벽지는 흰색 민무늬다. 이때 당신에게 보이는 건 무엇인가? 〈나의 아저씨〉 주제가인 〈어른〉의 가사를 보면 알 수 있다. '나'다. 빈 방에 홀로 앉아 있는 건 눈을 감고 있는 거나 마찬가지다. 새하얀 벽면이나 새까만 눈꺼풀 뒤나 매한가지다. '눈을 감으면 내게 보이는 건 내 모습이다.'

이건 생소한 경험일 텐데, 왜냐면 당신은 여태껏 똥개가 다니는 곳마다 코를 킁킁거리듯 살아왔기 때문이다. 끊임없이 무엇이든 보려 했다. 카페에 앉아 있을 때 출입문이 열릴 때마다 누가 들어오는지 쳐다보고, 버스가 정차할 때마다 누가 새로 타는지 쳐다보고, 회사에서 지각한 사람과 일찍 퇴근하는 사람을 뚫어지게 쳐다봤을 것이다. 그리고 혼자서 이런저런 판단을 했을 것이다.

하지만 눈을 감았을 때 내가 판단할 수 있는 건 오직 '나'뿐이다. 그리고 이것은 대개 불쾌한 경험으로 다가온다. 그간 내가 저지른 멍청한 행동과 후회할 짓들이 심상을 관통할 것이다. 그간 힙하고 정의로운 사람인 줄 알았던 나 대신 찌질하고 이기적인 기회주의자가 보일 것이다. 타당한 논리로 상대를 제압했다고 믿었던 게 실은 평소 내가 키보드 워리어라고 부른 자들의 유치한 댓글 논쟁과 다를 바 없고, 후배를 바른 길로 인도하려 했던 내가 평소 내가 꼰대라 부른 자들과 다르지 않았다는 걸 알게 될 것이다.

그래서 우린 곧바로 방을 뛰쳐나온다. 나를 본다는 건 자기 성찰의 기회이기도 하지만, 그러기 위해선 일단 '틀린 나'를 봐야 한다. 거기서 오는 불쾌감을 견딘다는 건 결코 쉬운 일이 아니다.

중국의 온갖 하천은 황하로 흘러들어갔다. 황하를 관장하는 강의 신 하백은 자부심이 넘쳤다. "내게로 흘러들어오는 물줄기만 백 개가 넘으니 감히 누가 내게 맞서겠느냐?" 그러나 하백은 황하 또한 바다로 흘러들어가는 수천 개의 물줄기 중 하나란 사실을 몰랐다.

마침내 바다의 신을 맞닥뜨렸다. 하백은 기가 죽었다. 자기보다 큰물을 관장하는 신이 있을 거라곤 상상도 못 했다. 바다의 신이 말했다. "우물 안에 사는 개구리와 하늘을 논할 수 없고, 하루살이와 내일을 논할 수 없거늘, 한갓 한 줄기 강물일 뿐인 너는 어찌 그리도 오만한가?" 하백이 엎드려 절하며 아뢰었다. "몰라뵀습니다 형님. 형님이 세상에서 최고로 위대한 존재입니다."

바다의 신은 고개를 절레절레 저었다. "어리석은 놈. 아직도 모르겠느냐? 나로 말할 것 같으면, 이 세상에서 가장 큰물을 관장하는 신이다. 그러나 바다 또한 하늘과 땅 사이에 끼어 있는 웅덩이에 불과하다. 하늘과 땅도 우주에 비하면 모래알과 다를 바 없거늘, 그럼 너는 얼마나 보잘 것 없는 존재겠느냐?"

하백은 정신이 번쩍 들었다. 그간 시내와 개울 앞에서 기세등등하던 자신이 부끄러워 미칠 지경이었다.

우리도 하백처럼 정신이 번쩍 들어야 한다. 메타인지는 '정신 차리는' 기술이다. 그러나 메타인지를 할 수 있는 사람은 흔치 않다. 열심이라는 싱크홀에 매번 빠지기 때문이다. 열심히 살다 보면 자기가 빠진 곳이 하수구라는 걸 모르고 주위가 컴컴하다는 이유만으로 우주라고 착각한다. 우주의 중심인 나의 생각, 나의 판단이 천하제일인 줄 알고 그것을 마구 휘둘러 타인과 만물을 지배하려 든다. 이를 일컬어 옛 현인은 '달팽이 뿔 사이에서 벌이는 쌩쑈'라 했다.

내가 사는 세계가 우주적 관점에서 보면 달팽이 뿔 사이 공간만도 못한데 뭘 그리 애쓰고, 집착하고, 괴로워하며 고통 받느냐는 것이다.

나를 바로 보는 것이 성장이다

덴마크의 물리학자 닐스 보어는 "전문가란 어느 한 분야에서 저지를 수 있는 모든 실수를 저질러본 사람이다."라고 했다. 그의 말대로라면 실수는 기피 대상이긴 커녕 전문가의 나라로 넘어가는 노란 벽돌 길과 같다.

지금 나는 이 글을 3년째 쓰고 있다. 그런데 웃긴 건 중심 생각은 이미 3년 전에 나와 있었다는 것이다. 문제는 그걸 풀어내는 방식이었다. 내 머릿속을 다른 사람에게 까발린다는 건 쉽지 않은 일이다. CT 영상에 생각이 나오면 좋으련만.

투고는 매번 거절당했다. 그러다 결국 번 아웃에 빠졌다. 이젠 글자만 봐도 징글징글했고, 책쓰기와 책읽기 모두 중단했다. 그렇게 몇 달을 보냈다.

그러다가 어느 날 문득 내 글이 객관적으로 보이기 시작했다. 더이상 난 내가 쓴 글에 애정을 갖고 있지 않았다. '세상을 바꿀 기념비적 글'을 '원고 쪼가리'로 보기 시작했다. 영혼을 갈아 넣은 내 새끼'를 그냥 '글'로 보게 되었다는 뜻이다. 그때 비로소 제삼자, 즉 독자의 눈을 가질 수 있었다. 객관적 판단이 가능했다. 메타인지가 작동한 것이다. 그때 나는 내가 성장했음을 깨달았다. 성장했다는 건 내가 무언가를 더 잘하게 되었다는 의미가 아니라, 나의 부족한 점을 있는 그대로 볼 수 있게 되었다는 뜻이다.

〈슬램덩크〉의 서태웅은 라이벌 윤대협에게 번번이 패배했다. 그래서 그는 감독을 찾아가 미국 유학을 선언했다. "농구를 더 잘하고 싶습니다. 그뿐입니다." 그러자 감독이 말했다. "네가 지금 미국으로 가겠다는 건 너보다 뛰어난 윤대협에게서 도망치려는 것 아니냐?"

메타인지 분야의 전문가 리사 손에 따르면, 메타인지가 부족할 때 우린 이러한 '도망치기' 반응을 보인다고 한다. 그녀는 대학 시절 조별 과제를 준비할 때 조원들 앞에서 자신의 아이디어를 발표했다. 말이 끝나기 무섭게 누군가 달려들었다. "그건 좀 아닌 것 같아." 그 후로 그녀는 입을 꾹 다물었다. 그리고 생각했다. '내가 다시는 말 하나 봐라.'

다시 〈슬램덩크〉의 이야기로 돌아가 보자. 윤대협은 서태웅에게 말했다. "이미 네 실력은 1대1로는 당해낼 사람이 없을 정도로 뛰어나다." 그럼 뭐가 문제란 말인가? 윤대협은 답을 주지 않았다. 서태웅은 스스로 생각하기 시작했다. 탑 클래스라고 생각했던 자신의 농구 플레이를 객관적 눈으로 바라보았다. 그러면서 윤대협 말이 무슨 뜻인지 알게 되었다. 그동안 그의 플레이는 지나치게 이기적이었다. 단체경기인 농구를 복싱처럼 혼자 하고 있던 것이다. 이제 그는 팀

플레이를 하기 시작했다. 서태웅은 농구를 더 잘하게 된 게 아니었다. 더 훌륭한 선수로 '성장'한 것이다.

메타인지는 내가 열중한 무언가로부터 한 발짝 물러섰을 때 이루어진다. 원고 거절의 융단 폭격을 받고 절필을 선언한 내가 그랬고, 윤대협의 충고를 들은 서태웅이 그랬다. 물에 비친 내 모습에만 몰두한 나르시시스트들이 결국 물에 빠져 한다는 말이 "난 열심히 했을 뿐이야!"이다.

내가 어릴 때 봤던 한 학습 보조 기기 광고에는 이런 대사가 나온다.

"야, 넌 어떻게 공부 하냐?"

"그냥 열심히 하는 거지 모."

맞는 말이다. 그냥 열심히 하면 시험 성적은 따라온다. 하지만 정작 자기가 왜 높은 점수를 받아야 하는지는 모른다. 막연하게 백 점짜리 시험지가 백 점짜리 인생을 가져다줄 걸로 확신한다.

당신은 이미 열심히 하는 중이다

"뭐든 하라! 기왕이면 열심히, 집중해서!" 우리는 이러한 맹목적 '두이즘^{do-ism}'에 세뇌 당했다.

이봐, 난 지금 게을러지자는 게 아니다. 단지 뭔가를 해야 할 것만 같아서, 아무것도 안 하면 쓸모없는 인간이 될 것 같아서 전전긍긍 했던 게 지금껏 당신에게 어떤 도움이 됐는지 묻고 싶을 뿐이다. 무 위도식하는 취준생이 되는 게 두려워서 무작정 잡은 일자리와 나이 먹고도 결혼을 안 하는 건 자식 된 도리가 아니란 생각에 서둘러 잡 은 결혼 날짜가 과연 행복으로 이어졌는가 한 번 보자는 말이다.

이처럼 늘 뭔가를 열심히 해야 한다는 태도, 아무것도 안 하고는 못 배긴다는 태도를 내가 직접 선택한 건지 아니면 다들 그렇게 하 니까 으레 따른 건지 스스로에게 물어야 한다. 만일 후자라면, 당신 은 '열심'이라는 가치를 좇은 게 아니라 '타인의 인정'을 좇은 것이 다. 그럼 당신은 지금 타인의 삶을 살고 있는 중이다.

보디빌딩계에는 다음과 같은 잠언이 있다. "근육은 체육관 밖에서 성장한다."

웨이트 운동은 근섬유에 상처를 내는 행위다. 덤벨을 들어올릴 때 근육은 커지지 않고 찢어진다. 근 성장은 운동이 끝나고 나서 시작된다. 그리고 그건 내가 하는 게 아니라 몸이 알아서 하는 것이다.

그럼 근육 성장을 위해 내가 할 수 있는 건 무엇일까? '안 하는' 것이다. 운동이 끝났으면 빨리 짐 챙기고 체육관을 빠져 나와야 한다. 그리고 계속 최대한 '안 해야' 한다. 음주를, 흡연을, 군것질을, 밤늦게까지 게임을. 그리고 꿀잠 자고 일어나면 근육은 성장해 있다. '휴식'과 '성장'은 같은 말이다.

나는 인간이 만들어낸 최악의 단어 중 하나가 '열심'이라 생각한다. 이것이 우리 삶을 망쳐 놓았다. 나는 이 말이 오늘날 '깜둥이'나 '간호사 아가씨'처럼 사람들의 혐오를 한껏 받아 폐어로 낡아빠지길 기대한다. 이딴 건 박물관에서도 보고 싶지 않다. 무천도사 스승의 마봉파로 봉인해 우주 밖으로 내다버리고 싶다. 그만큼 '열심'은 누구에게도 권장할 만한 게 아니다. 인간이라면 누구나 '알아서' 열심을 실천 중이기 때문이다. 한 시도 쉬지 않고 언제나.

부처의 지혜는 '삶은 고통이다.' 라는 하나의 진리에서 출발한다. 고통 그 자체인 삶을 어느 누구 하나 열심히 살지 않는 이가 없다. 설령 누군가 열심과는 거리가 먼 삶을 사는 것처럼 보여도, 그 사람도 수면 아래서 사력을 다해 발길질 하고 있다. 살아남기 위해서. 부처가 그랬고, 노자가 그랬고, 헨리 데이비드 소로가 그랬다.

당시 사람들 눈엔 그들도 천하태평 무위도식 한량에 지나지 않았다. 눈앞에서 당장 땀 흘리며 벽돌을 나르거나 책상 앞에서 코피를 쏟는 시늉이라도 하지 않으면 그가 열심히 산다는 증거가 없기 때문이다.

그런데 왜 다른 사람에게 내가 열심히 산다는 증거를 제출해야 할까? 열심히 안 살면 유죄인가? 여중생을 흉기로 위협하여 옥상에 끌고 가다 걸려도 곧바로 귀가 조치 되는 세상인데 말이다.

내 눈엔 한갓 시간 낭비로 보이는 〈LOL〉 게임이나 〈펜트하우스〉 다시보기가 누군가에겐 이 엿 같은 삶을 견디는 최선의 생존 전략일 수 있다. 열심은 위대한 소수의 드높은 가치가 아니라 모든 인간의 존재 방식이다. 하루 종일 병원에 누워 있는 사람도 자신만의 방식대로 열심히 생존하고 있다.

현실적 조언을 해 주겠다며 '즐기는 자는 노력하는 자를 이길 수 없다'고 힘 주어 말하는 이들이 있다. '노력하는 자는 즐기는 자를 이길 수 없다'는 건 안한자적을 꿈꾸는 어린 세대 입맛에 맞춘 감언이설이라는 거다. 나는 이 말에 찬성하기도 하고 반대하기도 한다. 무슨 말인가 하면, 저기서 '즐긴다'는 게 어떤 의미냐에 따라 참과 거짓을 오갈 수 있다는 것이다.

가령 '즐김'을 이렇게 해석할 수도 있다. '다이어트를 해야 하지만 야식은 못 참기 때문에 마라샹궈를 주문하겠다', '진정한 사랑을 하고 싶지만 새로운 만남의 설렘은 포기할 수 없기 때문에 바람을 피우겠다', '바스켓맨이 되고 싶지만 당장 소연이에게 잘 보여야 하기 때문에 슬램덩크만 하겠다.'

이것은 분명한 오류다. 이런 식의 '즐기는' 자세로는 아무것도 이룰 수 없다. 이러한 '즐김'을 염두에 두고 청소년에게 충고하는 거라면, 사실 그건 오지랖에 가깝다. 왜냐면 내가 진정으로 좋아하는 일을 찾았을 땐 누가 시키지 않아도 노력하기 때문이다.

방황하는 청소년은 게으른 게 아니라 진정으로 좋아하는 일을 찾지 못한 것이다. 어떻게 찾겠는가? 삶의 대부분을 학교란 공간에 볼모로 잡혀 있는데.

무슨 일을 하든 그에 따른 고통은 따라오게 마련이다. 나도 지금 남들 눈엔 한창 열심히 일해야 할 나이에 팔자 좋게 컴퓨터 앞에 앉아 자판이나 두드리는 신세다. 그래도 내 나름의 고통을 감내·중이다. 나날이 깊어지는 부모님의 한숨을 들어야 하고, 얼굴 한 번 보자는 친구들의 연락을 피해야 하고, 알바에 글 쓰는 시간을 빼앗겨야 하며, 연애는 꿈도 못 꾸고, 허락된 최고의 식도락은 편의점 김밥이다. 목표한 투고 날짜가 다가오면 60시간 동안 앉아서 글만 쓸 때도 있었다. 이것들은 확실히 고통이다.

그러나 이 모든 게 내가 글쓰기를 '즐기는' 영역에 포함된다. 관에 누워 있는데 누가 와서 뚜껑을 덮는 꿈을 자주 꾼다. '널 위한 작가의 문은 모두 닫혔다'고 말하는 것 같다. 이 또한 '즐김'의 일부로 받아들이고 있다.

위대한 축구선수 요한 크루이프는 이런 말을 했다. "축구는 재밌어야지 걱정이 되어선 안 된다. 아이들은 운동장에서 뛰놀 때 걱정하지 않는다. 프로 선수들도 이렇게 축구를 해야 한다."

그는 평소 인생을 축구에 빗대어 여러 명언을 쏟아냈다. 그렇다면 이 말을 통해 그가 진짜 하고 싶은 말도 유추해 볼 수 있다. "삶은 재밌어야지 걱정이 되어선 안 된다. 우리는 운동장에서 뛰노는 아이들처럼 살아야 한다."

'축구선수'를 영어로 하면 풋볼 '플레이어player'지, 풋볼 '워커worker'가 아니다. JYP 박진영도 어느 방송에 나와 자기가 하는 건 음'악樂(즐길 락)'이지 음 '학學(배울 학)'이 아니라고 했다. 그렇다고 그가 흥청망청 "파리 피플~~!"만 외치면서 60여 개의 1위 곡을 만들어냈을까?

1994년 미국 월드컵에서 전통의 강호 이탈리아는 조별 예선 첫 경기부터 삐걱거리며 간신히 16강에 진출했다. 이탈리아가 부진한 데에는 슈퍼스타의 침묵도 한몫 했다. 전년도 FIFA 올해의 선수상과 발롱도르를 싹쓸이 한 로베르토 바조는 그때까지만 해도 무득점에 그치고 있었다. 그러나 16강부터 결승까지 그는 혼자서 5골을 쏟아 부었다. 한 번 골문이 열리자 그는 말총머리를 휘날리며 들판에서 뛰노는 어린 아이가 되었다. 월드컵이란 축제를 혼자 즐기는 것처럼 보였다.

대망의 결승전. 그는 승부를 가르는 페널티킥을 하늘 높이 날려버리고 고개를 떨구었다. 그를 다음 대통령으로 뽑아야 한다던 자국민은 광장에 모여 그의 인형을 불태우고 마피아는 귀국하는 즉시 죽이겠다고 협박했다. 같은 대회에서 자책골을 넣은 콜롬비아 선수가 실제로 살해당하는 일이 벌어졌기 때문에 농담처럼만 들리지 않았다.

공을 차기 전 바조의 얼굴에선 이미 축제를 즐기는 사람의 여유는 사라지고 없었다. 이탈리아의 운명이 오롯이 자기 발끝에 달려 있었기 때문이다. 그는 반드시 넣기 위해 열심히 해야 했다. 열심히 해야 했기 때문에 몸에 필요 이상의 힘이 들어갔고, 공은 난쟁이가 쏘아 올린 듯 솟구쳤다.

옛날에 주몽만큼 활을 잘 쏘던 궁수가 살았다. 재미 삼아 쏘던 활에 날렵한 짐승들이 쿵쿵 쓰러지고 새가 후두둑 떨어졌다. 어느 날 그는 동상(銅像)이 걸린 활쏘기 대회에 나갔다. 긴장해서 쉬운 목표물을 연거푸 놓쳤다. 이번엔 금상이 걸린 대회에 나갔다. 목표물이 두 개로 보이기 시작했다. 그는 미쳐버렸다! 재미삼아 활을 쏠 땐 백발백중이었으나 열심히 하려고 하자 그간 연마한 모든 기술이 무용지물이 되었다.

열심은 프랑스인들의 '자유 평등 박애'처럼 목숨 바쳐 지켜내야 할 가치가 아니다. 그것은 진정으로 하고 싶은 일을 할 때 모든 사람이 보이는 자연스런 태도다. 지금 당신은 세상이 강요하는 열심을 실천하지 못해 안절부절 할 때가 아니라 진짜 좋아하는 일을 찾을 때이다. 그러기 위해선 무엇보다 내 안의 가능성과 잠재력을 믿고 모든 것에 열려 있어야 한다. "네가?" "어쩌려고?" 따위의 헛소리에는 귀를 닫고 내가 그 일에 따라오는 고통까지도 모두 떠안고 진정으로 '즐길' 자세가 되었는지 직접 확인해 봐야 한다.

랠프 월도 에머슨도 지적했 듯이 '내가 무엇을 할 수 있는지는 나 자신밖에 모르고, 그것도 해보지 않고는 알 수 없다.'

5장

나를 사랑해야 한다는
확신

삶이 망하는 지름길, 자기애

오늘날 '살인을 해선 안 된다' 만큼이나 당연하게 받아들여지는 가치가 '나를 사랑해야 한다'이다. 운을 떼는 본새를 보아 내가 이 말에 어떤 입장을 취할지 짐작이 갈 것이다. 맞다. "나는 나를 사랑해선 안 된다." 이쯤 되면 지겹다는 사람도 있을 것이다. 가끔 세상을 삐딱한 시선으로 보는 것도 좋지만, 도대체 '나를 사랑하는 것'에 무슨 문제가 있단 말인가?

내가 여기서 문제 삼는 두 가지는 '나'와 '사랑'이다. 우리가 통상 떠올리는 '나'와 '사랑'의 개념 그대로 '나를 사랑'했다간 평생 불안 증세에 시달리거나 강박증, 피해망상증 환자가 되고 말 것이다. 그럼 도대체 '나'와 '사랑'에 어떤 문제가 있는 걸까?

EGO VS 진정한 나

영화 〈말죽거리 잔혹사〉에는 이런 장면이 나온다. 외설잡지를 돌려보다가 걸린 남학생들이 복도에 일렬로 나란히 서 있다. 바지를 내리고 속옷만 입은 채. 교련 교사는 지휘봉으로 그들의 중요 부위를 쿡쿡 찔러가며 말한다. "하여간 늘 이게 문제야."

그런데 그걸 아는가? 여기 '그것'보다 훨씬 더 큰 문제가 있다. '에고Ego' 말이다. 에고는 거의 모든 것에 대한 문제이다. 인간의 모든 문제는 에고에서 비롯된다 해도 과언이 아니다. 지금 당신을 열 받게 하는 문제, 매일같이 뉴스를 도배하는 문제, 〈세계는 지금〉에 소개되는 전 세계인의 문제가 바로 이 에고로부터 시작한다.

에고. 어디선가 들어본 적 있지 않은가? 프로이트를 읽다가 들어봤을 수도 있고, 여친 옷을 사다가 봤을 수도 있다. 그 에고들은 잊어라. 여기서 다룰 에고는 그들과 조금 다르다. 그에 대한 나의 정의는 다음과 같다.

'사랑愛'해서 생기는 '고통苦'을 등에 '이고' '애고애고' 신음하는 것.

여기서 '사랑'의 대상은 누구인가? '나'다. 즉 에고는 '나를 사랑해서 생기는 고통'이다. 그럼 '나'란 무엇인가? 그건 당신의 이력서와 자기소개서에 들어 있는 '나'이다. 혹은 대학교 선배들과의 대면식 때, 아니면 소개팅에서 하는 자기소개 속 '나'이다. 서기 몇 년 몇 월 며칠에 몇 남 몇 녀 중 몇 째로 태어나 어느 지역 어느 학교를 다니고, 어떤 취미가 있고, 어떤 특기가 있는지 등등. 이처럼 남들 앞에 소개하는 나. 그게 바로 에고에서 말하는 '나'이다. 그리고 우린 나자신을 인식할 때도 거의 '이러한 나'를 크게 벗어나지 않는다.

하지만 이건 '진정한 나'가 아니다. 내게 따라붙는 몇 가지 꼬리표일 뿐이다. '나'는 주민등록등본과 가족관계증명서, 학교 생활기록부, 대학졸업장과 근로계약서, 혼인신고서를 한데 모아 붙인 콜라주가 아니다.

앞서 3장에서 나는 모세가 어떻게 노예 민족으로 태어나 이집트 왕족으로 자랄 수 있었는지를 설명했다. 그 후 모세는 이집트인 한 사람을 살해하게 된다. 벌을 받게 될 것이 두려워진 모세는 미디안이라는 땅으로 도망친다. 그리고 그곳에서 결혼도 하고 떡두꺼비 같은 자식도 얻는다. 나름 평화로운 제2의 삶을 살던 모세는 어느 날 누군가 자신을 부르는 초현실적 음성을 듣게 된다. 목소리를 따라가 보니 떨기나무 하나가 불에 타고 있었다. 이상한 건, 나무는 결코 타들어가지 않았다는 것이다. 왜냐면 그건 신의 형상이었기 때문이다.

헤라클레이토스와 같은 고대 철학자는 만물의 근원을 불로 보았다. 왜 불인가? 불멍 때릴 때 화톳불을 가만히 보라. 불은 한 시도 가만 있지 않는다. 마치 생각이 끊임없이 순환하는 내 머릿속, 끊임없이 피가 순환하는 내 몸 속, 그리고 탄생과 죽음, 창조와 파괴가 끊임없이 순환하는 이 세계처럼 말이다. 그리고 세계(지구)도 끊임없이 돌고, 돌면서 더 큰 세계(태양 주위)를 끊임없이 선회한다.

그러고 보면 세상은 마치 디스코팡팡 같다. 그 안에서 제정신으로 산다는 건 쉬운 일이 아니다. 오직 세상을 창조한 신만이 제정신이다. 신은 휩쓸리지 않는다. 만물의 어지러운 변화 또한 신의 창작물이기 때문이다. 그래서 나무로 형상화한 신은 불에 타지 않는 것이다.

모세는 신에게 이름을 여쭌다. 신은 대답한다.

"아이 엠 댓 아이 엠I am that I am."

이 말은 다양하게 번역된다. "나는 나다.""나는 스스로 존재하는 자이니라.""나는 내가 되기로 선택한 존재이다.""나는 존재하는 자이다."

내 생각에 신의 음성을 이렇게 인간의 구문構文으로 해석하려는 건 오류다. 신은 '나 자신'을 소개할 때 그 어떤 수식어도 필요치 않는다. "I am that I am." 자세히 보면 'that'을 가운데 두고 양 옆에 똑같은 'I am'이 있다는 걸 알 수 있다. 이것은 일종의 '상형문장象形文章'이다. 'I am'이란 자가 'that'이란 거울에 비친 'I am(나 자신)'을 마주보고 있는 것이다. 이걸 한글로 표현하면 다음과 같다.

"나는 ‖ 나는"

'나는'이란 말 뒤엔 아무런 설명도 필요 없다. 내가 "나는"이라고 말하는 순간 나는 나를 '느낀다.' 그 찰나의 순간에 느껴지는 '느낌'이 진정한 나이다. 조금만 시간을 지체해도 당신은 '나의' 얼굴, '나의' 키, 체중, 나이, 직업, 혈액형, MBTI, 이상형, 주거형태 등 각종 꼬리표를 끌어다 붙일 것이다. 그러나 '생후 1분'에도 '당신은 당신'이었다. 그때 당신이란 존재를 설명할 수 있는 건 고작 성별이나 체중뿐이었다. 그럼에도 당신은 그 자체로서 완벽한 '나'였다.

「출애굽기」는 모세가 신의 명을 받들어 히브리민족을 이집트에서 탈출시키는 내용이지만, 사실 신이 탈출시키려 한 건 '나'였고, 이집트인들은 '에고'였다. 노예 민족, 강에 버려진 아이, 살인자, 도망자로서의 나로부터 해방되어 아무런 부연 설명도 필요 없는 진정한 나를 발견하라는 것이 「출애굽기」의 메시지다.

사실 그러면 '나'는 '신'과 다를 바 없는 존재가 된다. 신이란 '존재 그 자체인' 존재이기 때문이다. 이러한 신의 의도가 담긴 구절이 있는데, 신은 모세에게 당장 신발을 벗으라 명했다. (「출애굽기」 3장 5절) 왜? '지금 네가 밟고 있는 땅은 신성한 땅'이기 때문이다. 왜 모세가 밟고 있는 땅이 신성할까? 그가 바로 신이기 때문이다. 신은 곧 모세이며, 모세는 당신이다. (어디까지나 작가 개인의 해석이다.)

'나를 사랑하라'의 함정

앞서도 말했지만 나를 사랑해선 안 된다. 내가 안 된다고 하는 이유는 한결같다. 그게 행복한 삶을 방해하기 때문이다.

당신이 가장 사랑하는 사람을 떠올려 보라. 그리고 지금 그 사람이 48시간 째 연락이 닿지 않는다고 상상해 보라. 전에는 한 번도 이런 일이 없었다. 당신은 어떻게 반응할 것인가? 아마도 두려울 것이다. 온갖 나쁜 생각과 불안한 예감이 물밀 듯이 밀려올 것이다. 지금 당장 뭘 해야 될지 모르겠고 숨이 가빠오고 정신이 혼미해질 것이다. 세상은 너무 험한 곳이기 때문이다.

그런데 이 험한 세상에서 만일 나를 그 누구보다 사랑한다면, 과연 난 불안에 미치지 않고 잘 살 수 있을까?

우리가 흔히 말하는 '사랑'은 '애지중지'와 같다. 그건 마치 1년 내내 알뜰살뜰 가욋돈을 모아 '지른' 정품 '조던X트래비스 스캇'을 대하는 태도와 같다. (서인영의 표현에 따르면) 이 소중한 '아가'를 신고 어떻게 저 진흙밭을, 더러운 공중 화장실을, 가래와 담배꽁초가 뱉어진 길바닥을 밟고 다닐 수 있겠는가. 그래서 마치 독재국가 원수의 유체遺體마냥 특수 유리관 안에 안치하여 한 번씩 쳐다보는 것만으로 만족한다. 신발은 안전하다. 근데 과연 이걸 신발이라 할 수 있나?

'나 자신'도 이런 식으로 사랑했다간 삶은 지옥이 되고 만다. 매순간 도전해오는 위험과 맞서야 하는 게 인생이기 때문이다. 더러운 바닥은 피해서 밟으면 되지만, 삶은 피할 곳 없이 사방에서 침을 뱉고 돌을 던진다. 거지같은 인간들 때문에 거지같은 꼴을 계속해서 봐야 한다.

당신이 원하는 삶이 한 번뿐인 인생을 유리관 속에 집어넣고 구경하는 거라면, 뭐 그땐 당신 자신을 사랑해도 좋다.

그러나 만일 삶에 직접 뛰어들고 싶다면, 자신을 물고 빨고 무균실에서 보호할 게 아니라 진창에서 뒹굴고, 비수에 찔리고, 얻어맞고 달구어져도 '괜찮은' 존재로 대하는 게 훨씬 더 낫다. 이때 타인의 눈에는 당신이 마치 루체른의 사자상처럼 보일 것이다. 부상 입은 패배자 말이다.

하지만 중요한 건 당신의 눈을 통해 보고 있는 '나 자신'이다. 당신이 스스로를 기꺼이 험한 세상에 밀어 넣고 부상 입기를 두려워하지 않으면서 성공과 행복을 성취해 가는 사이 겁쟁이들은 자기 몸에 생채기 하나라도 날까 전전긍긍하며 평생 불안에 떨 것이다.

"복서가 링 위에 올랐으면 두들겨 맞았다고 해서 불평해선 안 된다.
그게 그곳의 법칙이기 때문이다."

\- 마르쿠스 아우렐리아스

발전 욕구와 자존감은 양립할 수 없다

모두가 자존감이 높아지고 싶어 한다. 모두가 지금보다 나은 사람이 되고 싶어 한다. 그러나 그들은 다음과 같은 사실을 알지 못한다. 이 두 가지 바람은 이율배반적이다.

물론 '발전'이 무얼 뜻하느냐에 따라 모순을 피할 수도 있다. 그래서 우리는 일단 한 가지 합의를 봐야 한다. 여기서 '발전'은 우리가 흔히 사용하는 의미, 즉 '나에게서 부족한 점을 발견하고 그걸 메우기 위해 노력한 결과'를 뜻한다고 말이다.

문제는 이 '부족'이다. 이것이 모든 문제를 야기한다. 가령 최근 영어 공부를 시작했는데 모르는 단어가 너무 많다면 나는 어휘력이 '부족'한 것이다. 이 부족을 메우려면 더 많은 단어를 공부하면 된다. 당연한 이치다.

여기엔 어떠한 수치심도 필요 없다. 이제 막 공부하기 시작했는데 어떻게 어휘력이 좋을 수 있는가? 신입사원이 업무 처리 능력이 부족한 것도 당연한 거다. 같은 일을 능수능란하게 처리하는 선배도 처음에는 서툴렀다. 둘은 출발 시점이 다를 뿐이지 선배는 대단한 사람, 신입은 부족한 사람인 게 아니다. 개인마다 성장 속도에 차이가 날 순 있다. 하지만 결국 나중엔 똑같다.

그런데도 우린 나에게서 끊임없이 '부족'을 발견하고 수치심을 느낀다. 내게 뭔가 문제가 있다고 생각한다. 지금 당장 어떤 사람의 수행 능력이 부족하면, 그 퍼포먼스 자체가 아닌 그 사람에게서 문제를 찾으려는 사회 분위기 때문이다.

배구선수 박정아는 2016년 리우 올림픽에서 '역적'이란 별명을 얻었다. 2021 도쿄올림픽에선 '클러치clutch 박'으로 통했다. 그녀는 리우에서 대체적으로 안 좋았지만 특히, 8강전에서 형편없는 리시브를 보여주며 상대팀의 샌드백이 되었다. 도쿄에선 결정적 순간in the clutch마다 그녀의 활약이 빛을 발했다. 농구로 치면 버저비터급 플레이가 쏟아졌다.

2016년 그녀의 SNS는 악플 세례를 받았다. 그리고 5년 후 사람들은 일제히 그녀를 칭송했다. 못했을 땐 욕하고 잘했을 땐 칭찬한다. 모두가 이런 짓을 한다. '스포츠선수는 결국 결과로 말한다'고 너스레를 떨며 스스로를 굉장히 멋지다고 여긴다. '세상은 원래 냉정한 거야.' 라고 아는 척을 한다. 그러면서 비판이든 악플이든 달게 받아야 한다고 일갈한다.

하지만 정작 자기가 그 입장이 되면 말이 달라진다. 자기가 잘못했을 땐 사람들이 결과보단 노력에 초점을 맞춰주길 바란다. 어이가 없다.

사람들은 왜 이런 내로남불을 범할까? 일명 '쌤쌤same-same 심리' 때문이다. 그간 시험 성적과 업무 결과만으로 나라는 사람 자체를 평가 받았던 상처를 나도 똑같이 돌려주려는 것이다. 내가 받은 세상의 잔인한 평가를 남들도 똑같이 받는 게 공정하다고 믿기 때문이다.

나는 개인적으로 이러한 마음을 '개발도상 마인드'라고 부른다. 그게 무엇인지 알아보자.

후진 마인드, 개발도상 마인드, 선진 마인드

국가를 흔히 선진국, 개발도상국, 후진국으로 나누는 것처럼, 나는 각자가 자신의 삶을 대하는 태도를 '후진 마인드', '개발도상 마인드', '선진 마인드로' 분류한다.

후진 마인드

후진 마인드에 있는 사람은, 인간의 일생에 비유하면 유아기에 머물러 있다. 세상은 나를 어리고 약한 존재로만 대한다. 나 또한 나를 어리고 약한 존재로 인식한다. 그래서 나보다 강한 존재가 내게 지배력을 갖는 걸 아주 자연스럽게 여긴다. 내가 내 삶을 개척하기보단 남이 내 삶을 이끌어주길 기다린다.

개발도상 마인드

이 마음 상태에 있는 사람은, 이를테면 학교를 졸업하고 이제 막 사회에 뛰어든 청년과 같다. 그리고 우리 대부분이 여기에 속한다.

이 사람은 매사에 서툴지만 한편으론 젊음과 강력한 의지력으로 못할 것이 없다는 자신감에 차 있다. 이때 세상은 나를 위한 도구가 된다. 내가 만나는 모든 존재가 내 삶을 연주하는 악기가 된다. 무엇 하나 허투루 보지 않고 이걸 어떻게 이용할까 궁리한다. 그는 자기가 원하는 발전을 이미 이룬 사람을 '롤 모델'이라 부른다. 그리고 그를 따라하려고 무진장 애를 쓴다.

하지만 그건 결코 감사나 존경이 아니다. 시기와 질투다. 열등감이다. 그가 최종적으로 원하는 건 롤 모델에 대한 복수復讐다. 훨씬 더 성공한 사람이 되어 더 이상 너 따위가 날 가르칠 수 없다는 걸 증명하는 것이다.

선진 마인드

일생으로 비유하면 노년기에 해당한다. 세상의 주인공이 되기보단 하나의 구성원으로서 살아간다. 나도 모르게 내가 주인공이 될 때도 있다. 톨스토이급 문학 작품을 쓰거나 천재적 물리 이론을 발표해 '가장 영향력 있는 인물' 리스트에 오를 수도 있다. 하지만 들뜨지 않는다. 떠들썩한 세간의 관심과 일정 거리를 둔다. 특정 분야에서 거둔 한시적 성과가 나라는 사람을 더 위대하게 만들어주지 못한다는 걸 알고 있다. 반대로, 모두가 나를 무시하거나 조롱해도 내 갈 길을 간다. 세간의 찬사가 나를 위대한 사람으로 만들지 않듯이 나를 향한 비난도 나를 부족한 존재로 만들지 못한다는 걸 안다.

물론 셋 중 가장 문제가 되는 것은 후진 마인드다. 그것은 타인에게 완전히 지배당한 마음이다. 이 사람은 심지어 자신이 지배당했다는 사실조차 알지 못한다. 〈트루먼 쇼〉나 〈캐빈 인 더 우즈〉의 주인공처럼. 그런 사람은 이 책을 읽을 이유 또한 없다. 자기 삶에 무언가 변화가 필요하거나 정신이 번쩍 드는 깨달음이 필요하단 인식 자체가 없기 때문이다.

선진 마인드에 있는 사람 또한 이 책을 읽을 필요가 없는데, 그들에겐 이 모든게 전부 다 아는 이야기, 당연한 말일 뿐이다. 결론적으로 당신이 이 책을 읽는 이유는, 개발도상 마인드 상태에 있기 때문이다.

개발도상 마인드를 가진 사람은 기본적으로 의욕에 차 있고, 세상을 가능성으로 바라보고, 한정된 인생을 최대한 신나고 폼 나게 살고 싶어 한다. 언뜻 들으면 '그게 왜 문젠데?'란 생각이 들 것이다.

그러나 그것은 문제다. 왜냐면 이 사람은 세상을 '있는 그대로' 보지 못 하기 때문이다. 세상을 있는 그대로 보지 못 하는 사람은 결코나 자신도 있는 그대로 보지 못 한다. 나를 있는 그대로 보지 못 하는 사람은 항상 번 아웃과 공황장애, 자기혐오, 극단적 선택에서 겨우 한두 뼘 떨어져 있다.

있는 그대로 보다

세상을 '있는 그대로' 본다는 건 '지금 이 순간'을 산다는 뜻이다. 이건 또 무슨 말인가?

"지금 이 순간을 살아라." 마음 다스리기를 공부한 사람에겐 친숙하게 들릴 것이다. 이건 마치 '올바르게 살라'는 말처럼 너무도 빤한 진리이지만 정작 그게 무슨 뜻인지는 잘 모른다. 그래서 그만큼 오해를 많이 낳기도 한다. 혹자는 이 말을 "인생 별 것 없어. 짧은 인생 복잡하게 살지 말고 그냥 매 순간 즐겨!"라고 해석한다.

하지만 이건 잘못이다. 그건 지금 이 순간을 사는 게 아니다. 흥청망청 놀고 싶지만 죄책감은 피하고 싶은 쾌락주의자의 변명일 뿐이다.

'지금 이 순간을 살라'는 말의 진짜 의미는, 과거에 대한 반성 없이, 미래에 대한 요량 없이 오늘만 살라는 게 아니다. 그것은 세계를 '나 없이' 바라볼 줄 아는 능력을 뜻한다. 여기서 '내가 없다'는 건 불교에서 말하는 무아無我와 유사하다. 내가 사라지는 게 아니다. 나는 여전히 세계 안에 존재한다. 다만 '나'라는 관념이 사라지는 것이다. '관념 속의 나'는, '너'와 '그들' 사이에서 '뭔가를 해야 하는' 존재이다. 이 관념을 포기하면, '나'와 '그 나머지 세계'에는 차별이 사라진다. 우리는 라면 속 달걀까지 라면의 범주에 넣는다. 달걀에게 '나라는 관념'이 있다면 매우 불쾌해 할 것이다.

좀 더 쉬운 비유를 들자면, 그건 마치 내가 출연한 영화를 보는 것과 같다. 그 영화엔 나뿐 아니라 여러 조연배우들도 함께 등장한다. 배우들뿐인가? 자연풍경과 소품, 음향효과, CG, 배경음악도 함께 영화를 구성한다. 01:06:36 시점으로 가면 이 모든 것들이 한 장면에 어우러져 있다. 그 안엔 나도 있다. 그러나 그 장면을 구성하는 건 그 '모두'이다. '화면 속 나'는 하나의 완성된 장면의 구성 요소일 뿐이다. 나를 이렇게 바라볼 수 있을 때 당신은 '지금 이 순간을 산다.'

당신은 좀처럼 스스로를 '그냥 여기 있는 나'로 받아들이지 못해왔다. '나' 앞에 늘 이런저런 수식어를 붙여왔다. '성공하지 못한' 나, '차 한 대도 없는' 나, '인기 없는' 나, '부족한 점이 많은' 나…. 그래서 언제나 '발전하고 개선돼야 할 나'이다. 그렇다고 수식어가 늘 부정적인 것만도 아니다. '사교성이 좋은' 나, '아무데서나 잘 자는' 나, '후라이드 맛으로만 치킨집을 구별할 수 있는' 나… '앞으로도 이런 내가 되기 위해 노력해야 하는 나'이다. 언뜻 좋은 것 같지만 '그냥 나'로 받아들이지 못 한다는 점에선 매한가지다.

어릴 적 이런 연산놀이를 해본 적 있을 것이다.

1

11

12

1121

122111

112213

12221131

처음엔 나도 저 안에 뭔가 대단한 패턴이라도 숨겨져 있는 줄 알았다. 더해 보기도 하고 나누어 보기도 했다. 아무것도 소용없었다.

이 연산놀이의 비밀은 '아무런 연산을 하지 않는 것'이다. 수를 그냥 그 수 자체로 받아들이는 것이다. 그것은 빼야 할 대상도, 곱해야 할 대상도 아니다. '그냥 수'다. 그래서 각 수의 아랫줄은 그 수를 '있는 그대로' 설명하는 데 불과하다. 1은 '1이 1개인 수'고, 1121은 '1이 2개, 2가 1개, 1이 1개인 수'다.

하지만 우린 어떤 수를 봤을 때 좀처럼 '그냥 그 수'로서 인식하지 못 한다. 수란, 반드시 어떠한 계산의 일부라고 믿기 때문이다.

길을 걷다가 어느 건물 벽면에 커다랗게 '270'이라고 쓰여 있는 걸 봤다고 하자. 우린 당연하게도 그 주변에서 269나 271을 찾는다. 하지만 실은 어젯밤 누군가 술에 취해 아무 의미 없는 숫자를 낙서한 것일 수도 있다. 혹은 이준오 씨가 자기 이름 이니셜을 흘려 쓴 것일 수도 있다.

비트겐슈타인은 이런 말을 했다. "생각하지 말고 그냥 봐라, 쫌!" '88'을 보고선 어릴 적 아이큐 검사 결과를 떠올리지 말고 그냥 동그라미 네 개가 모여 있는 것으로 보라는 것이다. '1+1=' '2'가 아니라 '밭 전⊞'자일 수도 있다. 한 번쯤 그렇게 본다고 해서 바보가 되는 것도 아니다.

사실 '있는 그대로 보기'는, 불교 수행이나 마음수련 프로그램의 '분노 다스리기' 전략의 정수이다. 분노는 '생각의 조합'을 통해 이루어진다. '저놈이 날 이렇게 대해선 안 되지.' 라는 생각과 '난 이것보다 더 대우 받을 자격이 있어.'란 생각이 조합되고 반복 재생되다 보면 과부하 걸린 기계 마냥 우리 몸에선 열이 발생한다. 우리 마음엔 '침착'이라는 쿨링 시스템도 존재하지만, 점점 빨라지는 온도 상승 속도를 따라가지 못한다.

흔히 이럴 때 '심호흡을 하라'는 해결책을 준다. 심호흡은 분명 분노의 열을 식혀 주지만, 이 전략은 실효성이 떨어진다. 왜냐면 분노가 치밀 때 '심호흡' 하라는 건, 공복일 때 갓 튀긴 치킨을 앞에 두고 구구단을 2단부터 9단까지 외라는 것과 같기 때문이다.

더 큰 분노에 미쳐버릴지도 모른다.

나는 나에게 분노를 멈추라고 강요해선 안 된다. 그건 나를 존중하는 게 아니다. 그건 어릴 적 내 빵을 훔쳐 먹어치운 형의 멱살을 잡았을 때 "형한테 그럼 못 써!" 라고 오히려 나를 혼냈던 어른들과 똑같은 짓을 내게 하는 거다. 나는 내게 그런 부당한 처사를 저질러선 안 된다. 존중해 주어야 한다. 그러기 위해선 일단 분노가 마음껏

발산될 수 있도록, 더 뜨겁게 타오를 수 있도록 허용해야 한다. 대신 그 분노를 '바라보아야' 한다.

인간에겐 대단한 능력이 하나 있는데, 눈에 보이지 않는 거라도 거기에 이름 붙일 수 있다면 그걸 바라볼 수 있다는 거다. 내가 느끼는 감정에도 얼마든지 이름을 붙일 수 있다. 분노, 극대노, 천불, 빡침… 뭐든 가능하다. 한번 이름이 붙으면 우린 그것을 바라볼 수 있다. 그걸 볼 수 있다는 건 '의식'이 돌아왔다는 거다. '무의식적' 분노에 제동을 가했다는 뜻이다. 이때 분노는, '나'라는 화염방사기에서 나오는 천불에서 '내가 바라보는' 불꽃이 된다. 우린 그걸 여의도 불꽃축제처럼 구경할 수 있다.

무의식적으로 분노에 휩쓸릴 때 우린 마치 영화 〈드래그 미 투 헬〉의 마지막 장면처럼 땅속 불구덩이로 끌려 들어간다. 그곳엔 좋은 게 하나도 없다. 뜨겁기만 하다. 이런 일이 반복되면 우리 인생은 망한다. 그리고 정말로 망한 사람이 있다.

바다 하리는 2000년대 중후반 입식 타격의 전성기를 견인한 격투기 스타였다. 그는 젊고, 잘생기고, 거칠었다. 일본식 전통 무예를 바탕으로 한 '점잖은' 선수들 사이에서 그는 고삐 풀린 망아지 같았다. 주로 악수와 포옹이 이루어지는 기자회견장에서 그는 상대 선수에게 욕설을 퍼붓고 글러브 없는 맨주먹을 휘둘러댔다. 주최 측은 경악했지만 팬들은 열광했다. 근거 없는 나르시시즘이 아니었다. 그는 레이 세포나 피터 아츠 같은 전설의 베테랑들을 차례로 무찌르며 입식 타격가라면 한 번쯤 꿈꾸는 무대 K-1 월드 그랑프리 결승에 올랐다. 이제 레미 본야스키라는 장벽 하나만 넘으면 명실공히 세계 1위였다.

그런데 일이 터졌다. 끊임없이 저돌적으로 나온 바다 하리에게 본야스키는 연신 철통방어로 대응했다. 잔뜩 짜증이 난 바다 하리는 그가 미끄러진 틈을 타 그의 위에서 파운딩을 내리 꽂았다. 명백한 반칙이었다. 심판이 달려들어 그를 제지했다. 그러자 그는 아예 본야스키의 머리를 짓밟았다. 입식 타격에선 상상도 할 수 없는 행위였다. 심판이 간신히 떼어냈지만 본야스키는 이미 큰 충격을 받고 쓰러진 뒤였다. 십여 분 후 결국 바다 하리의 반칙패가 선언되었다.

관중석에선 일제히 야유가 쏟아졌다. 그는 이날 자신의 행동을 후회했을지도 모른다. 하지만 시대의 흐름은 그에게 만회할 기회를 주지 않았다. 이 시합을 끝으로 입식 타격의 전성기는 물러가고 UFC 같은 종합격투기의 시대가 찾아 왔다. 이제 바다 하리는 대부분의 사람들에게서 잊혀졌다.

무명배우가 스타가 되겠다는 건 악의적 기사와 악플 세례를 견디겠다는 선언과 같다. 모태솔로가 바람둥이가 되기 위해선 끊임없는 질투와 거절을 받아들여야 한다. 독거노인이 되는 대신 반려자와 함께 하려면 상대의 불평과 잔소리를 받아들여야 한다. 세상을 있는 그대로 받아들이지 못 하면 돌아오는 건 고통뿐이다. 이에 대해 장자(莊子)는 "배를 타고 강을 건너다가 다른 사람이 타고 있는 배가 와서 부딪치면 그것을 빈 배(空舟)로 여기라"고 했다. '나를 놀래킨' 배가 아닌 '그냥' 배로 보란 말이다. 쉽지 않은 일이다. 하지만 우린 이걸 해야 한다. 사탄의 불구덩이에 끌려 들어가지 않으려면.

'있는 그대로 보기'는 분노뿐 아니라 세상이 멋대로 정한 '나'에 대한 관념에 스스로 휩쓸리는 것도 막아준다. 나라는 사람은 어떠한 목적을 갖고 이 세상에 태어난 것인지도 모른다. 신이 나에게 모종의 임무를 부여했을지도 모른다. 그러나 270이나 88이 아무 의미 없듯이 나 또한 아무 목적 없이 그냥 여기 던져져 있을 수도 있다. 비 오는 날 창문에 맺힌 하나의 빗방울처럼. 나는 어떤 식으로든 극복되거나 발전하거나 완성되어야 하는 존재가 아닐 수도 있다. 그냥 '나는 나'일 수도 있다.

나를 아무런 목적 없는 존재로 본다고 해서 자존감까지 낮아지는 건 아니다. 그렇다고 높아지는 것도 아니다. 그러나 자존감이 높아야 한다는 강박에선 벗어날 수 있다. 엄마의 잔소리는 그토록 질색하면서 정작 나는 나에게 항상 이래라 저래라 명령하는 모순을 멈출 수 있다. 좀 더 좋은 사람, 좀 더 멋진 사람, 좀 더 가진 사람이 되어야 한다는 강박으로부터 자유로울 수 있다.

이것이 바로 '나를 존중하는' 법이다. 참된 리더라면 모두가 이걸 알고 있다. 자존감은, 내가 잘할 땐 나를 칭찬해 주고 못할 땐 책망하는 그런 조건적 사랑이 아니다. 우린 이미 타인의 그러한 행동에 질릴 대로 질리지 않았는가? 누가 뭐래도 세상에서 가장 소중한 '나'를 대하는 태도가 5년 사이에 뒤바뀐 박정아 선수 SNS 댓글 수준밖에 안 되는가?

나를 사랑한다는 게 대체 뭔데?

삶이 뜻대로 되지 않아 괴롭다는 사람에게 해 줄 수 있는 최고의
조언이 있다. "너부터 사랑하라."

이 말이 최고의 조언이 될 수 있는 이유는 첫째, 이의를 제기할
수 없기 때문이다. 당신이라면 나 자신을 사랑하라는 말에 "왜?"라
고 반문할 텐가? 그러다가 조언자가 "싫음 말고!"라고 해버리면 뻘
쭘해지는 건 당신이다. 둘째, 이미 지겹게 봤지만 보면 또 웃게 되는
김영철의 이영자 성대모사처럼 이 흔해빠진 조언도 거의 매번 상대
의 가슴 속 무언가를 건드린다.

심각한 고민을 가진 사람은 온 신경이 그 문제에 집중돼 있기 때문
에 자기 자신을 충분히 돌보지 못 한다. 돌보긴 커녕 술 담배로 고문
하고 잠을 안 재우는 벌을 주기 일쑤다. 그런데 그때 갑자기 '네 자신
을 사랑하라'는 말을 들으면 "띠로리~~"하고 뒤통수를 한 대 얻어맞
는 기분이 든다. 푹 패인 볼을 타고 또르르 눈물 한 방울이 떨어진다.
잠깐, 울었다고? 그럼 상담은 여기서 끝이 난다. 모든 게 해결되었다.

〈굿 윌 헌팅〉에도 나온다. "네 잘못이 아냐" → "뿌앵" → 해피엔딩.

문제는 이 말이 조언자 입장에서만 최고라는 거다. 나를 사랑하라는 조언을 듣고 울음을 터뜨린 사람은 집에 돌아와 혼자 생각한다. '가만, 내가 나를 사랑해야 한다는 건 알겠어. 근데… 어떻게 나를 사랑하라는 거지? 솔직히 난 사랑이 뭔지도 모르겠어.'

해결되지 않은 질문들이 머리카락으로 막힌 욕실 하수구 위 비누 거품처럼 둥둥 떠다닌다. 뭔가 이상하다. 니체와 토르보다 위대한 망치로 얻어맞고 섬광 같은 깨달음을 얻었다고 믿었건만!

그럼 왜 조언자에게 나를 사랑하는 게 어떤 의미인지 묻지 않는 걸까? 첫째, 내가 사랑이 뭔지도 모르는 한심한 인간처럼 보일까봐. 둘째, 내가 나를 사랑하고 싶어도 하지 못하는 열등감 투성이로 비치는 게 두려워서.

여기엔 한 가지 확신이 따라다닌다. 나는 나를 사랑해야 한다는 확신 말이다. 왜? 나를 사랑하지 못 하는 사람은 비정상이니까.

이건 지극히 타인의 시선을 의식한 결과이다. 내가 나를 진짜 사랑하는 것보다 남이 볼 때 내가 나를 사랑하는 것처럼 보이는 게 훨씬 더 중요한 것이다. 그래서 과장된 미소를 짓고 셀카를 찍어 SNS에 올린다. 어떻게든 나의 자기애를 증명하려고. 그러다가 모두 잠든 후에 아무도 내 인스타에 '좋아요'를 누르지 않고 카톡 프사를 칭찬하지 않는 시간이 되면 자기애는 밤하늘의 UFO처럼 의심스런 존재가 된다. "넌 정말 너를 사랑하는구나." 라고 증언해 주는 사람이 없으면 극도로 불안해진다.

나는 왜 나를 사랑하지 못하는가

기어코 조언자를 다시 찾아가 "나를 사랑한다는 게 대체 뭔데? 사랑은 뭐야? 어떤 게 진정으로 나를 사랑하는 거지?" 라고 묻는다면 상대는 난색을 표할 것이다. 왜냐면 그 사람의 조언은 당신이 울음을 터뜨리는 데서 끝났기 때문이다.

내가 아플 때 다른 사람이 해 줄 수 있는 건 빨리 나으라는 위로의 한마디 정도가 전부다. 그건 당신의 가장 친한 친구라도 마찬가지다. 기껏해야 과일 바구니 하나 사 온다는 것 정도가 다른 점이다.

아픔은 오롯이 내 몫이다. 남이 대신 아파해 줄 수 없다. 자기애 문제도 똑같다. 질문도 답도 스스로 찾아야 한다. 안 그러면 이 문제는 영원히 끝나지 않는다. 내 경험상으론.

나도 내가 나를 너무 사랑하지 않는 것 같아서 외부에 도움의 손길을 뻗친 적이 있다. 내 경우엔 누군가를 찾아가 묻는 대신 '나를 사랑하는 법'에 관한 책이나 강연들을 뒤졌다. 닥치는 대로 읽고 듣기를 십 수 년. 결과는 실패였다. 물론 전혀 쓸데없는 짓은 아니었다.

거울에 비친 나에게 '너를 사랑해' '그동안 힘들었지?' '오늘 하루도 수고했어. 넌 잘 하고 있어.' 같은 말을 성시경보다 서윗한 톤으로 속삭였다. 얼마간은 효과가 있었다. 가슴이 따뜻해지고 편안했다.

그런데 얼마 지나지 않아 세 가지 문제가 생겼다. 첫째, 매번 성가신 의식을 행해야 한다는 게 부담이었고, 둘째, 유독 못생겨 보이는 날에는 거울 보는 게 싫었다. 셋째, 어느 순간 내가 '나를 사랑하는 사람'이 아닌 애정결핍증 환자처럼 보였다.

가수 진주가 목놓아 난 괜찮다고 부르짖는 건 전혀 괜찮지 않기 때문일 것이다. 이소라가 자꾸 난 행복하다고 말하는 것도 행복하지 않아서다. 마찬가지로 거울 속 나에게 자꾸 "널 사랑해." 라고 말하는 것도 그만큼 내가 날 사랑하지 않는다는 반증이다.

자문했다. 지금껏 노력해서 무언가를 사랑하게 된 적이 있던가? 나는 곧장 내가 사랑하는 것들을 나열해 보았다. 엄마, 아빠, 힙합, 발레, 재즈, 우주소녀, 축구, 만화, 한여름 밤 에어컨 켜고 넷플릭스 보면서 라면 먹기. 이 중 나의 노력으로 사랑하게 된 것은? 하나도 없었다! 그럼 나는 왜 유독 나 자신은 노력해서 사랑할 수 있다고 믿은 걸까?

다음 질문에 답할 차례다. 나는 왜 나를 사랑하지 못 할까? 이번에도 당장 머릿속에 떠오르는 이유를 나열해 보았다. 외모가 별로여서, 성격이 예민해서, 과체중이어서, 뚜렷한 직업이 없어서, 통장 잔고가 개털이어서. 그럼 난 평생 나를 싫어했나? 아니다. 나도 나를 사랑한다고 느낀 적이 있었다. 초등학교 때 여자애들한테서만 50장이 넘는 크리스마스카드를 받았고, 그중 과반이 실은 날 좋아한다는 말이 쓰여 있었다. 강시 만화를 그렸는데 반 친구들이 돌려보면서 낄낄거렸다. 아역 탤런트 출신 퀸카가 자리 선정 날 내 옆자리로 왔을 때도 있었다. 이때 확실히 난 나를 사랑했다.

그렇다. 거기엔 타인이 있었다! '나'가 아닌 '다른 사람이 바라보는 나'가 항상 그 자리에 있었다.

그럼 내가 그토록 사랑하고 싶지만 사랑할 수 없던 사람은 '나'인가, '다른 사람이 보는 나'인가? 후자라면, '아무도 보지 않는 나'는 아무 의미도 없는 존재란 말인가? 내가 찾은 답은 '아니오'였다. 나라는 존재가 누군가에게 보여질 때만 의미가 있을 리 없다. 하지만 그렇게 느끼며 살아온 것도 사실이다.

다른 사람이 날 중요하게 여기지 않으면 난 아무짝에도 쓸모없는 인간이 된 것 같았다. 그래서 늘 타인의 평가에 전전긍긍했다.

한 가지 의문이 풀렸다. 나는 나를 사랑해야 한다고 확신하면서도 그게 왜 그렇게 어려웠는지. 그건 내가 사랑하고자 한 게 내가 아닌 다른 사람에게 '보여지는' 나였기 때문이었다. 나를 괜찮은 녀석이라고 말하는 사람도 있겠지만 누군가는 '꼴 보기 싫은 놈' 혹은 "누구?"라고 말하는 사람도 있을 것이다. 어차피 그들 모두가 나를 좋아하는 건 불가능한데도 누군가 또 나를 인정하지 않고 무시하면 주눅 들었다.

여기서 또 다른 질문 하나. 내 자기애의 문제점이 타인을 지나치게 의식하는 거였다면, 타인을 전혀 의식하지 않고 사는 건 가능할까?

글쎄, 솔직히 쉽지 않아 보인다. 우리는 늘 누군가를 의식한다. 카페 맞은편 자리에 골프선수 유현주를 닮은 여성이 앉아 있다면 아무리 콧속이 간지러워도 무턱대고 손가락을 집어넣을 순 없다.

예전에 클럽에서 놀고 있는데 한 여성이 계단을 내려오다가 앞으로 고꾸라졌다. 수많은 사람들이 지켜보는 가운데 치마는 홀라당 뒤집어지고 담배꽁초와 침이 뒤섞인 바닥에 그대로 얼굴을 처박았다. 한눈에도 상황은 심각해보였다. 친구로 보이는 여성이 부랴부랴 그녀를 일으켜 세우고 옷을 털어주었다. 그녀의 입에선 시퍼런 피(실내 조명 때문에 그렇게 보였나 보다.)가 철철 흘러 나왔다.

그런데 놀라운 건 그녀는 아파할 새도 없이 얼른 양손으로 엉망이 된 입 주변을 가리고 화장실로 냅다 뛰어갔다는 것이다. 그만큼 우린 때로 목숨 걸고 주변 시선을 의식한다.

사실 타인의 시선은 한편으론 우리 삶의 활력이기도 하다. 당신이 지금 뭔가 대단히 열심히 하는 게 있다면 그 목적엔 분명 타인이 있을 것이다. 생각해 보라. 내일 아침 눈을 떴는데 내가 마주한 세상이 〈나는 전설이다〉의 윌 스미스가 사는 곳과 같다면? 폐허가 된 세상에 생물이라곤 반려견과 길거리의 맹수들, 반쯤 살아 있는 시체들이 전부라면? 그때도 당신은 지금처럼 열심히 일하고, 공부하고, 등골이 휘면서 적금 붓고, 헬스장에서 역기를 들 텐가? 나도 지금 이 책을 쓰면서 수도 없이 그만두고 싶었지만 매번 또 다시 컴퓨터를 켜고 자판을 치는 건 언젠가 이 글을 읽게 될 생면부지의 예비 독자들 때문이다.

타인에게 인정받고 싶은 바람은 우리가 무언가에 흠뻑 빠져 열정을 쏟아 붓게 만든다. 문제는 그 바람이 최종 목표가 되어선 안 된다는 것이다.

'타인에게 인정받기'가 유일한 인생 목표인 삶은, 인파로 가득한 광장에서 자위행위를 하던 디오게네스의 개 같은 삶과 마찬가지로 또 다른 극단일 뿐이다. 어느 쪽이든 진정한 자기애를 실현하는 게 불가능하다는 점에선 똑같다.

우리가 사랑하는 방식

그럼 왜 타인에게 인정받고 싶어 하면서 나를 진정으로 사랑할 수 없는 걸까? 물론 사랑할 수도 있다. 우리가 흔히 말하는 사랑의 방식으로는 말이다.

마이클 잭슨과 동시대를 산 사람이라면 누구나 그와 함께한 시간을 자랑스러워 할 것이다. 새천년을 목전에 두고 CNN에서 조사한 바에 따르면 그는 레오나르도 다 빈치와 베토벤 등을 제치고 '지난천 년간 가장 위대한 예술가' 1위 자리에 올랐다.

박혁거세처럼 알에서 태어나지도 않은 그가 천 년에 한 번 나올 사람으로 성장한 데에는 그의 아버지 조 잭슨의 역할이 컸다. 그는 전직 복서이자 실패한 블루스 아티스트로서, 자기 자식들만큼은 성공한 뮤지션으로 키우고 싶어 했다.

그러나 그의 교육 방식은 손흥민 아버지와는 달랐다. 조는 마이클을 학대했다. 또래들과 어울릴 시간을 전혀 주지 않았고, 그의 노래와 춤 실력이 만족스럽지 못할 땐 나뭇가지를 분질러 마구 때렸다.

때로는 나뭇가지가 가죽혁대로 변하기도 했다. 그는 계속해서 아들에게 색다른 고통을 주는 방법을 연구했다. 마이클의 몸은 멍들고 찢기고 화상 입었다. 게다가 그는 마이클이 사춘기에 접어들면서 외모에 신경 쓴다는 걸 알고는 '왕코', '코봉이'라고 놀려댔다. 코에 대한 콤플렉스는 평생 마이클 잭슨을 따라다녔다. 하지만 조는 이 모든 걸 아들에 대한 사랑이라고 말했다. 유명인이 되면 잔인한 세상을 마주하고 종종 대중과 언론으로부터 조롱을 당해야 하는데, 이를 위한 일종의 예방주사였다는 것이다.

조의 양육 방식에는 명백한 아동학대와 인격말살의 증거가 차고 넘치지만, 한편으론 마이클이 천부적 재능을 발휘하여 최고의 아티스트가 되는 데에 기여한 것도 사실이다. 그럼 그의 학대가 정말로 아들이 잘 되기를 바라는 '조금 어긋난' 부성애였던 걸까?

조가 한 짓이 사랑이 아니라는 명백한 근거는, 그에게 '마이클'은 없고 '대중 앞의 마이클'만 있었다는 사실이다. 그는 마이클이 무엇을 원하고, 어떤 음악을 사랑하고, 음악을 진짜 사랑하기는 하는지 전혀 관심이 없었다. 단지 자신에게 돈을 벌어다 줄 경주마를 사육하듯이 그를 먹여 살렸을 뿐이다.

조 잭슨의 예는 워낙 극단적이어서 연결해서 듣기 불편할 수도 있지만, 사실 우리 부모님의 사랑도 이와 크게 다르지 않다. 진정하라. 나나 당신 부모가 아동학대를 했다는 말이 아니다. 개인적으로 우리 부모님은 그들이 해 줄 수 있는 것 이상을 내게 해 주었다. 당신 부모도 분명 그랬을 것이다. (물론 세상엔 그러지 않는 부모도 엄청나게 많다.) 그러나 그들도 (아마도 그들도 모르는 사이) '나'보다 '사람들 앞의 나'에 관심을 가진 것도 사실이다. 물론 우리가 아주 어릴 때는 그저 밥 잘 먹고 잘 자고 우렁차게 우는 것만으로도 부모님을 웃게 만들 수 있었다.

그러나 언제부턴가 우리 앞에 어떠한 존재들이 나타났다. 우리는 그들을 '친구'라고 불렀으나 부모님은 '경쟁자'라고 가르쳤다. 이제는 단순히 잘 먹고 잘 자는 것만으로는 부족했다. 학교란 곳에서 선생님과 부모님 앞에 경쟁자들을 무릎 꿇릴 수 있어야 비로소 사랑을 얻을 수 있었다. 사랑은 수학의 명제가 되었다. 증명할 수 있어야만 한다. 내가 사랑받을 자격이 있는지 없는지.

이런 식으로 학습한 '증명하는 사랑'은 다른 종류의 사랑에도 똑같이 적용된다. 첫눈에 반한 여자가 에르메스 가방을 들고 있으면 뒷걸음질 치게 된다. 저 사람의 애인이 되려면 내가 에르메스 수준의 남자라는 걸 증명해야 할 것 같기 때문이다. 누군가 내게 와서 친구가 되길 바라도 나는 그 사람의 증명을 요구한다. 우리 우정이 어떤 식으로든 내게 이익이 될 거란 걸 말이다.

이러다 보니 나에 대한 사랑, 즉 자기애도 똑같이 증명을 요구하게 되었다. 내가 나를 사랑할 수 있으려면 우선 내가 다른 사람들 앞에 떳떳하게 내세울 만한 사람이 되어야 했다. 그걸 증명하기 위해서 우리는 자기 자신을 몰아세우고, 졸려서 자고 싶다고 말하는 입에 커피와 핫식스를 들이붓고, 여기저기 쑤시고 결리는 몸에다가 진통제를 털어넣었다. 그런데도 남들보다 나음을 증명하지 못 할 땐 나를 저주하고 혐오했다. 다른 수많은 장점은 외면하고 한두 가지의 단점 때문에 나를 아무런 가치 없는 존재로 만들어 버린 것이다. 조잭슨이 아들 마이클에게 그랬듯이 말이다. 그와 똑같은 변명을 하면서. 이게 다 나를 사랑하기 때문이라고. 내가 잘 되기를 바라는 마음에서라고.

명심하라. 당신은 결코 당신을 사랑해서 몰아세운 게 아니다. 당신의 사리사욕을 채우기 위해 당신 안의 겁먹은 아이를 혁대로 때리고 벌 준 것이다. 이게 우리가 흔히 말하는 '노력'이다.

삶에서 가장 중요한 가치는 타인의 인정이라고 멋대로 상정하고, 그러기 위해선 고통이 따를 수밖에 없다고 확신하는 것. 그리고 '나는 누구인지', '내가 진정으로 원하는 건 무엇인지' '사는 게 왜 이렇게 힘든지' 등에 대해선 조금도 관심을 기울이지 않는 것, 힘들다고 우는 당신 안의 아이를 그저 철없다고 나무라는 것 말이다. 이러한 자기학대가 노력이고 나에 대한 사랑이라면, 나는 그것이 모든 사회악의 근원이라고 자신 있게 말할 수 있다.

사랑은 상대를 살게 하는 것

1912년, 타이타닉 호가 영국 사우샘프턴 항을 떠났다. 인류는 이제껏 이보다 더 큰 여객선을 만든 적이 없다. 거기엔 몰락한 귀족 집안의 딸 로즈(케이트 윈슬렛)와 그녀의 약혼자 칼, 그리고 가난한 떠돌이 화가 잭(레오나르도 디카프리오)이 타고 있다. 로즈는 자유로운 영혼의 여성이지만 몰락한 집안을 일으키려는 어머니의 강요 때문에 억지로 재벌 2세인 칼과 함께 배에 탔다.

칼은 그녀에게 엄청나게 커다란 다이아몬드 목걸이를 선물한다. 그러나 그녀는 그와의 결혼이 죽기보다 싫다. 그래서 죽기로 한다. 갑판으로 뛰쳐나와 배 난간 위에 올라선다. 바다 속으로 뛰어내리기로 한다. 그런데 그 모습을 본 잭이 그녀를 멈춰 세운다. 바닷물이 엄청나게 차가울 거라고 겁을 준다. 죽고 싶어도 떡볶이는 먹고 싶은 것처럼 그녀도 죽고 싶지만 얼음물은 싫었다. 난간에서 내려온 그녀는 자기처럼 자유로운 영혼인 잭과 사랑에 빠졌다.

그런데 갑자기 배가 요동친다. 빙산에 긁힌 것이다. 옆구리가 터진 배 안으로 물이 들어차면서 배는 서서히 가라앉기 시작한다. 'Unsinkable(가라앉을 수 없는)'이란 별명이 붙은 배가 가라앉는 'unthinkable(상상할 수 없는)'한 상황이 펼쳐진 것이다.

잭과 로즈는 함께 바닷물에 빠진다. 살려고 발버둥 치는 사람들 사이에서 잭이 성인 키만한 판때기(아마도 경첩이 떨어진 문짝) 하나를 발견한다. 로즈를 그 위에 올리고 자신은 얼음물 속에서 서서히 죽어간다. 그녀는 구조되었고 잭은 바닷물 속으로 가라앉았다. 로즈는 그 후로 아주 오랫동안 살았다.

〈타이타닉〉에서 내가 가장 감명 깊게 본 장면은 잭이 로즈를 혼자 판때기 위에 올리고 자신은 얼음물 속에서 죽어가는 장면이었다. '나를 희생하는 사랑'에 감동 받은 것이다. 나뿐만이 아니었다. 잭은 숭고한 사랑의 화신이 되었다. 전 세계가 '잭 앓이'를 했다. 나를 죽이고 상대를 살리는 잭의 사랑은 일부 기독교인들에게 예수를 떠올리게 했다.

이동진 영화평론가는 영화가 관객을 울리는 가장 치졸한 방식 중 하나가 아이를 꼬집어서 울리는 것처럼 감성팔이식 눈물 벨 장치를 하는 거라고 했다. 주인공을 극한의 상황까지 몰아 페이소스를 자아내 허술한 각본이나 연출을 가리는 행위다.

그럼 〈타이타닉〉의 판때기 장면도 싸구려 눈물 장치였을까? 실제로 많은 사람들이 그 장면의 개연성에 의문을 제기했다. "로즈가 너무 이기적인 거 아냐? 내가 볼 땐 그 문짝 위에 두 사람이 충분히 올라탈 수 있었는데. 그러면 서로의 체온으로 몸도 녹이고 둘 다 살았을 거 아냐?" 심지어 로즈를 연기한 케이트 윈슬렛도 한 토크쇼에 나와 로즈가 조금만 양보했으면 잭은 살 수 있었을 거라고 말했다. 브래드 피트도 골든글로브를 수상하면서 동료 배우 디카프리오에게 말했다. "나라면 너랑 문짝을 나눠 썼을 거야."

결국 〈호기심 천국〉과 비슷한 미국의 한 TV 쇼에서 실험에 들어갔다. 영화 속 배경인 1900년대 초반 로즈가 입었을 법한 구명조끼를 만들어 입고, 타이타닉호에 쓰인 것과 동일한 재질의 문짝을 물에 띄우고선 성인 두 사람이 함께 올라가 보았다. 판때기는 가라앉다 떠오르기를 반복했다. 극중 두 사람의 절박한 상황까지 고려한다면 이런 상태로 균형 잡기란 대단히 힘들었을 것이다.

그런데 실험자 중 한 사람이 꾀를 냈다. 자신의 구명조끼를 벗어 판때기 아래쪽에 묶은 것이다. 이제 문짝은 제법 든든한 부력을 얻었다. 실험자는 이렇게 하면 두 사람 모두 살았을 거라 확신했다.

이 같은 실험 결과를 제임스 감독에게 디밀자 그는 발끈했다. 그러면서 '잭은 각본상 죽기로 되어 있어서 죽었을 뿐'이라는 다소 무책임한 답변을 내놓았다.

나는 개인적으로 제임스보다 그럴듯하게 〈타이타닉〉 엔딩을 변호할 자신이 있다. 사실 장장 3시간에 걸친 잭과 로즈의 러브스토리는 두 사람이 실존인물이라 해도 어색하지 않을 정도로 탄탄하다. 그런데도 클라이막스라고 할 수 있는 판때기 장면을 이처럼 설득력 떨어지게 연출한 이유는 무엇일까? 간단하다. 픽션이기 때문이다.

〈타이타닉〉은 다큐멘터리도 사극도 아니다. 물론 역사적 사건을

배경으로 하고 있지만 말이다. 그렇다고 영화 〈창궐〉을 보고 조선시
대에 좀비가 살았다고 믿는 사람은 없지 않은가?

픽션은 과장과 생략을 허용한다. 강조하고 싶은 메시지가 있다면
은유와 상징을 얼마든지 활용할 수 있다. 픽션을 사건 조서처럼 쓸
필요는 없다는 거다. 물론 픽션에도 철저한 개연성을 요구하는 사람
들이 있다. 이러한 '말도안돼족'은 옥에 티를 찾느라 정작 작품이 선
사하는 감동을 놓치는 일이 허다하다.

다시 〈타이타닉〉 이야기로 돌아가 보자. 잭은 왜 문짝 위로 오를
수 없었을까? 그건 제임스 카메론이 그때까지 영화 내내 잭을 통해
보여주려고 했던 진정한 사랑의 의미에 결정타를 날리기 위해서였
다. 〈타이타닉〉의 주제는 이견의 여지없이 '사랑'이다. 하지만 사랑
은 민트초코 아이스크림이나 하와이안 피자와 같다. 누군가에겐 최
애고 누군가에겐 극혐이다. 각자 사랑의 정의가 다르기 때문이다.

제임스 감독도 자기만의 사랑의 철학이 있었을 것이다. 그걸 설명
하기 위해 '죽는' 잭과 '사는' 로즈가 필요했던 것이다.

로즈를 향한 잭의 사랑은 '상대를 살게 하는' 사랑이었다. 이것은
로즈의 자살 시도 장면에서도 여실히 드러난다. 자살 클리셰를 선택
한 감독은 신파에 빠질 위험을 무릅써야 한다. 제임스 같은 명장이
라면 더더욱. 그럼에도 제임스에겐 '상대를 살리는 사랑'이라는 뚜
렷한 주제가 있었다. 때문에 일종의 키아로스쿠로(명암 대비)로서 '더
이상 살지 않으려는 여자'를 보여준 것이다.

잭은 자살하려는 로즈를 위해 판때기 장면처럼 특별한 희생을 감

내하진 않았다. 다만 최선을 다해 상대를 '살도록' 부추겼다. 판때기 장면보다 임팩트는 덜 해도 '상대를 살리는 사랑'이라는 점에서는 동일하다.

우리는 잭의 희생에 집중하기보다는, 로즈에게 '당신은 살아남아서 결혼하고 아이도 낳고 오래오래 살아야 한다'고 말하는 장면에 집중해야 한다. 잭의 사랑의 가치가 '대신 죽는 것'에 있다면 영화 관람객 입장에선 공감하기 힘들었을 것이다. '나는 내가 사랑하는 사람을 위해 대신 죽을 수 있을까?' 라는 불편한 질문을 던져야 하기 때문이다.

그러나 잭은 죽고 싶어서 안달 난 사람이 아니었다. 그는 사랑하는 사람을 살게 하고 싶은 사람이었다. 그게 바로 그가 '내 인생 최고의 행운은 타이타닉호 티켓을 얻은 것'이라고 말한 이유다.

할 수 있는 것과 익숙한 것

앞서 말했듯이 잭의 사랑의 본질이 '목숨을 내놓는' 것이라면 우리는 잭과 단절될 수밖에 없다. 실제로 그러한 사랑을 하기란 대단히 어렵기 때문이다. 그러나 그것이 '다른 사람을 살리는' 거라면, 그땐 얘기가 달라진다. 그러한 사랑이라면 우리도 할 수 있을 것 같다.

사실 우리는 나로 인해 누군가가 살아갈 용기를 내는 상상을 가끔 한다. K팝 가수들이 단순히 돈 때문에 청춘 바쳐 휴대폰을 반납하고 샐러드만 먹으면서 죽도록 춤 노래 연습을 하는 걸까? 그들은 삶에서 한 번쯤 음악이 자신을 구원한 경험이 있을 것이다. 마찬가지로 그들도 자신의 음악이 누군가를 구원할 수 있기를 바란다. 그 바람은 설령 블랙핑크나 BTS 같은 반응이 없어도 그들이 계속 음악을 해나갈 수 있도록 해 준다.

내게도 삶이 죽을 만큼 힘든 적이 있었다. 겉으로 볼 땐 복에 겨운 징징거림에 지나지 않았으리라. 내 삶엔 특별히 결핍된 게 없었기 때문이다. 그것만으로도 나는 행복해야 했다. 세상에 얼마나 많은 사람들이 극심한 불운과 결핍에 고통 받는가. 그런데도 난 행복하지 않았다. 감사해야 할 게 많다는 걸 알았지만 감사할 수 없었다. 살고 싶은데 살아지지 않았다.

어쩌다 내 삶이 이렇게 됐을까. 그 이유를 알아보기로 했다. 죽기 살기로. 그래도 모르겠으면 그때 내 자신에게 계속 살아야 할 이유를 다시 진지하게 묻기로 했다. 그것은 무지막지하게 고통스럽고 외로운 여정이었다. 각오했던 것보다 훨씬 더 오래 걸렸고 훨씬 더 많은 시행착오를 겪고 훨씬 더 많은 걸 포기해야 했다. 그러다가 어느 순간 삶이 살아짐을 느꼈다. 외부 상황은 나아지기는커녕 악화되기만 했다. 실직하고 돈에 쪼들리고 사람들이 하나둘 곁을 떠났다. 그런데도 사는 게 사는 것 같았다. 겉으론 형편이 조금도 나아진 게 없었지만 살아갈 용기가 생겼다.

내 안에서 어떤 변화가 생긴 걸까? 이것만 알아내면 나처럼 겉으론 괜찮아 보여도 실은 사는 게 사는 게 아닌 사람들을 도울 수 있을지도. 그래서 얻은 결론이 삶에서 몇 가지 확신을 버리라는 것이었고, 그게 지금 내가 이 책을 쓰는 이유다.

자아, 원래 하려던 이야기로 돌아가 보자. 우리는 다른 사람을 위해 죽을 순 없어도 살릴 수는 있다고 했다. 그러나 '할 수 있다'는 게 꼭 '한다'는 걸 의미하진 않는다. '할 수 있는' 일을 하는 데에는 노력이 요구된다. 우리는 꼭 필요한 경우가 아니라면, 이를테면 짝사랑하는 사람의 마음을 얻거나 생계를 위한 게 아니라면, '할 수 있는' 일보다는 '익숙한' 일을 선택한다. 이유는 간단하다. '익숙한 일'이 더 쉽기 때문이다. '할 수 있는 일'에는 늘 미숙과 실패의 그림자가 드리워져 있다. 불가능한 건 아니지만 노력과 애씀이 들어가고, 실패할 경우 자존감이 낮아지는 위험을 감수해야 한다.

운전면허학원에 처음 등록한 날이나 입사 첫날 '난 이거 못해.' 라는 생각이 수도 없이 들었을 것이다. 학원 강사와 사수의 조롱을 참아야 하고 이 일이 정말 내 적성에 맞는지 계속 의심도 했을 것이다. 그러나 지금은 어떤가? 당신은 그 일을 아주 '익숙하게' 처리하고 있다. 결국 당신이 '할 수 있는' 일이었던 것이다.

그러나 이걸 깨닫기까진 시간적, 육체적, 정신적 소모가 상당했다. 반면 '익숙한 일'은 엄마 품처럼 포근하다. 그것은 나를 위협하지 않는다. 나는 능히 그것을 할 수 있다는 걸 알고 있고, 설령 실패하더라도 그건 나의 능력이 부족해서가 아니라 실수나 부주의 때문일 것이다. 그러니 자존심 상할 일도 없다.

상대를 살리는 사랑은 우리가 '할 수 있는' 사랑이지만 '익숙하지' 않은 사랑이다. 그래서 늘 '익숙한' 사랑에 밀려난다. 보통은 복잡한 머릿속을 청소하고 상처 받은 마음을 치유하고 싶어서 사랑하기 때문에 어려운 쪽을 택하지 않는다. 익숙한 게 최고다. 그래서 "사랑해" 한마디와 격정적 하룻밤으로 상대방의 사랑을 확인했다고 믿는다.

하지만 이렇게 확신한 사랑의 결말은 늘 공허와 배신감으로 가득하다.

소유적 사랑과 존재적 사랑

다음 두 문장을 보자.

나는 강아지보다 고양이를 좋아한다.

나는 소보다 돼지를 좋아한다.

어떤가. 미묘한 차이가 느껴지는가? 이 두 문장은 구문론적으론 동일하다. 하지만 '좋아한다'는 서술어는 전혀 다른 의미로 해석될 여지가 있다.

첫 번째 문장을 말한 사람은 아마도 길에서 고양이를 만나면 주머니 속에 먹을 만한 게 있는지 찾아볼 것이다. 마침 먹다 남은 소시지가 있어 내밀어보니 잘 먹는다. 그런 고양이를 보면서 행복해진다. 그럼 두 번째 문장의 화자도 돼지를 〈옥자〉의 미자처럼 사랑스럽게 껴안고 싶다는 뜻일까? 글쎄. 그보단 두툼한 삼겹살이 불판 위에서 노릇노릇 구워지는 걸 상상하며 군침을 흘리지 않을까?

우리는 같은 '좋아한다.'라는 말도 전혀 다른 뜻으로 사용하고 있다. 내가 아는 여사친은 개를 엄청나게 좋아한다. 그녀가 키우는 개

세 마리는 모두 유기견이다. 그들을 '내 새끼'라고 부르면서 정성껏 돌본다. 전에 다니던 회사의 부장도 개를 엄청나게 좋아했다. 가끔 점심시간에 소수의 마니아끼리 모여 미지의 식당(?)을 다녀온 뒤 빵빵한 배를 쓸며 이를 쑤셨다.

전에 알던 형은 여자를 좋아하기로 유명했다. 본인도 '난 여자를 너무 좋아해서 탈이다.'라고 입버릇처럼 말했다. 실제로 많은 여자들이 그의 자취방을 다녀갔다. 그러나 그는 결코 그들과 진지한 만남을 원치 않았다. 물론 그중엔 그와 정식으로 교제하고 싶어 하던 사람도 있었다. 그때마다 그는 "난 지금 연애할 시간이 없어."라고 말했다. 대부분 그 말에 낙담하고 돌아섰지만 몇몇은 계속 그에게 전화를 걸어왔다. 그러면 그는 수화기에 대고 육두문자를 쏟아냈다. 그는 여전히 말한다. '나는 여자를 너무 좋아해서 탈'이라고.

그렇다. 이들은 모두 그 대상을 '좋아하는' 게 틀림없다. 여사친도 개를 좋아하고 부장도 좋아한다. 그 형도 여자를 좋아하는 게 맞다. 그러나 그들이 각자 좋아하는 대상을 대하는 태도는 천지차이다.

에리히 프롬은 『소유냐 존재냐』에서 두 가지 상이한 좋아함을 설명하기 위해 두 개의 다른 시를 소개했다. 둘 다 길을 걷다 마주친 꽃에 관한 이야기이다. 첫 번째 시의 주인공은 꽃을 뿌리째 뽑아 관찰한다. 반면 다른 시의 주인공은 꽃을 그저 멀리서 바라본다. 앞사람은, 죽어가지만(뿌리째 뽑았기에) '내 손 안에 있는' 꽃을 사랑한다.

뒷사람은 나와 멀리 떨어진 채 '계속 살아가는 꽃'을 선택했다. 그는 알고 있었다. 꽃이 살기 위해선 자신이 가까이 다가가지 말아야 한다는 걸.

꽃과 인간은 생태계에서 전혀 다른 위치를 차지한다. 한쪽은 생산자이고 다른 쪽은 최종 소비자마저 잡아먹는다. 또한 둘은 전혀 다른 환경에서 산다. 꽃은 흙속에 뿌리를 내려 햇빛과 비바람에 노출되어 살아가지만, 인간은 끊임없이 이동하고 실내에 들어가 자신을 보호한다. 인간이 땅속에 두 다리를 묻고 살면 얼마 못 산다. 마찬가지로 꽃도 땅속에서 뽑힌 채 오래 못 산다. 그러니 둘 중 한 쪽이 상대를 자신의 영역에서 살도록 강제하는 건 상대가 '사는' 거엔 관심이 없다는 뜻이다.

꽃은 〈미녀와 야수〉에서도 중요한 소재이다. 대부분은 야수의 저주가 풀린 시점이 벨이 죽어가는 야수를 끌어안고 사랑을 고백했을 때라고 생각한다. 물론 작가의 의도도 그랬을지 모른다. 하지만 내 생각은 다르다. 한 가지 의미 있는 장면 때문이다. 야수는 아름답고 지적인 벨에게 푹 빠졌다. 자기밖에 모르는 그가 자신의 서재를 맘껏 이용해도 좋다고 말한 것만 봐도 알 수 있다.

그러나 그는 화사한 벨의 미소 뒤에 드리워진 그늘을 보았다. 그녀는 아버지를 그리워하고 있었다. 건강이 좋지 않은 아버지 곁을 지키고 싶었다. 그러나 성에 무단침입한 아버지를 야수가 옥에 가두자 자기가 대신 성에 갇히기로 했기 때문에 그것은 불가능했다. 이러한 벨의 슬픔을 헤아린다는 건 야수에게 끔찍했을 것이다. 모처럼 찾아온 사랑이었다. 게다가 이번이 저주로부터 풀려날 마지막 기회가 될지도 모르는 일이었다. (야수는 장미가 시들기 전에 진정한 사랑을 해야 다시 왕자로 돌아갈 수 있었다.)

그는 선택해야 했다. '내 곁에서 사는' 그녀인가, '행복하게 사는' 그녀인가. 그는 후자를 택했다. 꽃과 전혀 어울리지 않는 차가운 유리관 속에서 죽어가는 장미처럼 벨도 이 낯선 곳에는 어울리지 않는 사람이었다. 이것이 내가 믿는 야수의 저주가 '풀린' 시점이다. 그는 비록 벨에게서 '사랑한다'는 고백을 받진 못했지만 사랑을 직접 '실천'했다. 자신이 사랑 그 자체가 되었다.

벨을 향한 야수의 사랑이 소유적이었다면 그는 결코 벨의 슬픔에 신경 쓰지 않았을 것이다. 아버지를 보고 싶어 하는 마음은 외면한 채 "행복하게 해 줄테니 나랑 여기서 살자."라는 말만 해댔을 것이다.

오스카 와일드는 사랑을 '오직 나만이 들을 수 있는 그 사람의 노래를 듣는 능력'이라고 했다. 야수는 벨의 비가悲歌를 들었다. 그것으로 그의 사랑은 이미 완성되었다.

사랑은 돈이나 축구공이 아니다. 이 손에서 저 손으로, 이 발에서 저 발로 주고받는 게 아니라, '존재의 방식'이다. 흥부와 놀부는 똑같이 제비 다리를 고쳐 주었지만 돌아온 결과는 전혀 달랐다. 흥부는 제비에게 선의를 '주고' 선물을 '받기'를 원한 게 아니었다. 그가 원하는 건 제비가 건강하게 '존재하는' 것이었다. 반면 놀부는 흥부가 제비의 선물을 '받은' 이유가 그에게 치료 행위를 '주었기' 때문이라고 생각했다. 그래서 그도 똑같은 걸 주었다. 그리고 도깨비의 매질과 똥물 세례를 받았다.

홍부의 존재적 사랑은 내적 풍요와 충만함을 상징하는 '부富'로, 놀부의 소유적 사랑은 내적 빈곤과 궁핍을 상징하는 '망亡'으로 귀결되었다.

유명한 솔로몬 판결 이야기도 존재적 사랑을 말하고 있다. 이 이야기에는 잘 알려지지 않은 사실이 있다. 아이를 반으로 갈라서라도 자신의 몫을 챙겨달라고 말한 여인이 실은 전에 자기 자식을 죽이고 이 아이를 상대편 여성에게서 훔쳤다는 거다. 그녀에게 있어 아이란 단지 소유물이었다. 아이의 친모 또한 그전까지는 소유적 사랑을 했을지도 모른다. 그러나 아이가 죽을 위기에 몰리자 친모는 깨달았다. '내가' 아이를 잃는 것보다 '아이가' 사는 게 중요하단 걸.

이 이야기는 흔히 알려진 것처럼 솔로몬의 현명함만을 찬미하는 게 아니다. 진정한 사랑이 무엇인가를 가르치는 내용이다. 아이를 내 품에 안고 있는 것만으론 사랑이라 할 수 없다. 내 품이 아니어도 아이를 살게 하는 것이 사랑이다.

레바논 출신의 시인 칼릴 지브란은 이렇게 말했다.

"함께 있되 거리를 두라.
그래서 하늘 바람이 그대들 사이에서 춤추게 하라.
- 〈예언자〉 중에서

살리는 게 사랑이다. 상대로부터 내가 원하는 걸 얻기만 하는 건 이기심이자 착취이다. 그럼 이제 우리는 처음의 질문으로 돌아가야 한다.

　나는 나를 사랑하는가, 착취하는가? 우리가 말하는 자기애가 과연 진정한 사랑일까?

　당신은 당신이란 존재를 그 자체로 받아들일 수 있는가 아니면 목표에 도달할 때까지 스스로를 부끄러워하고 미워하겠는가.

　이기심은 내가 살고 싶은 대로 사는 게 아니다.
　다른 사람이 내 방식대로 살도록 강요하는 것이다.
　- 오스카 와일드

왜 함께 있어도 외로울까

이제 우리는 진정한 사랑이 무엇인지 알았다. '상대가 살 수 있도록 하는 것', 나아가 '그 사람이 살맛나도록 하는' 게 사랑이다. 그렇다면 진정한 자기애 또한 내가 나를 살맛나도록 하는 것이라고 할 수 있겠다.

우린 언제 인생이 가장 살맛나지 않는다고 느낄까? 답부터 말하자면, 내가 내 삶의 주인공이 아니란 생각이 들 때다.

주인공이 아니란 것은 내게 통제권이 없다는 뜻이다. 다른 사람이 대신 그것을 제어한다. 내 소유의 TV를 보고 있지만 리모컨은 다른 사람 손에 쥐어져 있는 꼴이다. 나는 지금 보고 있는 방송이 재미없다. 채널을 돌리고 싶다. 하지만 그럴 수 없다. 리모컨은 저 사람 소유니까. 설령 지금 스크린에 떠 있는 방송이 재밌어도 불안하기는 마찬가지. 언제든 그가 돌려버릴 수 있다.

이처럼 살맛나지 않는 삶에는 늘 타인이 존재한다. 나를 내 삶의 주인공에서 조연으로 끌어내리는 존재로서 말이다.

여기 정물화가 한 점 있다고 해보자. 이 정물화는 '나의 세계'다. 그림 속엔 커다랗고 둥그란 테이블이 하나 있고, 그 위에 갖가지 과일이 놓여 있다. 어떤 과일은 싱싱하고 어떤 과일은 좀 맛이 갔다. 어떤 과일은 크고 어떤 건 좀 작다. 그중 유독 눈길을 끄는 과일이 하나 있는데, 테이블 가운데 떡 하니 자리 잡고 있는 커다랗고 새빨간, '평광 꿀 사과' 못잖은 사과다. 이 사과가 바로 '나'다. 어릴 적부터 그렇게 반짝반짝 이쁘기도 하다고 노래한.

그런데 갑자기 이 정물화 옆에 새로운 그림이 하나 추가된다. '타인의 세계'다. 갑자기 '나의 세계'가 붕괴된다. 정물화가 찢어진 것이다. '나(사과)'를 둘러싸고 있던 바나나, 파인애플, 한라봉, 샤인머스캣 등이 떨어져 나간다. 나는 졸지에 도려내진 사과 그림이 되어 '타인의 세계'라는 콜라주의 편린으로 부속된다. 사르트르는 이러한 정물화의 찢어짐을 '내적 출혈'이라 불렀고, 이러한 재앙을 불러일으킨 '타인은 지옥'이라고 했다. 말하자면 지옥은 내가 더 이상 주인공이 아닌 세상이다.

이 장의 초반에도 말했지만 우리는 '나'를 좀처럼 그냥 '나'로 받아들이지 못 한다. 하루 대부분을 '남이 보는 나'로 인식하며 살고 있다. 출근 전 머리를 감고, 지하철 스크린 도어 앞에서 옷매무새를 가다듬는다. 점심식사 후 이를 닦고, 업무 중 키보드를 살살 치려고 노력한다. 공공장소에서 유튜브를 볼 때는 이어폰을 꽂는다. 이 모든 게 타인을 의식해서 하는 행동이다.

그럼 퇴근하고 혼자 사는 집에 돌아오면 타인의 영향력에서 벗어

날까? 아이러니하게도 이때부터 타인의 영향력은 더욱 커진다.

우린 산림이 우거진 공원을 산책할 때 내가 숨 쉰다는 걸 의식하지 못한다. 거기 산소가 풍부하니까. 그러나 한여름 만원버스에 갇힐 때 비로소 산소의 중요성을 깨닫는다. 마찬가지로 회사에서 일할 땐 빨리 퇴근해서 소파에 다이빙 한 뒤 엉덩이를 벅벅 긁으며 TV나 보고 싶은 마음이 간절하지만, 실제로 집에서 혼자 몇 시간째 TV만 보면 서서히 타인의 부재를 느낀다. 타인은 나를 피곤하게도 하지만 적어도 혼자가 아니란 느낌을 준다. 무명 배우나 가수도 악플보다 무서운 게 무플이라고 입을 모아 말한다.

에드워드 호퍼의 〈밤을 새는 사람들〉이란 그림을 본 적 있는가? 언뜻 보면 뉴욕의 평범한 식당 풍경을 담은 것 같다. 그러나 자세히 보면 식당에 문이 없다. 그림엔 총 네 명의 인물이 등장하는데, 아무래도 이 그림의 주인공은 바 구석에 홀로 앉아 있는 남성으로 보인다. 왜냐면 그는 식당 기준으로는 구석에 앉아 있지만 그림 전체로 놓고 볼 땐 정중앙에 위치하고 있기 때문이다.

식당 밖 거리는 아주 어둡게 묘사되어 있지는 않다. 그래도 실제로는 야심한 시각임에 분명하다. 이 그림의 제목만 봐도 알 수 있다.

그럼 구석의 남자는 왜 이토록 늦은 시간에 출입문도 없는 식당에 혼자 앉아 있는 걸까? 외로움으로부터 피신한 것이다. 낮에는 미처 몰랐지만 해가 지고 혼자가 되자 외로움이 엄습했다. 그는 타인을 찾아, 그리고 밝음을 찾아 온 것이다.

문이 없는 통유리 식당은 수족관을 연상시킨다. 그는 맘대로 드나

들 수 있는 평범한 식당에 와 있는 게 아니다. 외로움이라는 수족관에 갇혔다. 설령 그가 당장 그 식당 밖을 나간다 하더라도 실존적 외로움으로부터 도망칠 순 없다. 체크아웃은 가능해도 떠날 순 없는 캘리포니아 호텔처럼 말이다.

스팅의 〈잉글리시 맨 인 뉴욕〉 가사에도 사람들이 밤에 밝힌 촛불이 낮보다 밝다는 말이 나온다. 모두 각자의 외로움을 물리치려고 발버둥치고 있음을 시사한다.

누구나 주인공이 되고 싶다

누구나 세상의 주인공이 되고 싶다. 갈 길이 구 만 리고 펼치고 싶은 꿈이 무궁무진한 젊은 세대는 특히, 더 그럴 것이다.

하지만 우연히 본 휴대폰 액정에 슬쩍 비친 나의 얼굴은 "그럴 일은 없을 거야."라고 말하고 있다.

부끄런 이야기를 하나 해보겠다. 전에 다니던 회사에서 동료들과 점심식사를 마치고 사무실에 복귀했을 때였다. "아우, 신발 좀 잘 털고 들어와요!" 나른한 오후 조용한 사무실에 울려 퍼진 이 한마디가 날 보고 한 말이란 걸 깨닫기까진 그리 오래 걸리지 않았다. 모두가 나를 쳐다보고 있었으니까.

뒤돌아보니 사무실 청소 업무를 해 주시는 아주머니 한 분이 나를 매섭게 노려보고 있었다. 나는 얼른 내 발밑을 확인했다. 바닥에 진흙가루가 떨어져 있었다. 그리고 그것은 마치 헨젤과 그레텔이 흘린 빵조각처럼 사무실 입구까지 쭉 이어져 있었다. "아뿔싸!" 식사 후 팀원들과 소화도 시킬 겸 회사 근처 공원을 산책했는데, 오전까지 내린 비로 땅이 질었던 걸 깜빡하고 신발을 제대로 털지 않은 것이다.

나는 거의 90도로 허리를 숙인 다음 죄송하다고 말했다. 그리고 자리에 돌아와 앉았다. 기분이 이상했다. 잘못은 분명 나에게 있었다. 그러니 아주머니께 사과하는 것도 당연하다. 하지만 속에서 뭔가 불편했다. 업무에 도무지 집중할 수 없었다.

'참내, 청소부면 청소나 잘 할 것이지….'

잠깐, 뭐라고? 난 방금 이 말이 내 머릿속에서 나왔다는 걸 믿고 싶지 않았다. 주위를 둘러봤다. 그렇게 한 이유는 둘 중 하나였던 것 같다. 혹시 그게 내가 한 생각이 아니라 다른 사람이 한 말이 아닐까 해서. 혹은 나도 모르게 그 말이 입 밖으로 나갔을까봐.

난 평소 직업엔 귀천이 없다고 생각했다. 아니, 정정한다. 그렇게 생각한다고 생각했다. 어느 유명 학원 강사가 공부 못하면 용접기술 배워 선진국에 가라는 말이 논란이 되었을 때 나도 함께 분노했다. 그런데 청소부는 청소나 잘 하라니…! 그간 알바생이나 택배 기사를 함부로 대한 사람들의 뉴스를 보면서 얼마나 자주 분노했던가! 그리고 그 가해자들을 얼마나 비난했던가! 한껏 정의감에 도취되어. 그런데 내가 지금 그들과 다를 게 없다니.

물론 난 그들처럼 내 추악한 마음을 겉으로 드러낸 건 아니지만, 적어도 이건 겉과 속의 문제가 아니었다. 그런 생각을 했다는 것 자체가 수치스러웠다.

나는 답을 찾고 싶었다. 대체 무슨 생각으로 그런 생각을 해서 스스로를 부끄럽게 한 건지. '문제가 생겼을 때 해결책이 떠오르지 않으면 계속 그것과 씨름하지 말고 하늘에게 물어라. 진심을 다해 묻고 더는 생각하지 말라. 하늘이 조만간 답을 줄 것이다.' 평소 내가 좋아하는 브레네 브라운 같은 심리 전문가도, 페마 초드론 같은 종교인도, 론다 번 같은 신비주의자도 이렇게 말했다. 그리고 그들도 그렇게 한다고 했다. 나라고 못할 게 없었다.

잠들기 전 침대에 누워 오른 손을 살포시 심장 위에 올리고 진심을 다해 물었다. '그 부끄러운 생각이 어디서 왔는지 알려주세요.' 그렇게 몇 달이 지났다. 불현듯 답이 찾아왔다. 질문을 했다는 사실조차 잊었을 만큼 오랜 시간이 지나고 나서다. 그리고 그 답에는 '주인공'이라는 키워드가 있었다.

'주인공'이란 말을 들으면 당장 머릿속에 어떤 이미지가 떠오르는가? 어떤 외모에, 어떠한 차림새를 한 인물이 그려지는가? 모르긴 몰라도 환경미화원 아주머닌 아닐 것이다. 특히 우리가 어릴 때 보고 자란 동화 속 주인공은 하나 같이 젊고, 예쁘고, 잘생기고, 정의로우면서도 자비심이 넘쳤다. 직업은 대부분 왕자나 공주다. 설령 프롤레타리아 계급의 주인공이라 할지라도 이야기가 전개됨에 따라 그는 서서히 귀족nobleman으로 올라선다. 실제 귀족 간판nobility만을 말하는 게 아니다. 캐릭터 자체가 고귀해noble 진다는 뜻이다. 이를테면 찌질한 피자배달부에서 영웅으로 도약하는 〈워킹데드〉의 글렌이나 〈스파이더맨〉의 피터 파커가 있다.

그들이 마침내 '주인공성性'을 갖추면 절대로 하지 않는 일이 있다. 누군가의 뒤치다꺼리다. 신데렐라가 그 전형이다. 심지어 21세기형 주인공은 나쁜 사람일 수도 있다. 〈조커〉의 아서 플렉은 연쇄살인범이다. (〈배트맨〉의 전체 서사로 볼 때 아서는 조연일 수 있지만, 〈조커〉(2019)에선 분명 단독 주인공이다.) 아서 플렉이 '주인공다운 주인공' 조커로 거듭나는 것도 그가 아픈 엄마의 뒤치다꺼리를 그만두면서부터다.

그럼 조연은 어떤 사람일까? 아주 쉽다. 주인공 뒤치다꺼리를 하는 사람이다. 공주의 유모거나 왕자의 감정 쓰레기통 집사다. '존잘러 남주 꼬시기'가 인생 유일한 목표인 여주인공 연애 상담을 해 주느라 정작 본인 연애는 똥통 속으로 들어가는 여사친이다. 남주에게 스킨십 하는 법이나 가르치는, 그럼으로써 남주를 세상에서 가장 순수한 남자로 만들어주는 음란 마귀꾼 남사친이다. 그들은 결코 주인공이 될 수 없다. 그래서 그들은 주인공보다 정의롭거나 매력적이어선 안 된다.

이렇게 픽션으로 배운 '주인공'이란 개념. 우리는 이것을 실제 삶에도 그대로 적용한다. 그러나 '주인공'이라는 것 자체가 픽션 용어다. 실생활에선 주인공이라는 직업도, 직함도 없다. '주' 모씨가 '인공'이란 자식을 둘 순 있어도 그게 무슨 의미가 있을까. 그런데도 우린 실제 삶에 존재하지도 않는 주인공이 되기 위해 기를 쓰고 노력한다. 물론 나도 그랬다. 지금도 여전히 그럴지도 모른다. 아무튼 지금보다 젊을 때는 훨씬 더 심했다. 세상을 '주인공'과 '그 외 인물들'로 분류하고, 후자에 속하는 걸 부끄럽게 여겼다. 어릴 때부터 만화

책 속 '등장인물 소개' 페이지에 익숙해서 그런지도 모르겠다. (많은 면적을 차지할수록 주인공이다.)

나는 내가 이 세상의 주인공 혹은 잠재 주인공이라고 믿었다. 비록 지금 내 신세가 유충幼蟲과 같더라도 곧 있으면 지구 반대편에 거대한 폭풍을 일으킬 날갯짓을 할 수 있을 거라 믿었다.

그러나 나이든 환경미화원 아주머니는 그럴 수 없는 존재였다. 남이 흘린 쓰레기를 대신 치워 주는 사람은 주연보단 조연과 훨씬 더 잘 어울렸다. 이러한 생각이 내 무의식에 깔려 있던 것이다. 물론 의식적으론 '그들도 똑같이 고귀한 사람이다.' 라고 생각했을 테지만. 왜? 그렇게 생각하는 게 고귀한 거니까. 왜? 고귀한 생각을 해야 내가 고귀한 사람이 되니까. 왜? 고귀한 사람이어야 주인공 자격이 있으니까.

자아, 이제 나는 세상에서 가장 모순되는 인간이 되었다. 나는 주인공이 되기 위해 환경미화원 아주머니를 고귀한 사람으로 대해야 한다. 그러나 나는 아주머니를 고귀한 사람으로 대할 수 없다. 왜냐면 아주머니가 고귀한 사람이 되는 순간 그 사람도 주인공이 되기 때문이다. 동시에 나는 주인공으로서 아주머니라는 조연을 잃게 된다. 조연이 없는 주인공은 주인공이 아니다.

내가 신발에 진흙을 잔뜩 묻히고 들어온 날 나를 괴롭혔던 불쾌한 감정은 여기서부터 시작된 것이다.

자존감과 자존심

언제부턴가 우리가 자주 쓰는 말이 있다. '자존감'이다. 그건 마치 스마트폰처럼 갑자기 우리 삶에 가까이 들어왔다. 그런데 가만히 보면 사람들이 '자존감'을 '자존심'과 거의 같은 의미로 쓰고 있다는 걸 알 수 있을 것이다. 예전 같으면 '자존심이 상했다.' 라고 말할 것을 지금은 '자존감이 떨어졌다'고 표현할 뿐이다.

왜 그럴까? 살다보면 자존심이 상하는 시점이 반드시 온다. 나보다 볼링을 훨씬 늦게 시작한 친구와 게임을 했는데, 졌을 때 그렇다. 어릴 때 보고 처음 만난 사촌 여동생이 나보다 키가 클 때도 자존심이 상한다. 잘난 것 하나 없어 보이는 친구의 여친이 내 여친보다 예쁠 때도 마찬가지다.

이처럼 자존심이 상할 땐 대개 나의 옹졸한 마음이 함께 작동하고 있다. 그래서 우린 차마 '자존심이 상했다'고 입 밖으로 내지 못한다. 나는 마음이 다쳤고 열이 뻗친다.

그러나 가해자는 없다. 거기엔 오직 나의 열등감과 유치한 질투심, 수치심만 있을 뿐이다. '자존심이 상했다'고 솔직하게 말하면 주위에서 위로는커녕 "언제 철들래?" "속이 왜 그렇게 줍니?"란 말만 돌아온다. 남들 앞에 자기를 소개할 때도 결코 '나는 자존심이 세다'고 말하지 않는다. 대신 '승부욕이 강하다'고 돌려 말한다.

생각해 보라. 방금 멍청한 스윙을 날린 테니스 선수나 골프 선수가 손에 들린 채를 바닥에 내리쳐 박살내면 당신은 비웃으며 말할 것이다. "자존심이 꽤나 상했나보군." 그러나 당신도 경쟁에서 패했을 때 어떤가? 아마도 손에 들린 휴대폰을 거의 바닥에 내리치기 직전까지 갔을 것이다. 그리고 속으로 생각할 것이다. '자존감이 떨어지네.' 이렇게 말하면 마치 뭔가 숭고한 도전을 했다가 고배를 마신 사람처럼 보인다.

그럼 자존심과 자존감, 이 어감의 차이는 어디서 오는 걸까?

일단 두 단어의 사전적 정의는 잊자. 중요한 건 사람들이 실제 어떤 의미로 사용하는가이다. 앞서 자존심은 옹졸한 마음과 함께 묶인다고 했는데, 왜냐면 그것은 '남보다 위에 있고 싶은 마음'에 기반하기 때문이다. 암묵적으로 이에 동의하기 때문에 '나는 자존심이 세다'거나 '상한다'고 말하지 않는 것이다. 남보다 위에 서고 싶은 마음을 들키고 싶지 않고 스스로도 인정하고 싶지 않다. 평소 위계질서나 갑질 문화를 그렇게 비판 해놓고 정작 나는 남보다 위에 서려 한다면 이보다 모순이 어딨겠는가.

그래서 자존심을 대체할 만한 말을 찾은 게 바로 자존감이다. 자존감이라고 하면 왠지 타인과의 비교를 떠나 오롯이 나를 소중히 여기는 마음, 고로 누구도 비난할 수 없는 마음처럼 보이기 때문이다.

그러나 이건 사기다. 택배상자에 마약을 넣어 놓고 건강식품이라고 표기하는 거나 마찬가지다. 떳떳하게 드러내지도 못할 거면서 마약은 계속 하고 싶으니까 겉포장을 속이는 것이다. 그럼 맘 편하게 상자 속 내용물을 건강식품으로 바꾸면 되지 왜 가슴 졸여가며 사기를 치는 걸까?

모든 문제는 가운데 글자 '존尊'에서 비롯되었다. 여기서 '존'은 '존중하다', '존경하다'의 그 '존'이 맞다. '높을 존'이다. 여기에 빌어먹을 '높다'는 뜻이 붙는 바람에 이 사단이 난 것이다. 우린 흔히 누군가를 존경할 때 의식적이든 무의식적이든 그 인물을 나보다 높은 위치에 둔다. 그리고 그 사람은 앞으로 내가 올라야 할 산山이 된다. 인간은 늘 지금보다 높은 곳으로 가길 원하기 때문에 (그게 사회적 지위든 지혜나 성품이든)그 사람만 따라가면 될 것 같다. 그래서 그를 '롤모델'이라고 부르면서 존경을 넘어서 맹신까지도 한다.

'자존심'의 '존'의 정체가 바로 이 '높은 존경'이다. 자존심이 세다는 건 남들보다 높은 곳에 있으려는 욕망이 강하다는 뜻이다. 높아서 쾌락적이다. 그래서 마약과 비교한 것이다. 단점도 마약과 같다. 남들 앞에서 떳떳하게 하지 못 한다. 남보다 높이 있는 건 짜릿하지만, 그러한 마음을 들키면 괜히 미움을 사거나 적으로 간주되기 십상이다. 시도 때도 없이 거울 앞에 서서 자신의 몸매를 체크하는 요가 강사가 수강생들 앞에선 "외모에 집착하지 않는 게 참된 요가 정신이다." 라고 말한다. '눈에 거슬리는 놈들은 죄다 두들겨 패주겠어.' 라는 마음으로 태권도, 유도를 배운 사람이 "격투기의 핵심은 예절이다." 라고 가르친다.

그러면 '자존감'의 '존'은 이와 어떻게 다를까?

한영사전에 '존경'을 치든 '존중'을 치든 가장 먼저 나오는 영단어는 '리스펙트respect'이다. 영어에서 're'가 보통 어떤 뜻으로 쓰이는지 알 것이다. '리플레이replay', '리와인드rewind', '리커버리recovery'… 하나 같이 뭔가 '다시' 한다는 뜻이다. 그렇다면 이상하다. 우린 '존경'을 '높다'는 뜻으로 쓰는데, 'respect'는 왜 'up-spect'나 'high-spect'가 아닐까? 'Respect'는 라틴어 '레스펙투스respectus'에서 나온 말이다. '돌아보다'나 '다시 본다'는 뜻이다. 당신은 이렇게 물을 것이다. '다시 보는 거랑 존경이 무슨 상관이지?'

'다시 본다'는 건 '그의 존재를 부정하지 않는다'는 뜻이다. 어느 대상을 처음 볼 때 우리는 단지 그 존재를 '인식'할 뿐이다. '아, 저 사람이 저기 있구나.' 라고 말이다. 그런데 그 대상이 아주 맘에 안 들어서 '사라졌으면 좋겠다'는 생각이 들면 애써 고개를 돌린다. 그리고 그를 다시 보지 않으려 한다. 마치 그가 세상에 존재하지 않는 것처럼.

하지만 그를 존중한다면 그가 다시 '보였을' 때 또 다시 '저기 있구나.' 하고 그의 존재를 허용할 것이다. 그를 싫어할 수도 있고 그와 언쟁을 벌일 수도 있다. 그러면서도 그가 존재하는 대로 존재할 수 있도록 허용하는 것, 그것이 '존중'이다. 그렇다면 자존감이 무얼 뜻하는지도 분명해진다.

높이 오르고 싶은 욕망은 끝이 없다

나는 당신이 이 책을 통해 최소 한 가지는 시작해 보았으면 좋겠다. '연결' 말이다. 무엇의 연결인가? 전혀 별개의 일이라고 생각했지만 기저에는 같은 마음이 흐르는 사건들 말이다.

이를테면 당신의 애인은 평소에는 괜찮다가 한 번씩 폭력성을 드러낼지도 모른다. 점잖은 성품의 직장 상사는 임원회의만 다녀오면 갑질을 해댄다. 당신의 부모는 평소 자식과 소통이 잘 된다고 자부하지만, 정작 중요한 일이 있을 때는 당신의 의견을 묵살하고 아직 넌 세상을 잘 모른다고 일축한다. 당신은 평소 어린 아이들을 예뻐하지만 그들이 당신의 지시에 따르지 않을 땐 눈물이 쏙 빠지게 혼구녕을 낸다.

언뜻 전혀 다른 관계에서 벌어지는 별개의 일 같지만, 여기엔 '존중의 결여' 라는 공통점이 있다.

특별한 일이 없을 땐 상대를 존중하는 척 하다가 의견이 갈리거나 순순히 내 뜻을 따르지 않을 땐 갑자기 권력을 휘둘러 굴복시키려

든다. 그 권력은 물리적 힘이나 사회적 지위가 될 수도 있고, 노사 관계, 부자 관계 등 관계의 특수성 때문에 생길 수도 있다. 그러한 권력은 여차하면 쉽게 휘둘러지는데, 그게 편리하기 때문이다. 영화 〈세븐〉의 대사처럼 돈을 버는 것보다 훔치는 게 쉽고, 아이를 키우는 것보단 때리는 게 쉬우니까.

상호 존중이 결여되면 아무리 지금 사이가 좋아보여도 그 관계는 언제든 무너질 수 있다. 방송인 김구라는 후배 박슬기의 결혼식에서 이와 같은 축사를 전했다. "부부는 서로를 가족이라 생각하지 말고 평생 남이라고 생각해야 한다. 가족이라고 생각하는 순간 무리한 요구를 하기 시작한다. 상대를 방송국 PD나 동업자라고 생각하고 예의를 갖춰야 한다." 친밀감이라는 명목 하에 부부가 서로를 막 대하고 함부로 조종하려 드는 걸 경계하라는 말이다.

연애든, 부부 관계든, 친구 혹은 직장 내 대인관계든 실패하는 인간 관계가 있는 곳에는 언제나 '존중의 결여'가 있다. 그리고 그것은 자꾸 인간 관계에 '높이'를 상정하려는 태도 때문에 벌어진다. 그 사람과 결별하고 영원히 안 볼 거면 속으로 한 번 욕하고 잊어버리면 그만이다. 그러나 갈등 관계에 있는 사람이 내가 사랑하는 사람이거나 중요한 인물이라면, 그 관계의 어떤 지점에서 존중이 부족했는지를 들여다 봐야 한다.

하지만 우린 평소 세금 납부나 부모님 건강 등 당장 해결해야 할 현실 문제 때문에 퇴근 후 소맥에 취하기 바빠서 시간이 좀처럼 부족하다. 만일 그렇다면 에리히 프롬이 말한 다음의 한 문장이라도 기억하자. "나는 그 사람을 존중하기 때문에 그가 자기 자신을 위해 자신의 방식대로 살기를 바란다." 이와 같은 논리라면 '나를 존중한다'는 건, 내가 나를 위해 내 방식대로 사는 걸 허용한다는 뜻이 된다. 그러나 '높이'에 집착하는 우리는 어떻게든 타인의 코를 납작하게 해 주려고 애쓴다. 나만의 에베레스트 산을 오를 수 있는데도 굳이 남이 오르는 동산으로 내려가 상대방 위에 올라서려는 것이다. 내 밑에 타인이 없으면 높이를 느끼지 못하기 때문이다.

이런 식으로 자존감에 '높이'를 부여하고 그것을 추구하다 보면 한 가지 질문에 봉착한다. '대체 어디까지 올라야 스스로 만족할 수 있을까.' 모든 욕망의 목적지는 욕망의 해소, 즉 '쾌락'이다. 그리고 남들보다 높은 자리에 서는 것만한 쾌락도 없다. 사람들이 내게 먼저 와서 인사 하면 그 쾌감은 쏠쏠하다. 그러다가 어느 순간 내게 먼저 인사하지 않는 사람들이 보이기 시작한다. 나보다 높은 곳에 있는 사람들이다. 이젠 그들을 인사시키기 위해 지금보다 더 높은 곳으로 올라가야 한다. '쾌락 적응hedonic adaptation' 때문이다.

옛날 중국의 위나라에는 미자하라는 청년이 있었다. 그는 영공靈公을 모시는 조신으로서, 소문난 꽃미남이었다. 〈왕의 남자〉 공길이를 떠올리면 쉬울 것이다. 영공과 미자하는 은밀한 관계를 맺고 있었다.

어느 날 미자하는 어머니가 아프다는 소식을 듣고 다급한 나머지 몰래 군주의 수레를 타고 어머니께 달려갔다. 그런데 영공이 이 사실을 알아버렸다. 원래는 발이 잘려나가는 형刑을 당해야 하지만, 왕은 효심이 깊다며 되레 칭찬하고 두 사람은 뜨거운 밤을 보냈다.

그러나 시간이 지나면서 왕의 마음은 식었다. 더 이상 미자하와의 밤이 뜨겁지 않았다. 갑자기 그가 예전에 자기 수레를 몰래 끌고 나갔던 기억이 떠올랐다. 영공은 미자하를 불러다 생각할수록 괘씸한 놈이라며 욕을 퍼붓고 궐 밖으로 쫓아내버렸다. 그와의 쾌락에 적응하자 만족이 사라진 것이다.

　　다른 사람 위에 군림하는 것도 영공의 성적 쾌락 못잖은 쾌락이다. 당연히 어느 시점엔 더 높은 곳에 올라 더 많은 사람을 밑에 두고 싶어할 것이다. 이상할 것 없다. 이것이 '높이가 존재하는' 존중의 본질이니까.

　　존중이 '높이는 것'이고, 자존감이 '나를 높이는' 게 되면, 결국 내게 돌아오는 건 쓰디쓴 좌절과 수치심뿐이다. 나보다 높은 곳에 있는 사람은 언제 어디서든 나타날 수 있다.

삶을 사랑하는 법

'아모르 파티^{Amor fati}'. 직역하면 '운명을 사랑하라'이다. 이 말이 대중에게 본격적으로 알려진 건, 같은 말로 된 제목의 노래가 공전의 히트를 기록하면서부터이지만, 단지 그 노래가 흘러나오는 공연장의 분위기만으로 이 말뜻을 "한 번뿐인 인생 즐겨!"나 "항상 긍정적으로 삽시다!" 정도로 생각하면 곤란하다.

'아모르 파티'는 니체 철학의 요추이다. 니체 철학은 그가 죽은 지 120년이 지난 지금도 해석이 분분할 만큼 난해하기로 유명한데, 그 핵심 사상이 결코 만만할 리가 없다.

그럼 '아모르 파티'를 이루는 '운명'과 '사랑'이란 단어를 각각 살펴보자.

우린 흔히 '운명'이라 하면, 신 앞에서 극도로 겸손해지는 인간을 떠올린다. '내 삶은 내가 만드는 거야', '세상아 덤벼라' 같은 문구로 SNS를 도배해도 운명이란 말만 들으면 갑자기 내가 무슨 노력을 하건 결국 라플라스의 악마 같은 존재가 "그래 봤자 넌 다음 주에 떡을 먹다가 질식해 죽어."라고 말할 것만 같다. 이런 식의 운명관(觀)은 극단적 회의주의, 허무주의, 냉소주의로 이어질 수 있다. "뭐 하러 열심히 살아? 한 치 앞을 내다볼 수 없는 게 삶인데."라는 식으로 말이다.

니체의 '아모르 파티'의 '파티(운명)' 또한 이미 신의 블루 프린트에 아로새겨진 운명일지도 모른다. 그러나 그 운명의 본질은 우리가 '모른다'는 것이다. 마치 첫 언론시사회를 앞둔 영화처럼 말이다.

시사회에 초대받은 관객들은 이미 영화가 완성되어 있고, 그 내용은 앞으로도 바뀌지 않을 것이며, 심지어 감독은 이미 내용을 다 알고 있다는 사실 또한 알고 있다. 그런데도 그 영화를 볼 때 기대감을 갖는 건, 그들은 그 영화 안에 뭐가 있는지 모르기 때문이다. 같은 '운명'이어도 '이미 결정돼 있음'에 주목하는 순간 운명은 아무런 가치를 지닐 수 없다.

그러나 '뭐가 들었는지 모름'에 집중하면, 운명은 '무슨 일이든 벌어질 수 있는 가능성'이 된다.

이제 다음으로 문제가 되는 '사랑'을 보자. 이 '사랑'을 제대로 이해하지 못 하고 '아모르 파티'를 논하는 건, 제육이 빠져나온 쌈을 입에 넣는 것과 같다. 누군가 몰래 곰보만 죄다 뜯어먹은 곰보빵을 먹는 거라고도 할 수 있다.

니체의 '사랑'의 정수는 '받아들임'에 있다. 무얼 받아들이는가? '전부 다'이다. 우리는 대개 사랑을 유희로 받아들인다. 그것의 목적을 즐거움 혹은 쾌락적인 부분에서만 찾는다. 그러나 그건 사랑이 아니다. 차라리 소비나 착취에 가깝다. 〈토탈 이클립스〉에서 16살 아내의 몸에 탐닉하는 걸 사랑이라 주장하는 베를렌느에게 랭보가 "사랑은 재발견되어야 한다"고 말한 이유도 그 때문이다.

당신이 무언가를 사랑하는 중인지 착취하는 중인지를 알고 싶다면, 그것의 '부정적인 측면'을 받아들이는가를 보면 된다. 「신경 끄기의 기술」 저자 마크 맨슨은 어릴 적 록 스타가 되는 게 꿈이었다. 그러나 그는 결국 록 스타의 길을 가지 못 했다. 왜냐면 그가 사랑한 건 록 음악이 아닌 록 스타가 누리는 쾌락이었기 때문이다. 그는 록 스타 앞에는 늘 여자들이 줄을 선다는 점이 맘에 들었지만, 그 자리까지 가기 위해선 바퀴벌레와 쥐가 나오는 연습실에서 매번 손가락이 터지도록 기타 연습을 해야 한다는 현실을 받아들이지 못했다.

"항상 밝은 면만 보라" 따위의 말이 우리 인생을 망쳐 놓았다. 그건 어두운 면을 더욱 어둡게 만든다. 어둡다는 건 그 자체로서 아무런 해를 끼치지 않지만, 그게 '피해야 할' 대상이 되면 터무니없는 두려움을 잉태한다. 이 두려움을 방치하다가 어둠 속에서 조우하면 당장이라도 죽을 것 같은 공포를 느끼게 된다. 그러니 밝은 빛이 비추고 있을 때 미리 어두운 면과 친해지는 연습을 해 두는 게 좋다.

당신은 당신의 수려한 이마와 납작한 뒤통수를 함께 받아들여야 한다. 그것이 당신의 머리를 사랑하는 법이다. '납작한 뒤통수는 저주' 라는 확신을 고수하는 한 사랑은 불가능하다. 그래서 릴케는 이런 말을 했다. "한 사람이 다른 사람을 사랑하는 건 아마도 내가 알기에 가장 어려운 일이고, 다른 모든 행위는 그 준비과정에 불과하다."

죽음에서 배운 사는 법

길가메시는 지우수드라에게 죽지 않고 영생을 누릴 수 있는 법을 알려달라고 했다. 지우수드라는 만일 네가 일주일 동안 잠을 자지 않고 깨어 있으면 알려주겠다고 했다. 길가메시는 "콜!"을 외쳤고, 곧바로 확장판 멍 때리기 대회에 돌입했다. 하지만 사흘 째 되는 날 길가메시는 침을 질질 흘리며 단잠에 빠져 들었다.

자아, 이제 거의 다 왔다. 삶의 발걸음을 좀 더 가볍게 하기 위해 버려야 할 확신, 그 최종 관문에 바로 '죽음'이 있다. 인간이 갖고 사는 확신의 끝판왕, 그것은 단연 '죽음은 나쁘다'이다. 어쩌면 당연하다. 죽음은 최소한 나에겐 '모든 것의 끝'을 의미하기 때문이다. 죽음은 내가 가진 모든 걸 끝장내 놓는다.

나는 어릴 적 극도로 내성적이고 소심한 아이였지만, 속으론 세상의 중심이 되고 싶었다. 어릴 땐 실제 그와 비슷한 삶을 살았다. 대가족의 장손으로서 내가 태어난 날, 할아버지는 대문 앞에 고추를 엮은 금줄을 매달았다. 그곳에서 나는 우리 가족과 증조할머니, 할아버지, 할머니, 작은아버지, 고모와 함께 살았다. 나는 집안의 가장 큰 어른인 증조할머니의 사랑을 독차지했다. 대청에서 누나와 함께 동화책을 읽고 있으면 증조할머니가 바구니에 한 가득 찐 옥수수와 감자 등을 내오셨다. 가장 큰 옥수수에 누나가 손이라도 댈라 치면 증조할머니는 누나 손등을 탁 치곤 했다. 먹어도 사내대장부가 가장 큰 걸 먹어야지 어딜 계집아이가 넘보냐는 것이다.

할아버지가 뜯어낸 일력 뒤에 내가 낙서를 하면 할머니는 대단한 재주라고 하면서 그림을 보관하셨다. 유치원에 들어가서도, 초등학교에 입학해서도 나는 늘 선생님의 편애에 가까운 사랑을 받았다. 좋게 말하면 개구쟁이, 나쁘게 말하면 문제아들과 하루 종일 씨름해야 하는 선생님 입장에선 성적도 좋고 책걸상보다 조용한 내가 이뻐 보였을 수도 있다.

하지만 초등학교 고학년으로 올라가면서 일명 사춘기가 찾아왔다. 공부를 게을리했고, 갈수록 말이 없어졌다. 등하교 길엔 늘 혼자였고, 친구들은 언제나 내 이름을 성姓과 함께 불렀다. 이제 난 더 이상 세상의 중심이 아니었고 누구도 내게 말을 먼저 걸어오지 않았다. 아마도 그들 눈엔 내가 혼자만의 세계에 갇혀 사는 것처럼 보였을 것이다.

하지만 나는 남을 엄청나게 의식했다. 그들의 관심을 갈구했다. 내가 시큰둥해도 알아서 사람들이 예뻐해 주던 어린 시절처럼 말이다.

나이를 한 살 한 살 더 먹을수록 나는 점점 더 하찮은 존재가 되어갔다. 여기저기에 조금씩 재주를 보였지만, 특별히 내세울 만한 장기는 하나도 없었다. 사람들은 내 성격을 불편해 했다. 어린 시절 내가 꿈꾸던 어른이 된 나의 모습은 이런 게 아니었다. 만나는 어른마다 내게 해 주었던 말처럼 나는 큰 인물이 될 거라 믿어 의심치 않았다. 마치 델포이 신탁이라도 받은 것 마냥 찬란한 미래가 알아서 다가올 거라 확신했다.

하지만 결국 난 좋은 놈도 나쁜 놈도 아닌, 어설픈 놈이 되어 있었다. 그것이 '나'를 스스로 증오하게 만들었다. 이상 속의 나와 달라도 너무 다른 내가 수치스러웠다. 누구에게도 나를 드러내고 싶지 않았고, 몇 주간 집 밖을 나가지 않는 일도 왕왕 있었다. 공황 증세가 생겼다. 정식으로 의학적 소견을 들은 건 아니지만 광장공포증과 대인기피증, 자기혐오, 우울증, 강박증이 동시다발적으로 온 게 아닌가 싶었다.

마음의 병은 곧 신체 밖으로도 드러났다. 가끔 온몸에 벌레가 기어가는 것 같아서 피가 날 때까지 긁곤 했다. 멀쩡한 2XL 티셔츠가 갑자기 줄어들어 목을 조르는 환상에 시달렸다. 그래서 집에선 한겨울에도 웃통을 벗고 지냈다. 심장이 빨리 뛰는 것 같은 느낌이 들기 시작하면 이내 호흡곤란이 찾아왔고, 평범한 문 닫히는 소리나 휴대폰 벨소리에도 가슴이 철렁철렁 내려앉았다. 나는 내가 버거워지기 시작했다.

어느덧 29살이 되었다. 나는 아직 아무것도 이룬 게 없는데, 내년이면 늙은 아저씨(당시엔 30이란 나이가 그렇게 느껴졌다.)가 될 걸 생각하니 아찔했다. 그때 마침 자존감이 더 떨어질 만한 일이 있었는데, 고백한 여자한테서 "저 어려요. 나이에 맞는 분 찾으세요."란 말을 들은 것이다.

예전에 보들레르의 시에서 한 노파가 귀여운 아이를 보고 다가갔더니 겁에 질려 울음을 터뜨렸다는 이야기를 읽은 적이 있다. 당시 난 노파가 참 불쌍했다. 지금 내가 그 노파 신세가 된 것 같았다. 이젠 호의를 보여도 상대가 거북해 할 정도의 늙은이가 되어버린 것이다. (물론 지금 생각하면 그녀는 내 나이가 아니라 그냥 내가 싫었던 것일 거다.)

'더는 못 살겠다.' 이 같은 생각이 뇌리를 스쳤다. 이젠 앞으로 10분을 더 살아야 하는 것도 끔찍하게 느껴질 정도였다. 나는 무작정 내가 사는 아파트 계단을 올랐다. 끝까지 올라갔더니 옥상으로 이어지는 문이 나왔다. 하지만 문은 커다란 자물쇠와 체인으로 잠겨 있었다. 할 수 없이 반 층을 내려와 가장 높은 곳에 있는 아파트 창문을 열어보았다. 그리고 창밖을 내다보았다. 까마득한 바닥이 내려다 보였다. 높이는 충분해 보였다. 이 정도 높이면 살아남을 가능성은 없어 보였다.

올라올 때 계단 중간에 의자가 하나 놓여 있던 게 생각났다. 가끔 어떤 할머니가 그 의자에 앉아 담배를 피운다는 얘길 들은 적 있다. 그 의자를 잠시 빌려와 밟고 올라서면 손쉽게 창문 밖으로 몸을 던질 수 있을 것 같았다.

이제 구체적 계획이 세워졌다. 내 인생 최후를 맞이할 장소의 사전 답사는 끝났다. 문제는 어머니였다. 내가 사라지면 어머니가 얼마나 슬퍼할지가 아직 감당이 되지 않았다. 지금 생각하면 물론 이 것도 하나의 변명이다. 내가 정말로 걱정하고 있던 건 어머니가 아니라 나 자신이었다. 어머니가 나를 떠나보내지 못할까봐 두려운 게 아니라 내가 어머니를 두고 떠나는 게 두려웠던 것이다. 그래서 일단 실행을 미루기로 했다. 계획은 이미 다 세워졌으니, 이젠 한시도 지체할 수 없다는 확신이 설 때 언제든 의자 하나를 갖고 올라오면 되는 거였다.

집에 돌아왔다. 어딜 갔다 왔냐는 어머니 말씀에 편의점에 다녀왔다고 말한 뒤 방으로 들어가 문을 걸어 잠갔다. 불을 껐다. 눈앞엔 아무것도 보이지 않았다. 잠시 후 눈앞에 한 가지 이미지가 떠올랐다. 아까 창밖을 내려다봤을 때 본 아찔한 바닥이 보였다. 그리고 의자가 보였다. 의자를 들고 계단을 오르는 내 모습이 보였다. 나는 의자를 창문 아래 내려놓고 신발을 벗은 뒤 의자를 밟고 올라섰다. 그리고 천천히 한쪽 다리를 들어 발을 창턱 위로 올려놓았다. 나머지 한쪽 발도 올린다. 일어선다. (현실에선 창문 세로 길이가 내 키보다 훨씬 짧기 때문에 불가능하다. 하지만 상상 속에선 가능했다.) 아래를 내려다본다. 아까 보았던 높이보다도 조금 더 높아져 있었다. 창턱을 밟고 올라서 있으니 당연하다. 두 눈을 지그시 감고 양팔을 벌린다. 아마도 에미넴의 〈The Way I Am〉 뮤직비디오 한 장면을 따라했던 것 같다. 천천히 무게 중심을 앞에 두고 몸을 기울인다. 드디어 양발이 창턱에서 떨어진다. '됐다.' 이젠 모든 게 끝이었다. 루비콘 강은 건너졌고 이제부터 내가 할 수 있는 건 아무것도 없었다. 인간은 머리가 가장 무겁기 때문에 거꾸로 떨어진다는 말을 들은 것 같다. 나 또한 머리부터 떨어지고 있었다. 그 상태로 바닥에 처박히면 사건 현장은 말도 못 하게 지저분해질 것이었다. 뒤처리 하는 사람들이 욕보겠지만, 지금 내가 누구 걱정을 할 때인가. 내겐 오히려 좋았다. 나는 반드시 죽을 거고 살아남을 가능성은 없으니까. 모르긴 몰라도 〈데스티네이션 2〉에서 창유리에 으깨진 소년과 비슷한 모양새가 될 것이었다.

그런데 잠깐. '뭐지? 이 말로 표현할 수 없는 평온함은…?' 눈앞에서 진행 중이던 '자살 리허설'은 내가 거꾸로 떨어지면서 지상 5층 높이 정도에 도달했을 때 정지되었다. 캡처 사진만 놓고 보면 분명비극이었다. 아직 서른 살도 안 된 청년이 스스로 생을 마감하고 있으니까 말이다.

하지만 떨어지고 있는 입장의 나는 믿을 수 없이 평온했다. 그 느낌이 어찌나 압도적인지 눈물이 철철 쏟아졌다. 지난 십 수 년 혹은 그보다 훨씬 더 오랫동안 잊고 지내던 내면의 평화였다. 나의 가슴은 이와 비슷한 감정을 느꼈던 내 인생 다른 장면들을 찾아 다녔다. 어릴 적 집 앞에 있던 바닷가를 누나랑 맨발로 뛰어다니고 뒤에선 엄마 아빠가 팔짱끼고 따라오던 장면, 유치원을 마치고 집에 오는데, 우연히 마주친 엄마가 바닥에 한쪽 무릎을 대고 양팔을 벌리자 엄마 가슴 속으로 돌진해 꼬옥 안기던 장면, 할머니 무릎 위에 앉아 찐 감자를 호호 불며 WWE 프로레슬링을 함께 보던 장면, "저런 벼락 맞을 놈! 얼라, 사람을 왜 저렇게 후두려 팬댜." 라고 하던 할머니의 음성. 내면의 평화는 마치 자석이 모래밭에서 철가루를 골라내듯이 기억 속에서 지워진 줄 알았던 순간들을 곳곳에서 찾아냈다.

자살 리허설 중 아파트 꼭대기에서 5층 높이까지 떨어져 있던 순간과 그 어릴 적 장면들에는 어떤 공통점이 있는 걸까? 답은 이거다. 거기엔 오직 '내가' 있었다. 거기엔 나의 꿈과 이상, 목표, 갖고 싶은 것, 갖지 못한 것, 되고 싶은 것, 되지 못한 것, 느끼고 싶은 감정, 피하고 싶은 감정⋯ 이런 것들은 하나도 없었다. 왜냐면 1초 뒤면 난죽을 운명이었기 때문이다. 그것도 머리가 수박처럼 으깨지고 심하면 상체가 통째로 바스러져 빨리 쓸어 담아야 할 쓰레기가 될 것이기 때문이었다. 지금껏 나라는 존재를 구성해온 모든 것들이 무의미해졌다. 난 지금 번지점프를 하고 있는 게 아니다. 내 몸엔 아무런 끈도 묶여 있지 않고, 중력은 계속 자기 할 일을 할 것이다.

난 이제 더 이상 부모님의 자랑스러운 아들이 될 수 없고, 누나에게 다정한 동생이 될 수도 없고, 한 여성의 남자, 누군가의 아빠가될 수도 없고, 사회적으로 명성을 떨치는 유명인도, 한강뷰 고급 주택 테라스에서 커피 한잔 하는 부자가 될 수도 없었다. 그것은 분명슬픈 일이었다. 머리로 생각하면 말이다.

하지만 가슴은 다른 말을 하고 있었다. 가슴은 '행복하다'고 말했다. 하지만 그건 문자로 이루어진 말이 아니기에 정확하게 '행복'은 아닌 듯 했다. 그것은 '시원하다.'란 말과도 유사했고, '가볍다'와 더가까운 느낌이었다. 그래, 난 가벼워졌다. 마치 〈드래곤볼〉에서 고중

량 훈련복을 벗은 손오공처럼 몸이 새털처럼 가벼워진 느낌이었다. 〈디파잉 그래비티〉가사처럼 내 안에선 뭔가 변화가 일어났고, 나는 중력을 거슬러 떠오르고 있었다.

나는 깨달았다. 이것도 '나'였다. 앞으로 1초 후면 온몸이 박살나 주검이 될 테지만, 숨이 붙어 있는 최후의 순간까지 '나는 나'였다. 그리고 엄마 뱃속에서 태어난 지 1분도 안 된 나도 '여전히 나'였다. 그 당시 나는 지금 내가 가진 걸 대부분 갖고 있지 않았다. 꿈도 희망도, 욕망도 없었고, 신발도, 옷도, 휴대폰도 없었다. 3킬로그램 될까 말까한 몸뚱이는 인간이라 부르기조차 민망할 정도였다. 말하고 걷기는커녕 눈도 제대로 못 떴다. 쓸 만한 구석이라곤 어디에도 없었다. 그럼에도 나는 여전히 나였다. 그간 그걸 잊고 살았다.

지금 내 모습이 어릴 적 꿈꾸던 내가 아니라고, 갖고 싶던 걸 하나도 갖지 못했다고, 사랑하는 사람과 잘 보이고 싶은 사람에게 당당하고 떳떳한 사람이 되지 못했다고 나는 '이게 나일 리 없어.' 하며 도망치기 바빴다. 시도 때도 없이 망상에 시달리고, 호흡곤란을 겪고, 조금도 나를 신경 쓰지 않는 타인들 앞에서 혼자 땀을 뻘뻘 흘리며 최대한 나를 숨기고자 악다구니를 쓰던 나. 그때도 여전히 '나는 나'였다. 그런 나를 받아들이지 못 하고 있던 건 오직 나뿐이었다.

순간 예전에 의문을 가졌던 성경 한 구절의 미스터리가 풀렸다.

'나를 따르겠다고 하면서 자신의 아버지와 어머니, 아내와 아이, 형

제와 누이를 증오하지 않는다면, 그리고 자신의 삶을 증오하지 않
는다면 그는 결코 나의 제자가 될 수 없다.'

- 「누가복음」 중에서 (저자 역)

전에는 가족을 증오하라는 신의 말씀을 좀처럼 이해할 수 없었다.
그런데 여기서 '증오'의 의미가 한순간 이해되었다. 그것은 '그걸 짐
짝처럼 등에 지고 괴로워하는 걸 그만두라'는 말이었다. 신이 말씀
한 '나의 제자'는 '행복한 사람'이었고, '나의 제자가 될 수 없는 자'
는 마치 아틀라스처럼 온 세계를 떠받치고 있는 사람이었다. 행복으
로 통하는 문인 바늘귀를 통과할 수 없는 사람도 돈 많은 부자가 아
니라 삶을 짐짝처럼 짊어진 낙타라는 것도 알게 되었다. 나는 이번
생에 그 바늘귀를 절대로 통과할 수 없다고 확신했다. 죽음 말곤 답
이 없었다.

하지만 자살을 연습하다가 문득 깨달았다. 살아서도 고통 받지
않을 수 있다는 걸. 그리고 그건 창문 밖으로 몸을 내던지는 것보다
훨씬 더 간단했다. 짐을 내려놓기만 하면 되는 거였다. '나'를 내려
놓으면 되는 거였다.

내가 보는 세상은 불구덩이와 같았다. 어디를 가든 내가 밟는 땅
은 달구어진 숯 천지였다. 말콤 엑스는 생전 이런 말을 했다. "여러
분은 내가 연설 도중 언성을 높여도 이해해야 합니다. 난로 위에 서
있으면 비명을 지를 수밖에 없으니까요. 백인들에게 핍박 받는 껌둥
이는 항상 난로 위에 서 있는 것 같습니다."

나도 비명을 질렀다. 살려달라고, 살고 싶다고. 그래서 나를 그 불구덩이로부터 지키기 위해 늘 높은 곳에 올리려고 했다.

문제는 높이 오르려고 발버둥 칠수록 밑에서 올라오는 불의 열기는 점점 더 거세졌다는 거다. 그러다 결국 팔에 힘이 빠졌다. 그때 자살을 결심하게 된 것이다. 나는 자포자기로 나를 '내려놓았다.' 그리고 알게 되었다. 불구덩이 같은 건 애당초 없었다. 내가 나를 내려놓은 곳은 신이 만든 무한한 깊이의 호수였다. 무거운 나를 떠받치던 손을 치워버리자 수면 위로 떨어진 나는 둥둥 떠올랐다. 놓아버리기 전까지는 결코 알지 못했다. 내 밑에 있는 게 불이 아니라 물이었고, 나는 물에 떠오를 수 있을 만큼 가벼운 존재며, 따로 배운 적이 없어도 수영을 할 수 있다는 걸.

당신은 이제껏 죽음이라는 말만 들으면 몸서리가 쳐졌을 것이다. 죽음이 나쁜 게 아니란 생각은 미친 생각이라고 확신했을 것이다. 어릴 때 그걸 입 밖에만 내도 어른들이 "떼!"하고 소리 질러 당신은 깜짝 놀랐을 것이다. 그러면서 당신은 영원히 죽음이 안 올 것처럼 못 본 척하고 도망쳤을 것이다.

하지만 죽음은 우리가 태어나기 전으로 돌아가는 것에 불과하다. 생각해 보라. 우리는 이제 기껏해야 50년도 안 살았다. 하지만 우리가 태어나기 전 이미 수십만 년의 인류역사가 있었고, 지구 역사는 수십억 년, 우주 역사는 100억 년이 넘게 이어져 왔다. 그토록 긴 시간 동안 나에겐 아무런 문제가 없었는데 그 시절로 다시 돌아간다고 해서 뭐가 문제겠는가?

하지만 우리는 아직 이곳에서 숨을 쉬고 있다. 마지막 숨을 거둘 때까지 우린 여기서 살 자유가 있다. 하지만 그 자유를 만끽하기 위해선 죽음이 선물하는 '가벼워짐'이 필요하다.

살아 있는 동안 죽음은 우리를 위협하는 존재가 아니라 '나는 원래 아무런 짐도 짊어지고 있지 않은 가벼운 존재'라는 걸 알려주는 표지판이다.

남은 시간이 많다는 확신

"우리는 만날 때에 떠날 것을 염려하는 것과 같이 떠날 때에
다시 만날 것을 믿습니다."

- 한용운의 〈님의 침묵〉 중

불교의 가르침에는 이런 이야기가 나온다. 어떤 남자가 미친 코끼
리에게 쫓기다가 우물 하나를 발견했다. 우물에 드리워진 밧줄을 보
고 한 가지 아이디어가 떠올랐다. 저 밧줄을 잡고 우물 안에 들어가
있으면 코끼리는 자기가 따라 들어오기엔 너무 뚱뚱하다는 걸 깨닫
고 돌아갈 게 분명해 보였다. 지체할 시간이 없었다. 코끼리는 마치
창경궁에서 둘리와 한 판 붙었던 코끼리처럼 흥분해 날뛰었다. '약
올라 죽겠지 요놈아. 그러길래 평소 살 좀 빼 두지 그랬니.' 남자는
콧노래를 부르며 밧줄을 타고 내려갔다.

그런데 이게 웬일! 우물은 말라 있었다. 좋은 일이다. 바닥에 잠
깐 내려가 쉬면 되니까. 하지만 거기엔 독사 수십 마리가 우글대고

있었다. '제길, 다시 올라갈까?' 그러나 위에선 이미 코끼리의 성난 얼굴이 남자를 죽일 듯이 내려다보고 있었다. '어쩌지?' 남자는 일단 다리를 앞으로 쭉 뻗어 양발과 등을 우물 벽에 지지하고 계획을 세워보기로 했다. 그러나 신은 남자 편이 아니었다. 흰 쥐와 검은 쥐가 우물 벽에서 튀어나와 밧줄을 갉아먹기 시작했다. 남자가 신을 원망하며 하늘을 올려다보는 순간 위에서 꿀 한 방울이 똑 떨어졌다. 우물 벽에 벌집이 하나 매달려 있던 것이다. 남자는 입을 벌렸다. "똑…똑…" 달콤했다. 벌꿀의 달콤함은 코끼리와 뱀과 쥐에 대한 모든 걱정을 내려놓게 만들었다.

이 남자의 최후는 어떻게 될까? 그 답이 〈도나 도나〉란 노래 가사 속에 있다.

여기 소가 한 마리 있다. 소는 울고 있다. 도살장으로 끌려가는 중이기 때문이다. 그 위로 제비 한 마리가 힘차게 날갯짓을 하고 있다. 소와 제비를 스치고 부는 바람은 웃고 있었다. 소가 더 서럽게 울수록 바람의 웃음소리는 커져만 갔다. 그때 한 농부가 나타나 소에게 소리친다. "시끄럽다 이놈아! 누가 너보고 소가 되랬느냐? 도살당하기 싫으면 저기 저 제비처럼 날개를 달고 하늘을 날지 그랬니?"

노래는 다음과 같은 가사로 끝이 난다. "소는 이유도 모른 채 온몸이 묶여 도살당한다. 하지만 진즉에 자유의 소중함을 깨달은 자는 소가 되기보단 제비처럼 하늘을 나는 법을 배운다."

첫 번째 이야기에서 코끼리에게 쫓기는 남자는 우리의 모습이다.

코끼리는 현실이다. 우리가 '현실'과 '실체' 라고 믿는 것이다. 우물은 세계를 바라보는 좁은 문을 상징한다. 바로 '감각'의 문이다. 세상 모든 이치를 오직 오감으로만 파악하고, 그 외의 것은 허상 혹은 가짜라고 판명 내린다.

비좁은 감각의 문으로 들어갈수록 더욱 '실감나는' 감각이 기다리고 있다. 우글거리는 독사가 혀를 날름대며 언제쯤 나를 집어삼킬까 입맛을 다시고 있다. 흰 쥐와 검은 쥐에 대한 해석은 한 스님의 주해를 참고했는데, 흰 쥐는 낮, 검은 쥐는 밤을 상징한다. 즉 '시간'이다. 그들이 갉아 먹는 밧줄은 앞으로 내게 죽음까지 남은 시간을 의미한다. 꿀은 쉽게 예상할 수 있듯이 쾌락이다. 우린 욕망의 대상 앞에 '꿀'이란 말을 갖다 붙이길 좋아한다. 세상을 오직 오감으로만 파악하는 비좁은 세상에선 이 꿀에 의존할 수밖에 없다. 코끼리와 독사와 쥐가 너무 무섭기 때문에 뇌에다 꿀 칠을 해 두려움이란 감각을 마비시켜야 한다.

꿀 빠는 남자는 즉각 〈도나 도나〉의 '소'로 변한다. 이제는 갈 시간이다. 죽음이 엄습했다. 뭐 특별히 사고가 생긴 것도 아니다. 그냥 수명이 다했다. 소가 도살장에 끌려간다는 건 인간의 수명이 다한 것만큼이나 자연스럽다. 근데도 이 소는 왜 그렇게 서럽게 울까? 그에겐 곧 닥칠 죽음이 너무나도 두렵기 때문이다. 왜냐면 그가 살아온 육지에선 평생 삶을 찬양하고 죽음을 저주해 왔기 때문이다. '즐길 수 있을 때 즐겨! 정신'으로 닥치는 대로 먹어치우고, 짝짓기하고, 퍼질러 잤다. 이렇게 살면 언젠가는 '충분하다'고 생각하고 미련

없이 세상을 뜰 줄 알았다.

하지만 쾌락은 더 큰 욕망을 만들어냈다. 점점 커져 가는 욕망의 그릇을 채우기 위해 다른 소들과 치열하게 싸우고, 다치고, 고통 받았다. 다른 방도가 없을 거라 믿었다. 쾌락을 얻기 위해 사력을 다하는 게 그가 아는 유일한 삶의 방식이었다.

하지만 도살장 앞에 다다라서야 세상엔 제비 같은 자도 있다는 걸 알게 되었다. 자신이 더 큰 쾌락을 위해 진흙탕에서 뒹굴 때 제비는 하늘을 나는 법을 배우고 있었다. 하늘을 난다는 건 육지의 삶을 외면하는 게 아니다. 소가 누리던 쾌락을 등지고 혼자 수도승처럼 사는 게 아니라, 삶을 즐기되 쾌락의 노예가 되지 않는 것이다. 노예가 되지 않는다는 건 내가 그 대상에게 지배당하지 않는다는 뜻이다. 대신 그보다 더 높은 곳으로 올라가 그것을 내려다 보고 그것의 주인이 되는 것이다. 그리고 이렇게 말하는 것이다. "넌 나의 삶을 좀 더 재밌고 윤택하게 꾸며주는 시종이 되어라. 내가 '들라.' 하면 들어와 나를 위해 춤추고, '물러가라.' 하면 썩 꺼져야 할 것이니."

제비는 하늘과 육지를 오르내리며 두 삶을 모두 만끽했다. 한 번씩 육지에 내려와 쾌락의 삶도 맛보았지만, 이내 곧 하늘로 올라가 바람을 가까이 했다. 바람의 정체는 밧줄을 갉아먹던 쥐와 같다. 시간이다. 바람은 제자리에 있는 법이 없다. 늘 여기서 저기로 옮겨간다. 멈춰 있는 건 바람이 아니다. 바람이 분다는 건 시간이 흐른다는 소리다. 그러기에 바람은 소와 제비를 스치고 비웃는다. 자신의 존재가 그들의 수명을 갉아먹기 때문이다. 소는 두려워서 울음을 터뜨렸다. 반면 제비는 힘차게 난다. 왜일까? 제비는 이미 바람과 친해져 있었기 때문이다. 소는 진흙탕에서 싸우고, 먹고, 짝짓기 하느라 바빠서 바람과 사귈 시간이 없었다.

제비가 바람에게 다가가 말을 걸었을 때 바람은 많은 이야기를 들려주었다. 내가 살아 있는 동안 할 수 있는 가장 의미 있는 일 같은 것에 대해 말이다. 바람은 톨스토이를 인용해 이렇게 말했다. "중요한 건 오직 지금 뿐이다. 지금이 당신이 변화할 수 있는 유일한 시간이다. 당신에게 가장 중요한 사람은 지금 당신 앞에 있는 사람이고, 당신에게 가장 중요한 일은 그를 위해 뭔가 좋은 일을 하는 것이다." 왜냐면 시간은 기다려주지 않기 때문이다. '언젠가 거기에 가서 다른 누군가를 위해 다른 무언가를' 하려고 했다간 이미 늦는다. 농부는 가축에게 도살을 미리 공지하지 않는다. 그건 오직 농부 맘에 달려 있다.

어느 한 명상 수행가가 들려준 우화를 소개하며 이 책을 마무리하겠다.

남자 : 내가 죽을병에 걸렸다고? 잠깐, 난 이제 40살밖에 안 됐다고!

저승사자 : 내 왔다.

남자 : 이봐요! 뭐가 그리 급해서 벌써 왔단 말이요?

저승사자 : 때가 돼서 왔을 뿐이다.

남자 : 때가 되긴! 장난해? 난 이제 겨우 40살이고, 결혼한 지 5년밖에 안 됐고, 슬하에 자식이 둘이나 있단 말이오. 내가 없으면 그들

은 앞으로 어떻게 산단 말이오?

저승사자 : 가자. 준비해라.

남자 : 제기랄! 피도 눈물도 없는 양반이네. 알았소. 그럼 내게 일주일만 주시오. 이것저것 정리할 게 산더미 같단 말이오.

저승사자 : 놉. 지금 떠나야 한다.

남자 : 이봐! 내가 지금 1년을 달라는 것도 아니고 한 달을 달라는 것도 아니잖소. 일주일이오! 일주일도 정리할 시간을 못 준단 말이요?

저승사자 : 네겐 40년이나 시간이 있었다.

"주여, 때가 되었습니다. 지난 여름은 참으로 대단했습니다." 저희 어머니가 좋아하는 시 릴케의 〈가을날〉은 이렇게 시작합니다. 가을은 오묘한 계절입니다. 여름날의 뙤약볕 아래서 구슬땀을 흘린 노동이 풍요로운 결실을 맺는 계절이자 푸른 들판이 생기를 잃고, 검게 그을린 얼굴의 농부가 화롯불에 몸을 녹이며 휴식을 취하는 겨울을 준비하는 계절이기도 합니다.

끝나지 않을 것 같던 집필이 어느덧 마무리 되어 갑니다. 수확물을 거두어들이기 안성맞춤인 가을도 막바지를 향해 갑니다. 3년 전 여름, 컴퓨터 화면 가득 새하얀 공간을 오롯이 나의 글로 채워 넣기로 마음먹었을 때 제 가슴은 작열하는 태양보다 더 뜨겁게 타오르고 있었습니다. 6개월, 아니 빠르면 3개월 안에 생애 첫 저서를 완성하리라 확신했습니다.

하지만 곧 싸늘한 출판 거절 메일들이 서리처럼 내리면서 자신감의 불꽃을 하나하나 꺼트려 갔습니다. 어느 덧 겨울이 다가왔고 저는 글쓰기를 중단했습니다. 그 후 세상엔 다시 봄이 찾아왔지만, 얼어붙은 제 창작 욕구는 회복할 기미를 보이지 않았습니다.

계속 이 길을 고집하는 게 맞는지 의심이 들었습니다. 몇몇 고마운 지인들은 '위대한 작가들도 출판사로부터 엄청 퇴짜를 맞았다더라.' 라는 말로 애써 위로해 주었습니다. 하지만 용기의 불씨를 되살리기엔 너무 많은 시간이 지체되었고, 이젠 운 좋게 책이 출간된다 해도 과연 지난 고통의 시간을 보상받을 수 있을지 의문이었습니다. 그 시간이 내가 정말로 좋아하는 일을 하기 위해 지불해야 할 비용이었다면, 그냥 싫어하는 일을 계속 하는 게 백 번 나았겠다는 생각도 들었습니다.

이젠 근거 없는 확신에 기대지 않기로 했습니다. '나중에 잘 풀리려고 이러나 보다.' 라는 정신승리도 그만두었습니다. 그리고 이제는 '삶'이 들려주는 '진실'을 듣기로 했습니다. 그 진실은 다음과 같습니다.

> "우린 아무것도 확신할 수 없어. 삶은 널 계속 자빠트릴 테니 스스로 일어서는 법을 배워야 돼. 꿈이 박살나도 울지 말고 그냥 묵묵히 받아 들여."
>
> - The Game의 〈Nothin Promised〉 중

제가 들은 진실과 거의 유사한 노래 가사가 있어 인용해 보았습니다. 우리는 세상이 정의롭고 공평하기를 바랍니다. 이를테면 착한 사람은 복을 받고 나쁜 사람은 벌 받고, 노력하는 자는 성공하고

게으른 자는 실패하는 식으로 말이죠. 그러나 세상이 과연 그런가요? 뉴스나 탐사보도를 보면 무고한 사람들이 범죄의 희생양이 되는 일은 시도 때도 없이 벌어집니다. 삶은 노력하는 자의 편인 것 같지도 않습니다. 제가 어릴 때 읽은 한 자서전의 저자는 대학에서 하루 15시간 씩 공부하던 룸메이트가 어느날 1.5초도 안 되는 시간 안에 연인이 쏜 총에 맞아 죽는 걸 보고 '난 지금 무얼 위해 이렇게 열심히 사는가'란 회의감이 들었다고 합니다.

삶이 들려주는 진실을 외면하지 않기로 했다면 여러분이 포기해야 할 것은 오직 '확신'뿐입니다. '확신을 포기해야 한다'고 하면, 가장 먼저 부정적인 생각이 떠오를 것입니다. '내가 오늘도 용기 내 살아갈 수 있는 원천이 바로 확신인데 그걸 포기하라니?' 하고 말이죠.

그런데 그걸 아십니까? '할 수 있다'는 확신이 거푸 좌절되다 보면 '할 수 없다'는 확신으로 귀결된다는 걸. '확신'이란 가치를 내려놓지 못했기 때문이죠. 이건 마치 '관심'을 최고의 가치로 삼는 사람이 처음엔 긍정적 이미지로 타인의 관심을 사려다가 여의치 않으니까 나쁜 이미지로 바꿔서라도 관심을 얻으려는 것과 같습니다. 이 사람에게 '좋은 이미지'와 '나쁜 이미지'의 차이는 큰 의미가 없습니다. 관심만 얻으면 그만인 거죠. 마치 〈다크 나이트〉의 하비 덴트 검사가 '정의'를 위해 범죄자들을 잡아들이다가 나중엔 '정의'를 위해 연쇄살인범이 되고, 급기야 '정의'를 위해 무고한 아이까지 죽이려 했던 것처럼 말이죠. 그에게 있어 '정의'란, 자신의 영향력을 증명하는 수단에 불과했습니다. 범죄자든 무고한 아이든 자기가 '정의에 위배된다'고 한 번 판단내리면 누구든 죽여도 상관없는 것이죠.

'삶은 살 만하다'는 확신은 우리를 기쁘고 춤추게 만들지만, '삶은 살 만한 게 못 된다'는 확신은 우리를 심연 깊숙이 가라앉힙니다. 우린 꼭 이 두 개의 세계 중 하나를 택해야만 할까요? 예컨대 잔칫집에 놀러가면서 '분명 신날 거야.' 라고 확신하거나 상갓집에 가면서 '슬플 거야.' 라고 확신하는 것만이 제대로 된 인생인가요? 과연 무슨 일이 벌어질까?'란 호기심을 갖고 미지의 세계로 떠나선 안 되는 걸까요?

이제 저는 '3개월 안에 출판할 수 있을 거야.' 라는 확신도, '이 책은 영원히 나오지 못할 거야.' 라는 확신도 모두 유보한 채 묵묵히 쓰고 또 써 내려가기로 했습니다. 그러다 보니 어느 날 제게도 기회가 찾아왔습니다. 블로그 인기작가도, SNS 인플루언서도 아닌 제게 출간 제안을 해온 건 청년정신 출판사였습니다. 지난 3년간의 쓰디쓴 노동을 달콤한 수확물로 추수할 수 있도록 물심양면으로 도와주신 양근모 대표님께 이 자리를 빌어 진심으로 감사하다는 말씀을 전합니다.

초고라고 하기에도 민망한, 지금 생각하면 치기 어린 감상의 조악함 그 이상도 이하도 아니었던 원고를 집필 초기부터 꼼꼼히 읽어주고 피드백해 준 김반석, 김미리, 이선영 님께도 감사합니다.

남들은 회사에서 차장, 부장 소리를 들을 나이에 매일같이 카페와 독서실을 오가는 자식을 보는 부모님의 마음, 그걸 제가 어찌 다 헤아릴 수 있을까요? 그런데도 저를 한 번도 다그치는 법 없이 짧지 않은 시간을 묵묵히 기다려 준 가족에게 무한한 감사를 전합니다.

일면식도 없는 제게 주옥같은 조언을 아끼지 않고 해 주신 허지영 작가님, 그리고 20여 년 전 대학에서 단 한 학기의 인연을 맺었을 뿐인데도 저를 제자라 불러주시고, 가끔 글을 쓰다가 시커먼 망망대해 한 가운데 떨어지면 북극성처럼 길잡이가 되어주신 고정욱 작가님께도 진심 어린 존경과 감사를 보냅니다.

마지막으로, 만화책 말곤 책과 담 쌓고 살던 제게 책이라는, 때론 웬수 같고 생명의 은인 같기도 한 벗을 소개해 준 박희남 님께 진심으로 감사합니다. 아직 생소하던 북 카페란 곳에 저를 데리고 다니면서 책을 매개로 타인과 교감하고 연결되는 게 얼마나 큰 기쁨인지 알려준 형이 있었기에 오늘의 제가 있고 이 책이 나올 수 있었습니다.

- 2022년 12월 어느 날, 이지오

당신이 옳다고 확신했던 것들은 다 틀렸다
그냥 살자 쯤!

지은이	이지오
발행일	2023년 1월 27일
펴낸이	양근모
펴낸곳	도서출판 청년정신
출판등록	1997년 12월 26일 제 10-1531호
주 소	경기도 파주시 문발로 115 세종출판벤처타운 408호
전 화	031) 955-4923 팩스 031) 624-6928
이메일	pricker@empas.com

ISBN   978-89-5861-228-5   13320